掌尚文化

Culture is Future

尚文化·掌天下

S

STUDY ON DEVELOPMENT OF
NON-STATE-OWNED ECONOMY IN GUIZHOU

贵州省社会科学院博士后文库

贵州民营经济
发展研究

罗一航　著

经济管理出版社
ECONOMY & MANAGEMENT PUBLISHING HOUSE

图书在版编目（CIP）数据

贵州民营经济发展研究／罗一航著．—北京：经济管理出版社，2021.6
ISBN 978-7-5096-8095-7

Ⅰ.①贵…　Ⅱ.①罗…　Ⅲ.①民营经济—经济发展—研究—贵州　Ⅳ.①F127.73

中国版本图书馆 CIP 数据核字（2021）第 127225 号

策划编辑：宋　娜
责任编辑：亢文琴　王　倩
责任印制：黄章平
责任校对：王淑卿

出版发行：经济管理出版社
　　　　　（北京市海淀区北蜂窝 8 号中雅大厦 A 座 11 层　100038）
网　　　址：www. E-mp. com. cn
电　　　话：(010) 51915602
印　　　刷：唐山昊达印刷有限公司
经　　　销：新华书店
开　　　本：710mm×1000mm /16
印　　　张：20.5
字　　　数：296 千字
版　　　次：2021 年 10 月第 1 版　　2021 年 10 月第 1 次印刷
书　　　号：ISBN 978-7-5096-8095-7
定　　　价：98.00 元

摘　要

　　随着中国特色社会主义市场经济体制的确立和发展，贵州的民营经济同全国一样，经历了从无到有、从小到大、从弱到强的历程。通过贵州全省上下共同努力，民营经济在推动经济转型、调整产业结构、繁荣城乡市场、扩大社会就业、改善人民生活等方面做出了重要贡献，实现了跨越式发展。在取得显著成效的同时，贵州民营经济仍存在总量基数偏小、产业布局不合理、创新转型进展缓慢、发展环境还需优化等问题。本书侧重于查找问题、分析问题、解决问题，全力为贵州民营经济实现可持续发展提供参考意见和建议。

　　本书内容分为七章。第一章为绪论：研究缘起与研究设计，叙述了全国和贵州民营经济在经济社会发展中的地位和作用，梳理了研究现状，进而提出了本书研究的必要性和重要性。第二章为民营经济基本理论，分别从内涵和外延、历史演进、地位和作用三个方面展现了民营经济的概貌，探寻了民营经济的发展规律。第三章为贵州民营经济发展的基本情况，从贵州民营经济发展历史来看，自2011年召开第一次全省民营经济发展大会以来，贵州民营经济迎来了历史上发展最快的时期，占比与综合贡献持续提高；从9个市（州）的发展情况来看，贵阳市和遵义市的规模较大，发展质量较好，3个少数民族自治州排名靠后，发展滞后；从工作经验来看，主要得益于采取了政策引导、定期召开民营经济发展大会、培育生态利用型产业、不断优化发展环境等措施。第四章为贵州省民营经济发展面临的问题，就自身而言，主要存在总量不大、布局不均衡、市场经济体制不完善等问题；就外部环境而言，融资难、政策落地难、审批难、用工难等问题有待进一步破解。第五章为省外民营经济发展的主要做法，本章选取广东、山东、浙江、河北、重庆作为研究对象，梳理了发达地区的发展路径和主要经验做法，对贵州发展民营经济具有借鉴意义。第六章为贵州民营经济发展之展望，本章主要从民营经济市场主体自身的发展路径和政府的角色定位两个角度进行分析，提出了以下发展思路：坚持以生态文明理念推动发展方式转变，充分发挥市场在资源配置中的基础性作用，切实加大政府宏观政策指导，优化产业布局，完善公共服务体系，推动民营经济创新发展，进一步打造优质发展环境。第七章为结论。

关键词：民营经济；生态文明；市场经济；发展环境

Abstract

With the establishment and development of the socialist market economic system with Chinese characteristics, the Non-State-Owned economy in Guizhou has experienced a course from nothing to existence, from small to large, from weak to strong, just like the whole country. Through the joint efforts of the whole province, the Non-State-Owned economy has made important contributions in promoting economic transformation, adjusting industrial structure, flourishing urban and rural markets, expanding social employment, improving people's lives and other aspects, and has realized leap-forward development. At the same time, Guizhou's Non-State-Owned economy still has some problems, such as small total base, unreasonable industrial layout, slow progress in innovation and transformation, and optimization of development environment. This book focuses on finding problems, analyzing problems and solving problems, so as to provide references and suggestions for the sustainable development of Guizhou's Non-State-Owned economy.

The main content of this book is divided into seven chapters. The first chapter is the introduction, which describes the status and role of the Non-State-Owned economy in the economic and social development of the whole country and Guizhou, sorts out the research status, and then puts forward the necessity and importance of the study of this book. The second chapter is the basic theory of the Non-State-Owned economy, which shows the general picture of the Non-State-Owned economy from three aspects of connotation and extension, historical evolution, status and function, and explores the development law of the Non-State-Owned economy. The third chapter is the basic situation of the development of Guizhou's Non-State-Owned economy. From the perspective of the history of Guizhou's Non-State-Owned economy, since the first provincial Non-State-Owned economy development conference was held in 2011, Guizhou's Non-State-Owned economy has ushered in the fastest development period in history, with a continuous increase in its proportion and comprehensive contribution. In terms of the development of the nine cities (prefectures), Gui-yang and Zunyi have a larger scale and better quality of development, while the three ethnic minority autonomous prefectures are lagging behind. From the perspective of work experience, it is mainly benefited from the policy guidance, holding regular Non-State-Owned economic development conferences, cultivating ecological utilization industries, and constantly optimizing the development environment. The fourth chapter is the problems faced by Guizhou Non-State-Owned economy. As for itself, there are mainly problems such as small total amount, unbalanced layout and imperfect market economic system. In terms of external environment, difficulties in financing, policy implementation, examination and approval, employment and other issues need to be further solved. The fifth chapter is the main methods of the development of non-state-owned economy outside the province. In this chapter, Guangdong, Shandong, Zhejiang, Hebei and Chongqing are selected as the research objects to sort out the development path and main experience of developed regions, which can be used as a reference for the development of Non-State-Owned economy in Guizhou. The sixth chapter is the prospect of developing the Non-State-Owned economy in Guizhou. This chapter mainly from the Non-State-Owned economy market main body's own development path and the government's role positioning two angles were analyzed, and put forward the development of the following ideas: Adhere to the ecological civilization concept for promoting the development of change of the pattern, give full play to the basic role of market in resource allocation, practically strengthen government macro policy guidance, optimize the industrial layout, perfect the public service system, promote the development of Non-State-Owned economy innovation, further create good development environment. The seventh chapter is the conclusion.

Key Words: Non-State-Owned Economy; Ecological Civilization; Market Economy; Development Environment

目 录

Contents

第一章 绪论：研究缘起与研究设计

以色列历史学家尤瓦尔·赫拉利在总结前人智慧的基础上，出版了《人类简史》，认为从"认知"的角度来看，人类历史仅有 7 万年的历史。[①] 按照马克思主义的基本原理，人类社会的历史主要由物质文明、政治文明、精神文明构成。其中起主导和决定作用的是物质文明，其表现形式为物质资料生产。人类为了长久生存下去，为了富足安康的生活，需要不断认识自然、改造自然、适应自然。通常情况下，劳动者按照预期目的，运用劳动资料加工于劳动对象，改变劳动对象的形状、性质或地理位置，使它们适合人们的需要。物质资料生产为人类提供基本的吃、穿、住、用、行等生活和生存资料，是人类社会最基本的实践活动。[②] 随着生产力的不断发展，经济活动成为人类物质资料生产的主要内容，经济活动不断丰富了物质生产方式，更让物质生产方式变得可持续发展。

伴随着私有制和国家的出现，特别是"殷商"政府开始垄断发展以青铜工业为代表的制造业以来，政府开始允许民间从事商贸流通环节和手工纺织业，经济社会首次出现了"双轨制"——国营经济和民营经济，自此国家的经济形态主要由国营经济和民营经济两部分组成。在长达两千多年的封建社会中，虽然在"重农轻商"思想的影响下，国营经济一直占据主导地位，但是纵观中国的发展史，民营经济的发展对国家的繁荣和富强具有非常重要的作用，中国历史上"文景之治""贞观之治""开元盛世"等鼎盛时期，民

---

① ［以］尤瓦尔·赫拉利：《人类简史》，林俊宏译，中信出版社 2014 年版，第 2 页。

② 参见百度百科关于"物质资料生产"的解读（更新于 2018 年 7 月 16 日）。

营经济都十分发达，不同程度地支撑着帝国的繁荣和富强。

当前，中国特色社会主义进入了新时代，我们正处在基本实现社会主义现代化和把我国建设成富强民主文明和谐美丽的社会主义现代化强国的历史交汇期。在全面建设社会主义现代化国家的新征程上，我国民营经济只能壮大、不能弱化，不仅不能"离场"，而且要走向更加广阔的舞台。① 正如厉以宁先生所言，"一个国家的经济能够发展，不能全靠国有企业，一定要有相当大的私营企业，中国现在的任务是培养大量的、新的民营企业"。②

第一节　问题的提出

一、民营经济已成为我国经济社会发展的重要基础

改革开放以来，我国民营经济从小变大、由弱至强，获得了巨大发展。历经近 40 年的努力，奠定了"56789"的发展格局：到 2017 年底，全国民营经济税收收入 82062.06 亿元，占全部税收总数的 52.7%；全国民间固定资产投资 381510 亿元，占固定资产投资的比重为 60.4%；③ 民营经济贡献了 70% 以上的技术创新成果，2017 年 500 强民营企业中，关键技术来源于自主开发和研究的企业共 401 家，国内专利总数达到 21.11 万项，增长 16.13%，国际专利总数为 3.09 万项，增长 14.58%；④ 全国个体私营经济从业人员实有 34107 万人，占全国城镇就业人口的 80.31%；全国共有民营经济市场主体 9305.7 万户，占全部市场主体的 94.81%，其中，私营企业 2726.3 万户，

---

① 谢经荣：《民营企业和民营企业家是我们自己人》，《人民日报》2018 年 12 月 28 日。

② 厉以宁：《中国现在需要培养大量的、新的民营企业》，《商业观察》2018 年第 9 期。

③ 大成企业研究院：《2017 年民间投资与民营经济发展重要数据图示》，《中国民商》2018 年第 4 期。

④ 参见中国产业经济信息网 2018 年 10 月 13 日发布的《2018 中国民营企业 500 强榜单透视民企发展新趋势》。

个体工商户 6579.4 万户（见表 1-1、表 1-2、表 1-3、表 1-4）。①

表 1-1 2006—2017 年全国民营经济市场主体构成及占比

年份 \ 类别	市场主体（万户）	民营经济市场主体（万户）		占比（%）
2006	3427.46②	3093.7	私营企业 498.1	90.26
			个体工商户 2595.6	
2007	3708.17	3292.8	私营企业 551.3	90.19
			个体工商户 2741.5	
2008	3899.88	3574.7	私营企业 657.4	91.66
			个体工商户 2917.3	
2009	4291.69	3937.6	私营企业 740.2	91.75
			个体工商户 3197.4	
2010	4627.28③	4289.4	私营企业 845.5	92.70
			个体工商户 3452.9	
2011	5038.15	4724.2	私营企业 967.7	93.77
			个体工商户 3756.5	
2012	5496.26	5145.0	私营企业 1085.7	93.61
			个体工商户 4059.3	
2013	6062.38	5690.2	私营企业 1253.9	93.86
			个体工商户 4436.3	

① 参见中华人民共和国中央人民政府网站 2018 年 2 月 9 日发布的《2018 年全国个体私营经济监管服务工作要点分析》。

② 本书的市场主体均由企业+个体工商户+农民专业合作社构成。国家工商总局统计数据显示：2007 年 6 月底，全国实有企业 876.1 万户，比上年底增加 13.2 万户。由此计算出 2006 年全国实有企业 862.9 万户（国家工商总局办公厅：《全国企业持续稳定发展，企业结构进一步优化》，《工商行政管理》2007 年第 16 期）。另外，2006 年，全国已有农民专业合作经济组织 15 万多个（参见中国农业新闻网 2018 年 1 月 10 日发布的《〈农民专业合作社法〉成长记》）。

③ 本数据来源有：一是《"十二五"全国企业发展分析报告：全国实有企业 2185.82 万户》（中国工商报网）中显示，2010 年全国企业数为 1136.48 万户，其中私营企业 845.52 万户；二是《中国农业农村信息化发展报告 2010》（中华人民共和国农业农村部官网）显示，2010 年底，全国农民专业合作社达到 37.91 万家。

续表

年份 \ 类别	市场主体（万户）	民营经济市场主体（万户）		占比（%）
2014	6932.22	6530.5	私营企业 1546.4	94.20
			个体工商户 4984.1	
2015	7746.90	7316.1	私营企业 1908.2	94.44
			个体工商户 5407.9	
2016	8705.40	8245.2	私营企业 2309.2	94.71
			个体工商户 5930.0	
2017	9814.80	9305.7	私营企业 2726.3	94.81
			个体工商户 6579.4	

资料来源：根据 2007—2018 年《中国统计年鉴》数据计算。

表 1-2 2006—2017 年全国民营经济固定资产投资及占比

年份	全国城镇固定资产投资（亿元）	民营经济固定资产投资（亿元）	增速（%）	占比（%）
2006	93368.7	38601.5	37.90	41.34
2007	117464.5	53042.4	37.41	45.16
2008	148738.3	70561.3	33.03	47.50
2009	194139.0	93492.0	32.50	48.20
2010	241414.9	123452.3	32.05	51.10
2011	301933.0	175648.9	42.30	58.20
2012	364835.0	220327.1	25.40	60.40
2013	436528.0	270455.6	22.80	61.96
2014	501264.9	316898.1	17.17	63.22
2015	551590.0	349980.2	10.44	63.45
2016	596500.8	356655.8	1.90	59.79
2017	631684.0	381510.0	6.97	60.40

资料来源：根据 2007—2018 年《中国统计年鉴》数据计算。

表 1-3　2006—2017 年全国民营经济从业人员构成及占比①

年份	城镇就业人口（万人）	民营经济从业人员（万人）及占比（%）		私营企业从业人员（万人）	个体工商户从业人员（万人）
2006	28310.00	11746.00	41.49	6586.30	5159.70
2007	29350.00	12749.30	43.44	7253.10	5496.20
2008	30210.00	13680.40	45.28	7904.00	5776.40
2009	31120.00	15192.40	48.82	8607.00	6585.40
2010	34687.00	16415.20	47.34	9407.60	7007.60
2011	35914.00	18298.90	50.95	10353.60	7945.30
2012	37102.00	19924.40	53.70	11296.10	8628.30
2013	38240.00	21857.30	56.16	12521.60	9335.70
2014	39310.00	24974.96	63.53	14390.00	24974.96
2015	40410.00	28077.06	69.48	16395.00	28077.06
2016	41428.00	30859.10	74.49	17997.10	12862.00
2017	42462.00	34107.00	80.32	14225.30	19881.70

资料来源：根据 2007—2018 年《中国统计年鉴》数据计算。

表 1-4　2016—2017 年全国民营经济税收收入占比　　　　单位：%

年份	民营经济	国有企业	涉外企业
2016	51.4	30.6	17.9
2017	52.7	28.6	18.8

资料来源：大成企业研究院：《2017 年民间投资与民营经济发展重要数据图示》，《中国民商》2018 年第 4 期（2002—2008 年，中国企业 500 强中还有部分外资企业）。

当前，随着经济进入新常态，发展面临的困难更多更大、挑战更为严峻，长期积累的矛盾和风险进一步显现，经济增速换挡、结构调整阵痛、新旧动能转换相互交织，经济下行压力逐渐加大，② 在此特殊的转型时代，可以预言：

①　根据国家统计局发布的历年《中国统计年鉴》整理而来。

②　参见 2016 年 3 月 5 日李克强总理在第十二届全国人民代表大会第四次会议上所做的《2016 年国务院政府工作报告》。

未来全国经济增长的主要动力和贡献将是民营经济。从民营经济贡献率来看，2016 年福建省民营经济对 GDP 增长的贡献率高达 73.2%，[①] 2017 年河北省为 70.9%；[②] 从民营经济占比来看，民营经济已经占据国民生产总值的大半壁江山，比如，辽宁省民营经济占比达 68%，河北省为 67.9%，福建省为 67.3%（见图 1-1）。

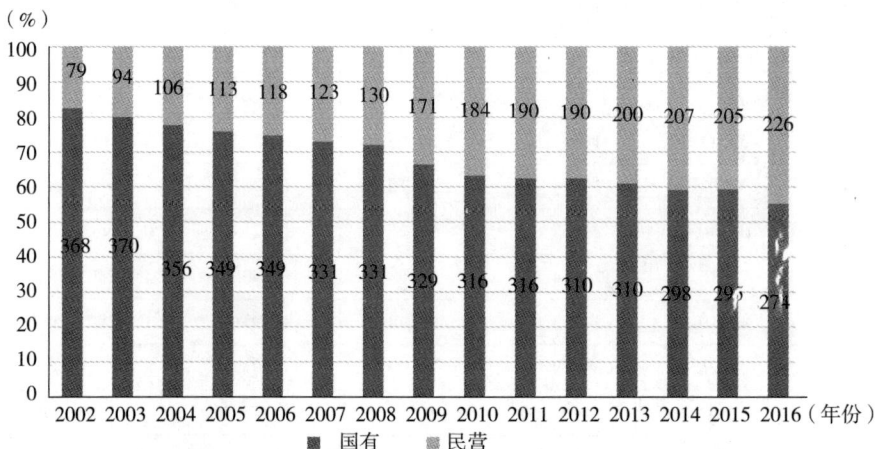

图 1-1 2002—2016 年民营企业入选中国企业 500 强情况

资料来源：大成企业研究院：《2017 年民间投资与民营经济发展重要数据图示》，《中国民商》2018 年第 4 期（2002—2008 年，中国企业 500 强中还有部分外资企业）。

党的十八大以来，党中央和国家领导人多次强调民营经济发展的重要性，并明确指出未来民营经济的发展方向。党的十八届三中全会提出，公有制经济和非公有制经济都是社会主义市场经济的重要组成部分，都是我国经济社会发展的重要基础。要坚持权利平等、机会平等、规则平等，废除对非公有制经济各种形式的不合理规定，消除各种隐性壁垒，激发非公有制经济

---

① 福建省国资委、福建省国资学会联合调研组：《发挥国企龙头作用　带动民营经济发展》，《发展研究》2017 年第 11 期。

② 《河北省 2017 年国民经济和社会发展统计公报》显示：2017 年，河北省生产总值实现 35964.0 亿元，比上年增长 6.7%，增长值为 2409.588 亿元，其中民营经济增加值 24406.4 亿元，比上年增长 7.0%，增长值为 1708.488 亿元。民营经济对 GDP 增长的贡献率：（1708.488÷2409.588）×100%＝70.9%（河北省统计局）。

的活力和创造力。党的十八届五中全会强调，要鼓励民营企业依法进入更多领域，引入非国有资本参与国有企业改革，更好地激发非公有制经济的活力和创造力。党的十九大进一步重申要"毫不动摇鼓励、支持、引导非公有制经济发展"，并将其作为新时代坚持和发展中国特色社会主义的一项基本方略。

2017 年 3 月 4 日，习近平总书记在参加全国政协十二届四次会议民建、工商联界委员联组会时，发表了题为《毫不动摇坚持我国基本经济制度　推动各种所有制经济健康发展》的重要讲话，专门指出："我国非公有制经济，是改革开放以来在中国共产党的方针政策指引下发展起来的，是在中国共产党领导下开辟出来的一条道路。""非公有制经济在我国经济社会发展中的地位和作用没有变，我们毫不动摇鼓励、支持、引导非公有制经济发展的方针政策没有变，我们致力于为非公有制经济发展营造良好环境和提供更多机会的方针政策没有变。"[1] 2018 年 11 月 1 日，习近平总书记在民营企业座谈会上又强调，"我国民营经济已经成为推动我国发展不可或缺的力量，成为创业就业的主要领域、技术创新的重要主体、国家税收的重要来源，为我国社会主义市场经济发展、政府职能转变、农村富余劳动力转移、国际市场开拓等发挥了重要作用"。[2]

二、贵州民营经济搭上了全国民营经济发展的快车

改革开放以来，全国民营经济发展如火如荼，贵州民营经济也搭上了高速发展的快车。"十二五"以来，贵州省民营经济增加值从 2010 年的 1610.76 亿元增加到 2017 年的 7201.68 亿元，2017 年约为 2010 年的 4.47 倍；民营经济增加值占全省 GDP 的比重从 2010 年的 35.0%提高到 2017 年的 53.2%，占比提高 18.2 个百分点；民间固定资产投资从 2010 年的 1550.08 亿元增加到 2017 年的 5382.00 亿元，2017 年约为 2010 年的 3.47 倍；个体私营经济类市

---

① 习近平：《毫不动摇坚持我国基本经济制度　推动各种所有制经济健康发展》，《人民日报》2016 年 3 月 9 日第 2 版。

② 《习近平：在民营企业座谈会上的讲话》，《人民日报》2018 年 11 月 1 日。

场主体从 2010 年的 72.5 万户增加到 2017 年的 236.95 万户，2017 年约为 2010 年的 3.27 倍；① 个体私营经济类注册资本从 2010 年的 1861.65 亿元增加到 2017 年的 32393.3 亿元，2017 年约为 2010 年的 18 倍。2017 年，民营经济对贵州省经济增长的贡献率为 69.2%，助推贵州经济增速连续 5 年位居全国前列；个体私营经济类从业人员 669.41 万人，占城镇就业人员的 78.36%（见表 1-5、表 1-6、表 1-7、表 1-8、表 1-9、表 1-10）。当前，贵州民营经济规模以上工业产销率为 97.3%，实现主营业务收入 6698.5 亿元，比上年增长 19.5%，实现利润总额 337.8 亿元，比上年增长 31.5%。② 可见，贵州民营经济在推动经济转型、调整产业结构、繁荣城乡市场、扩大社会就业、改善人民生活等方面作出了重要贡献，为贵州经济持续增长、实施乡村振兴、决战脱贫攻坚、决胜同步小康提供了强有力的支撑。

表 1-5 2006—2017 年贵州民营经济增加值及占比

年份	贵州省民营经济增加值（亿元）	占 GDP 比重（%）
2006	723.63	30.9
2007	904.03	31.3
2008	1152.42	32.4
2009	1295.10	33.1
2010	1610.76	35.0
2011	2103.98	36.9
2012	2759.40	40.3
2013	3493.53	43.2
2014	4275.38	46.1
2015	5246.19	50.0
2016	6097.08	52.0

① 本书民营经济市场主体=私营企业+个体工商户，不包括农村专业合作社，从业人员亦然。

② 根据历年《贵州统计年鉴》，以及贵州省统计局、贵州省民营经济发展局发布的历年《贵州省民营经济主要指标统计年报》《贵州省民营经济统计监测》《全省民营经济运行动态分析报告》整理而成。

年份	贵州省民营经济增加值（亿元）	占 GDP 比重（%）
2017	7201.68	53.2

资料来源：查阅历年《贵州统计年鉴》显示，2012 年前无"民营经济增加值"指标，可参考的统计指标为"非公有制经济生产总值"。2006—2011 贵州民营经济增加值相关数据来源于《贵州统计年鉴 2012》"23-1 非公有制经济生产总值"；2012—2015 年数据来源于《贵州统计年鉴 2016》"24-2 民营经济增加值"；2016—2017 年数据来源于《全力促进贵州民营经济高质量发展——访省工业和信息化厅厅长何刚》，载贵州省工业和信息化厅网，2018-11-27。

表 1-6　2006—2017 年贵州民营经济各产业增加值

年份	第一产业（亿元）	第二产业（亿元）	第三产业（亿元）
2006	86.20	322.81	314.62
2007	101.77	380.81	421.45
2008	134.80	472.35	545.27
2009	139.77	525.39	629.94
2010	165.63	647.31	770.82
2011	197.77	856.50	1049.71
2012	378.24	1128.85	1252.31
2013	508.27	1500.89	1484.36
2014	655.34	2010.34	1609.70
2015	939.38	2352.97	1953.84
2016	1057.51	2479.52	2583.16
2017	1150.26	2920.34	3131.42

资料来源：2006—2011 年贵州民营经济各产业增加值相关数据来源于《贵州统计年鉴 2012》"23-1 非公有制经济生产总值"；2012—2015 年数据来源于《贵州统计年鉴 2016》"24-2 民营经济增加值"；2016—2017 年数据来源于《全力促进贵州民营经济高质量发展——访省工业和信息化厅厅长何刚》，载贵州省工业和信息化厅网，2018-11-27。

表 1-7　2006—2017 年贵州民营经济产业增加值占该产业增加值比重

年份	第一产业占比（%）	第二产业占比（%）	第三产业占比（%）
2006	22.6	33.4	31.8
2007	22.8	33.9	32.1

续表

年份	第一产业占比（%）	第二产业占比（%）	第三产业占比（%）
2008	25.0	34.5	33.0
2009	25.4	35.6	33.4
2010	26.5	37.5	35.4
2011	27.2	39.0	37.7
2012	42.4	42.1	38.2
2013	45.8	45.8	38.9
2014	52.1	52.1	39.0
2015	57.3	56.7	41.4
2016①	56.8	53.1	49.3
2017	56.6	53.8	51.5

资料来源：产业占比=贵州民营经济各产业增加值÷贵州各产业产值。贵州民营经济各产业增加值数据来源见表1-6，贵州各产业产值来源于《贵州统计年鉴2012》《贵州统计年鉴2018》。

表1-8　2006—2017年贵州民营经济固定资产投资

年份	贵州社会固定资产投资（亿元）	民营经济固定资产投资（亿元）	比上年增长（%）	占比（%）
2006	1197.68	582.25	26.5	48.6
2007	1488.80	773.85	32.9	52.0
2008	1864.45	928.53	19.99	49.8
2009	2450.99	1187.14	27.85	48.4
2010	3186.28	1550.08	30.57	48.6
2011	5101.55	2429.74	74.8	47.6
2012	5717.80	3144.28	29.4	45.24
2013	7373.60	4062.17	29.19	55.09
2014	9025.75	4145.83	2.05	45.88
2015	10945.54	4823.80②	16.35	44.07

---

① 参见黔东南州工业和信息化局官网2017年3月31日发布的《2017年全省民营经济中小企业工作座谈会在贵阳召开》。

② 2014—2015年民营经济固定资产投资数据来源于《贵州统计年鉴2016》。

年份	贵州社会固定资产投资（亿元）	民营经济固定资产投资（亿元）	比上年增长（%）	占比（%）
2016	12929.17	4951.24	2.6	38.3
2017	15300	5382.00①	8.7	35.18

资料来源：查阅贵州历年统计年鉴显示，2012 年前无"民营经济固定资产投资"指标，可参考的统计指标为"非公有制经济完成投资额"。2006—2011 年贵州民营经济固定资产投资数据来源于《贵州统计年鉴2012》"23-3，非公有制经济完成投资额"；2013—2015 年贵州民营经济固定资产投资数据来源于《贵州统计年鉴》（2013 年、2014 年、2016 年）；2016—2017 年贵州民营经济固定资产投资数据来源于贵州省民营经济发展局印制的《贵州省民营经济运行动态分析报告》（2017 年 1—12 月）。

表 1-9 2006—2017 年贵州民营经济市场主体

年份	户数（户）		注册资本（亿元）
2006	469201	私营企业 36105	618.56
		个体工商户 433096	80.42
2007	562467	私营企业 54812	777.44
		个体工商户 507655	86.16
2008	613579	私营企业 63822	946.77
		个体工商户 549757	97.23
2009	669602	私营企业 71738	1409.56
		个体工商户 597864	163.11
2010	725038	私营企业 77773	1674.16
		个体工商户 647265	187.49

---

① 贵州省《2017 年全省民营经济运行动态分析报告》显示："2017 年全省民间固定资产投资（统计口径为总投资 500 万元及以上固定资产项目投资和房地产开发项目投资）5382 亿元，比上年增长 8.7%。"但是，贵州省《2016 年全省民营经济运行动态分析报告》显示："2016 年全省民间固定资产投资（统计口径为总投资 500 万元及以上固定资产项目投资和房地产开发项目投资）5395.5 亿元，比上年增长 11.9%。"显然，这两个报告的数据相互矛盾。本书以《2017 年全省民营经济运行动态分析报告》为基准，对 2016 年的民间固定资产投资数据予以修正。

年份	户数（户）		注册资本（亿元）
2011	849760	私营企业 94625	2500
		个体工商户 755135	
2012	1043000	私营企业 143900	3906.3
		个体工商户 899100	
2013	1256073	私营企业 195469	5097.09
		个体工商户 1060604	474.94
2014	1542525	私营企业 262477	8151.05
		个体工商户 1280048	657.60
2015	1829491	私营企业 337600	13702.16
		个体工商户 1491891	904.91
2016	2095730	私营企业 433449	22550.94
		个体工商户 1662281	1117.46
2017	2369453	私营企业 535794	31100
		个体工商户 1833659	1293.3

资料来源：2006—2010 年数据来源于《贵州省民营经济发展报告》（2010）（贵州省工商业联合会，贵州科技出版社 2011 年版）；2011—2012 年数据来源于《贵州统计年鉴 2012》《贵州统计年鉴 2013》"城乡私营企业户数和就业人员""城乡个体工商户数和就业人员"，2014 年贵州省经信委印制《全省上半年经济工作会议暨全省第二次民营经济发展大会》民营经济会议资料；2013—2017 年数据来源于贵州省市场监督管理局网（原贵州省工商局网）"政府数据"。

表 1-10　2006—2017 年贵州民营经济从业情况

年份	从业人员（万人）	
2006	99.85	私营企业 36.78
		个体工商户 63.07
2007	120.01	私营企业 43.22
		个体工商户 76.79

年份	从业人员（万人）	
2008	145.1	私营企业 64.93
		个体工商户 80.17
2009	140.59	私营企业 51.97
		个体工商户 88.62
2010	151	私营企业 55.54
		个体工商户 95.46
2011	194.2	私营企业 74.06
		个体工商户 120.14
2012	243.72	私营企业 123.58
		个体工商户 120.14
2013	346.8	私营企业 161.65
		个体工商户 185.15
2014	428.63	私营企业 207.82
		个体工商户 220.81
2015	514.74	私营企业 261.20
		个体工商户 253.54
2016	584.26	私营企业 295.57
		个体工商户 288.69
2017	669.41	私营企业 345.21
		个体工商户 324.20

资料来源：2006—2010 年数据来源于《贵州省民营经济发展报告》（2010）（贵州省工商业联合会，贵州科技出版社 2011 年版）；2011—2012 年数据来源于《贵州统计年鉴 2012》《贵州统计年鉴 2013》"城乡私营企业户数和就业人员""城乡个体工商户数和就业人员"，2014 年贵州省经信委印制《全省上半年经济工作会议暨全省第二次民营经济发展大会》民营经济会议资料；2013—2017 年数据来源于贵州省市场监督管理局网（原贵州省工商局网）"政府数据"。

第二节 研究现状及述评

一、关于民营经济理论的研究

2005 年，山西经济出版社出版了单东所著的《民营经济论》，① 该书以论文和短评集的形式收录了作者从 1989 年涉足民营经济、1993 年重点研究民营经济以来的成果，主要阐述了民营经济的概念和界限、民营企业产权所有权和经营权的分离、民营经济面临的问题和发展思路、提高民营企业的核心竞争力等方面的内容。2007 年，李国荣在《"民营经济"概念辨析》一文中②专门对民营经济概念的历史溯源、民营经济概念的代表性观点、民营经济的特征等进行梳理，认为应从所有制和资产经营方式角度共同界定民营经济，即民营经济作为一种经济形式，总是既涉及经营方式，又涉及所有制形式，民营经济是非国有国营的所有制形式和经营方式的总称。2008 年，李国荣、彭建松主编的《民营经济概论》③ 分别从民营经济的产生和发展，民营经济的地位和作用，民营企业人力资源管理、科技创新、资本运营、跨国经营、文化建设、政府管理等方面做了论述。2015 年，丁兆庆所著的《经济新常态下民营经济发展环境研究》④ 重点研究了民营经济的内涵和形式，发展民营经济的理论依据，民营经济存在和发展的合理性，民营经济发展历程、发展特点、面临的困难和挑战，经济新常态下民营经济的发展机遇等方面的内容。2013 年，樊秋莹所著的《中国私营经济问题研究》⑤ 论述了个体经济的属性、特征及发展趋势，如何保护私有财产权，私营经济对社会利益

---

① 单东：《民营经济论》，山西经济出版社 2005 年版。
② 李国荣：《"民营经济"概念辨析》，《企业经济》2007 年第 1 期。
③ 李国荣、彭建松：《民营经济概论》，北京大学出版社 2008 年版。
④ 丁兆庆：《经济新常态下民营经济发展环境研究》，经济科学出版社 2015 年版。
⑤ 樊秋莹：《中国私营经济问题研究》，光明日报出版社 2013 年版。

结构的变化，私营经济的两重性，私营经济发展与体制、观念转变等方面的内容。2016 年 4 月 11 日，张捷在《南方日报》发表了《民营经济应成为生态文明建设的生力军》① 一文，认为我国民营经济过去主要依靠透支生态环境获得发展，现在环境规制收紧，政府和民众要求企业为环境治理承担更大的责任，为生态修复提供更多的补偿。但从长远来看，绿色发展理念不仅不会加重民营经济的负担，反而会让中国的民营经济脱胎换骨、强身健体。

二、关于民营经济实务的研究

由中华全国工商业联合会牵头，社会科学文献出版社 2004 年出版《中国民营经济发展报告 No. 1（2003）》② 以来，几乎每年都组织科研机构、政府职能部门、中介机构等共同出版中国民营经济发展报告，介绍上一年度中国民营经济发展概况，展望和预测下一年度民营经济形势，分区域总结上一年度对京津冀地区、东北地区、中部地区、西南地区民营经济发展情况，并专题梳理和研究北京、山东、福建、广西等省份民营经济的发展情况。上海、广东、浙江、山东、重庆、云南等省市区较为重视本区域民营经济发展研究，相继出版了民营经济发展报告，例如：2008 年，西南交通大学出版社出版了颜帮全、李长春所著的《重庆民营经济发展研究》；2010—2015 年，云南大学出版社每年都出版《云南民营经济蓝皮书》；2013 年，中国经济出版社出版了广东省社会科学院编著的《广东民营经济发展研究报告（2013）》；2015 年，复旦大学出版社出版了上海市工商业联合会等编著的《2014 上海民营经济》；等等。

三、关于贵州民营经济的研究

2006 年 11 月，田贵义在《贵州社会科学》上发表了《贵州民营经济发展中若干障碍探析》③ 一文，文章指出，影响贵州民营经济发展的主要障碍有

①　张捷：《民营经济应成为生态文明建设的生力军》，《南方日报》2016 年 4 月 11 日第 F02 版。
②　黄孟复：《中国民营经济发展报告 No. 1（2003）》，社会科学文献出版社 2004 年版。
③　田贵义：《贵州民营经济发展中若干障碍探析》，《贵州社会科学》2006 年第 6 期。

思想认识的障碍、法制环境障碍、政策环境障碍、融资障碍，加快贵州民营经济发展的对策主要有消除思想障碍、营造良好的法制环境和政策环境、加大资金扶持等。2011年，由贵州工商联组织编写，贵州科学出版社出版的《贵州省民营经济发展报告（2010）》①，在结构上由主报告、部门报告、各地报告、商协会报告、企业报告和政策文件六部分组成，对2010年全年贵州民营经济现状进行了描述和分析，从民营工业企业、个体私营经济、融资、税收、就业等领域进行了研究。2012年，刘月、曾政南发表了《贵州省民营经济发展状况及其出路浅析》② 一文，认为贵州民营经济主要面临聚集不明显、融资难、管理机制低下等问题，政策建议主要有发展开发区经济、引导民营经济承接东中部产业转移、鼓励企业创新等。2016年，杨静、吴大华主编的《贵州蓝皮书：贵州民营经济发展报告（2015）》③ 对贵州省民营经济发展现状与趋势、发展环境、主要行业、区域发展做了分析和判断。

四、关于研究述评及研究意义

从研究现状来看，虽然关于民营经济的相关研究颇多，可谓汗牛充栋，但是贵州民营经济研究还存在"量少、角度单一"的突出问题。在中国期刊网上检索"贵州民营经济"，显示论文不过二十余篇，其研究主题主要是基于贵州民营经济基数小、起步晚这一基本现状，侧重于关注怎样将民营经济做大做强，在与全国各地的对比研究、历史演进研究、发展方式研究等方面很少予以关注，并且理论与实务结合不够，要么停留在"应然"层面的理论研究，要么只以"调研报告"的形式出现。为此，"多维度"研究贵州民营经济，"全方位"透视贵州民营经济的前世今生，不仅可以弥补研究现状的不足，探索民营经济的发展规律，还可以为贵州各地如何贯彻落实党中央和国家领导人关于民营经济发展的重要论述提供有益探索和参考作用。

① 贵州工商联：《贵州省民营经济发展报告（2010）》，贵州科学出版社2011年版。
② 刘月、曾政南：《贵州省民营经济发展状况及其出路浅析》，《商》2012年第5期。
③ 杨静、吴大华：《贵州蓝皮书：贵州民营经济发展报告（2015）》，社会科学文献出版社2016年版。

第三节 研究思路

一、本书坚持理论联系实际

马克思主义基本原理告诉我们，理论只有联系实际，才能从实际出发，指导实践，脱离实际的理论，就会变成教条。本书在理论研究方面，主要界定了民营经济的内涵和外延，分析了民营经济在经济社会中的地位和作用，梳理了民营经济的发展历程，并对民营经济的发展规律做了探索。在实际工作方面，笔者积极对接各地民营经济统计部门，考察了民营经济的统计口径；密切联系贵州各市州，以及省外的广东、山东、河北、浙江、重庆等地民营经济主管部门，取得了各地发展民营经济的第一手资料；实地访问了若干大中小民营企业，共同交流心得、查找问题等。本书坚持民营经济基本理论指引和统领全书，又通过梳理实际工作经验和做法来验证理论的科学性和可行性。

二、本书坚持以问题为导向

自从马列主义传入中国以来，以毛泽东、邓小平、习近平等为核心的中央领导集体发表了一系列重要论断，科学地回答了不同历史条件下党和国家发展面临的一系列重大理论和现实问题，贯穿着强烈的问题意识、鲜明的问题导向。这一方法论，对我们认识和研究民营经济具有很强的指导作用。本书通过对全国民营经济发展历程、贵州民营经济的发展现状以及其他省份民营经济发展情况进行梳理、对比，剖析了当前贵州民营经济发展面临的突出问题，针对其在生态文明、市场化程度、发展布局、服务环境等方面存在的不足，提出了以下对策建议：坚持生态文明为指引，注重优化路径推进循环、低碳、清洁发展，注重发挥比较优势，全面发展现代山地特色高效农业、天然饮用水产业、白酒产业、茶叶产业、大健康产业等生态利用型产业，高度重视市场经济体制机建设制，健全市场规则，培育市场观念，完善民营经济产权制度，保障民营经济主体地位平等，优化资源配置方式等。

第四节　研究方法

一、系统分析法

由于民营经济是一种典型的由政治、经济、文化、社会制度等共同构成的综合复杂系统，这决定了本书研究的复杂性与综合性，为此，本书运用系统分析方法，在充分理清民营经济发展的政治环境、政策支持文件、经济社会背景的基础上去分析贵州民营经济的现状、存在的问题等。

二、实证分析法

笔者曾在贵州省民营经济发展局工作，具有一定的实务经验，较为熟悉贵州省发展民营经济的基本政策文件，曾通过广泛调研执笔起草了《中共贵州省委贵州省人民政府关于进一步促进民营经济加快发展的若干意见》等文件。同时，为了较好完成本次写作，笔者分别对贵州省各市州以及广东、山东、重庆、河北、浙江等地进行了调研，取得了第一手资料，并积极与贵州省统计局对接，获得了较为全面的数据。

三、历史分析法

本书梳理了我国民营经济在奴隶社会、封建社会、民国时期、中华人民共和国成立以来的体制机制和发展情况，分析了贵州民营经济的四个发展阶段，对于探寻民营经济发展规律，进一步分析当前贵州民营经济所处的现状、面临的问题，以及未来的发展方向奠定了基础。

四、比较分析法

"它山之石，可以攻玉。"鉴于我国东部地区民营经济起步快于西部地区，贵州民营经济总量低于周边省份这一基本现状，本书着重对广东、山东、河北、浙江、重庆等民营经济发展较快、总量较大的地区进行研究，吸取它们的主要经验做法，旨在为贵州民营经济发展提供参考和借鉴。

第二章　民营经济基本理论

要研究一个事物，就需要对其概念和历史演进进行分析。对一个事物的概念进行分析，可以明确它的内涵和外延，理清其与相关事物之间的关系。对历史进行追溯，不但可以清晰地呈现其过去的原貌，总结发展经验，还可以探寻其发展规律，预测其发展趋势。研究民营经济也应当对其概念和历史演进进行深入分析。

第一节　民营经济之内涵与外延

在当代，虽然每个国家都可以将全部经济划分为两大类，即国营和民营，但是由于在资本主义国家，私有制经济占据绝大多数，着重强调市场化发展，故没有明确地区分国营和民营。民营经济从开始出现就被赋予了中国化的味道，这种味道在它的内涵、外延、发展历程当中得到了全面的体现。

一、民营经济的内涵

民营经济这一术语可谓是中国特色和独创。在我国历史上，民营经济并不是一个新鲜事物，但是关于什么是民营经济，在不同时间，无论是从统计角度还是从研究角度，其内涵与外延都不尽一致。在我国，"民营"一词最早出现在 20 世纪 30 年代初期。1931 年，我国学者王春圃在其著作《经济救国论》一书中首次使用"民营"一词，他把国民党政府经营的企业称为"官营"，把民间经营的企业称为"民营"。从这里看，民营经济就是非国营或者非官营的经济。①

在我们党内首先使用"民营"一词的是毛泽东同志。1940 年 12 月 25 日，毛泽东在《论政策》一文中指出："应该奖励民营企业，而把政府经营的国营企业只当作整个企业的一部分。"② 1942 年，毛泽东在陕甘宁边区高级干部会议上所作的《抗日时期的经济问题和财政问题》报告中又指出："只有实事求是地发展公营和民营的经济，才能保障财政的供给。"③ 毛泽东把共产党领导的军队、机关和学校办的农工商业称为"公营经济"，把人民群众办的"农业、畜牧业、手工业、盐业和商业"称为"民营经济"，可见，民营经济即是指由人民群众经营的经济。④

改革开放以来，在我国政府文件中较早使用"民营"一词的是 1993 年 6 月 12 日由原国家科学技术委员会、原国家体制改革委员会发布的《关于大力发展民营科技型企业若干问题的决定》。该文件在界定民营科技型企业时明确指出，"民营科技型企业是相对国有国营企业而言的，它不仅包括以科技人员为主体创办的，实行集体经济、合作经济、股份制经济和个体经济、私营经济的民办科技机构，而且包括由国有科技院所、大专院校、大中型企业创办的，实行国有民营的科技型企业"。"民营企业"一词也首次在此文件中出现。1995 年 7 月 26—31 日，由中华全国工商业联合会和中国工业经济协会共同主办的首届全国民营企业商品博览会在北京展览馆举行。

近年来，"民营经济"已成为全国各级政府、各大新闻媒体、科研院所频繁使用的术语。但是，什么是"民营经济"？理论界和实际工作者仍有不同的意见和看法，大体有以下几种代表性的观点：⑤

1. 从所有制形式角度界定民营经济

这种观点认为，对民营经济概念的界定，需要从所有制属性上切入。例

---

① 丁兆庆：《经济新常态下民营经济发展环境研究》，经济科学出版社 2015 年版，第 1 页。
② 毛泽东：《毛泽东选集》（第 2 卷），人民出版社 1991 年版，第 768 页。
③ 毛泽东：《毛泽东选集》（第 3 卷），人民出版社 1991 年版，第 895 页。
④ 丁兆庆：《经济新常态下民营经济发展环境研究》，经济科学出版社 2015 年版，第 2 页。
⑤ 李国荣：《"民营经济"概念辨析》，《企业经济》2007 年第 1 期。

如，黄文夫就认为，民营经济是与国有经济相对而言的，是指非国有经济，是公有经济和非公有经济的混合，具体包括新型的集体经济（不包括带有"二国营"性质的传统集体企业）、部分乡镇企业（不包括乡镇政府主办的企业）、私营经济、个体经济、联营经济、股份制经济等。① 丁子江也认为，"民营经济"的用法，在政治上是一种心有余悸的结果，一般都包括个体经济和民（私）营经济。"私营"或干脆说"私有"是从生产资料所有制的本质属性来界定的，可以说既非公有，那么就一定是私有。② 刘伟直接指出，民营经济在财产关系上主要是指私有制经济，从狭义上理解，就是指私营经济。③

2. 从资产经营方式角度界定民营经济

这种观点认为，民营经济仅仅涉及与资产经营有关的经济形式。单东认为，民营经济是与官营经济或国营经济相对应的概念，在我国社会主义现实生活中，民营经济是指除国有国营以外的所有所有制形式和经营方式的总称。若作一更简明的定义，则"民营经济"就是非国营经济。④ 董辅礽认为，民营经济的概念主要是着眼于其运营特征，是与"官营经济"相对应的概念。⑤

3. 从所有制形式和经营方式角度共同界定民营经济

李国荣、彭建松认为，民营经济作为一种经济形式，总是既涉及经营方式，又涉及所有制形式，因为任何经营方式总是一定的财产主体所采取的。⑥ 马红军、朱奇云认为，民营经济并不是纯粹的经营形式概念，也不是纯粹的所有制形式概念，而是经营形式与所有制形式的统一。从本质上讲，民营经济首先是一种以民为主的经济形式，这种经济形式具有民间经营、以民间资

① 黄文夫：《民营在中国》，中国城市出版社 2003 年版，第 99 页。
② 丁子江：《险道三十年——中国民营经济启示录》，南京大学出版社 2010 年版，第 78 页。
③ 刘伟：《中国经济的盛世金言》，广东经济出版社 2000 年版，第 210 页。
④ 单东：《民营经济论》，山西经济出版社 2005 年版，第 1 页。
⑤ 董辅礽：《市场经济漫笔》，广西人民出版社 1999 年版，第 18 页。
⑥ 李国荣、彭建松：《民营经济概论》，北京大学出版社 2008 年版，第 2 页。

本为主体、经营成果民间享有三个基本特征。①

本书认为，以上三种观点中第三种观点较为合理，但是它还未充分揭示"民营经济"特有的内涵和外延。民营经济应包含以下几个层面的含义：一是主体性。民营经济首先是强调人民群众的主体地位，与此相对应地排除了经营主体具有公权力性质的机关、事业单位和国有企业。二是经营性。民营经济中的"民营"是相对"国营"或"官营"而言的，简而言之，民营是民间负责经营和管理。三是所有制属性。民营经济的主体性决定了所有制属性大部分属于私有制形式，但也包含少部分由民间经营的公有制经济。

综上所述，民营经济之释义，"民"这里为主语，是指国民的概念，境外人员不包括在内，进而又可以衍生为"民间"之意；"营"作谓语用，经营之意，广义为筹划营造、规划营治、经办管理，狭义为围绕产品和服务开展投入、生产、加工、销售、分配乃至保持简单再生产或实现扩大再生产等各种有组织活动的总称；"经济"为宾语，经营之对象，从所有制性质来看，包括私营经济和公有制经济，但是由于受主语"民"之限，应主要包括私有制经济，含少部分公有制经济。故此，简而言之，民营经济系指由民间负责经营的经济。

二、民营经济的外延

当前，关于民营经济外延的划分主要有三种观点：一是宽范围的民营经济，这种观点认为，民营经济包括除了国有及国有控股企业之外的所有经济，即包括个体经济、私营经济、集体经济、混合所有的民营经济和国有民营经济、外资经济。二是中范围的民营经济，这种观点认为，民营经济与国有国营经济相对应，不包括广义的外资经济。三是窄范围的民营经济，这种观点认为，民营经济就是私有制经济，范围只包括个体经济和私营经济。

鉴于本书的若干研究数据主要来源于各地统计局和民营经济主管部门提

① 马红军、朱奇云：《试论民营经济在社会主义市场经济中的地位》，《南通工学院学报（社会科学版）》2002 年第 1 期。

供的资料，为此，本书对民营经济的组成部分主要依据国家统计部门和民营经济职能管理部门设定的指标来界定。当前贵州省统计局对民营经济相关指标的设定如表2-1、表2-2、表2-3所示。

表2-1　2015年全省民营经济增加值

	民营经济增加值（亿元）	民营经济增加值占全省生产总值比重（%）
第一产业		
第二产业		
第三产业		
合计		

表2-2　2015年全省民营经济的市场主体

	单位数		
	单位数（个）	比上年增长（%）	占全省单位数的比重（%）
一、民营企业			
（一）按登记注册类型分			
私营企业			
集体企业			
股份合作企业			
集体联营企业			
其他联营企业			
其他有限责任公司			
股份有限公司			
其他内资企业			
（二）按行业分			
第一产业			
第二产业			
第三产业			
二、个体经营户			

表 2-3　2015 年全省民营经济固定资产投资

	民营经济固定资产投资额（亿元）	比上年同期增长（%）	占全省固定资产投资比重（%）
一、按登记注册类型分			
私营			
集体			
股份合作			
集体联营			
其他联营			
其他有限责任公司			
股份有限公司			
其他内资			
个体经营			
二、按行业分			
第一产业			
第二产业			
第三产业			
合计			

资料来源：以上 3 张表均来源于贵州省统计局、贵州省民营经济发展局印制的《2015 年贵州省民营经济主要指标统计年报》。

综上所述，民营经济主要包括个体经济、私营经济和集体经济，同时还包括混合所有制民营经济和国有民营经济，所以本书赞同第二种观点，采取中范围的民营经济。在此，需要厘清民营经济与非公有经济的关系和界限，在一些地方，民营经济和非公有经济的概念经常被混用，从统计指标来看，两者无论是市场主体还是经济产值都非常接近，但是，两者的范围和外延并不完全相同。1998 年 9 月 2 日，国家统计局印发了《关于统计上划分经济成分的规定》的通知，将经济成分分为公有经济和非公有经济两大类型，其中，非公有经济包括私有经济、港澳台经济、外商经济（见表 2-4）。

表 2-4　经济成分分类与代码

代码	分类及构成
1	公有经济
11	国有经济
12	集体经济
2	非公有经济
21	私有经济
22	港澳台经济
23	外商经济

下面分别叙述民营经济的组成部分：

1. 个体经济

所谓个体经济是指在劳动者个人占有生产资料的基础上，从事个体劳动和个体经营的私有制经济。个体经济具有规模小、工具简单、操作方便、经营灵活等特点。个体经济中，生产者既是直接的劳动者，又是生产资料的私有者，劳动者主要依靠自己的劳动取得收入。[①] 改革开放以来，党和政府对个体私营经济的政策逐步放松，个体经济的发展环境日渐优化，规模不断扩大，地位和作用也日益突显。从统计数字上看，我国个体经济主要分布在以下几大领域：手工业、建筑业、商业、饮食业等。

2. 私营经济

私营经济是指以生产资料私有和雇工劳动为基础，并以盈利为目的和按资分配为主的一种经济类型。私营经济是个体经济发展的必然趋势，在本质上与个体经济一样，是一种私有制的经济形式。它是民营经济的重要组成部分，也是社会主义经济体制下产生的一种有别于公有制经济的新的经济形式。私营经济主要有两个特征：一是生产资料私人所有，二是生产经营以雇工劳动为基础。[②] 早在 1950 年 12 月 29 日，政务院第六十五次政务会议就通

---

① 参见百度百科关于"个体经济"的解读（更新于 2017 年 11 月 11 日）。
② 参见百度百科关于"私营经济"的解读（更新于 2017 年 11 月 11 日）。

过了《私营企业暂行条例》，同年 3 月 30 日，政务院又公布了《私营企业暂行条例施行办法》，首次解决了私营企业的合法性问题。随着 20 世纪 80 年代私营经济的蓬勃发展，1988 年《中华人民共和国宪法修正案》明确将"私营经济"写入宪法，这具有划时代的历史意义，1999 年宪法修正案确立了非公有制经济在社会主义市场经济中的地位，2004 年宪法修正案进一步强调"公民的合法的私有财产不受侵犯"。党的十八届三中全会通过的《中共中央关于全面深化改革若干重大问题的决定》指出，"公有制经济和非公有制经济都是社会主义经济的重要组成部分，都是我国经济社会发展的重要基础"。

3. 集体经济

集体经济是指属于劳动群众集体所有、实行共同劳动、在分配方式上以按劳分配为主体的社会主义经济形式。在我国，集体经济是公有制经济的重要组成部分，主要包括农村集体经济与城镇集体经济、股份合作制经济。一是农村集体经济，实行乡镇、行政村、村民小组三级所有，土地、林木、水利设施等为集体所有，农民盖房的宅基地为无偿划拨。[①] 二是城镇集体经济，其来源一部分是对城镇手工业者、小商贩实行合作化的结果，另一部分是在国家和国营经济的指导和扶持下，组织社会劳动力而成立起来的，其中多数是由劳动者自筹或部分自筹资金的自愿组合，其主要形式有生产合作社、合作工厂、合作商店、劳动者集资经营的合作组织。[②] 三是股份合作制经济，这是指以合作制为基础，吸收股份制的一些做法，劳动者的劳动联合和资本联合相结合形成的新型企业的组织形式。职工股东共同劳动，实现按资按劳分配，权益共享，风险共担，自负盈亏，独立核算。所有职工股东以其所持股份为限对企业承担责任，企业以全部资产承担责任。它既不同于股份制企业，也不同于合作制企业和合伙企业，是我国合作经济的新发展。改革开放以来，集体经济主要以"民办""民营"方式运行。

4. 混合所有制民营经济

混合所有制民营经济是指由两个或两个以上不同所有制的经济实体共同

---

① 参见百度百科关于"集体经济"的解读（更新于 2017 年 11 月 11 日）。
② 参见百度百科关于"城镇集体所有制经济"的解读（更新于 2017 年 11 月 11 日）。

出资兴办，按照约定方式经营的一种经济形式。中国经济体制改革始终围绕两大主题：一是资源配置方式是计划还是市场；二是财富创造的主体是单一公有制还是多种所有制。较长时期，我国一直处于以投资驱动、产业跟踪为特征的经济发展追赶期，具有明显的政府主导经济增长的"半市场经济"特征。与此同时，政府对民营经济和国营经济实行差异化政策。近年来，随着所有制改革理论的新突破，许多实行不同所有制的企业打破了所有制界限，相互融合和渗透，形成了新的企业产权结构和经营方式，形成了混合所有制经济。党的十八届三中全会为市场经济转型做了全面部署，要求积极发展混合所有制经济，促进权利平等、机会平等、规则平等，促进市场开放，废除对非公有制经济的各种不合理规定。[①]

5. 国有民营经济

国有民营经济是指企业的资产归国家所有而由民间经营的一种经济形式。它包括两方面的含义：一是资产归国家所有，而非民间，从所有制来看属于公有制。二是经营的主体是民间，而非政府或国家。国有民营经济是我国国有企业所有制与经营权分离改革的直接产物，国家拥有资产的所有权，但是经营管理权则由民间负责。目前，我国一些中小型企业在不改变资产所有权的前提下，通过承包、租赁、托管、代理等方式将企业交给企业管理层、职工、个人或民间团体经营，实现了经营主体的转变，这就属于国有民营经济的范畴。[②] 当然这种形式的民营经济属于少数。

第二节　中国民营经济的历史演进

本部分将按照中国历史发展进程，分别以原始社会、奴隶社会、封建社会、民国时期、社会主义社会为主要阶段，每个阶段又以历史上的"朝代"

---

① 陈清泰于 2014 年 5 月 25 日在河北省廊坊市举办的"大成企业首脑沙龙"上的讲话《混合所有制改革要走新路，不要走老路》。

② 李国荣、彭建松：《民营经济概论》，北京大学出版社 2008 年版，第 5 页。

和重要事件为主要节点，梳理中国民营经济的发展史。

一、原始社会：始现氏族分工和货物交换

原始社会虽然还未建立政府管理性质的体制机制，当然也还没有产生真正意义上的民营经济，但是孕育并产生了氏族分工和货物交换，对后来民营经济的发展奠定了一定的基础。

河南、山西、陕西、甘肃、青海等地的"仰韶文化"遗址中，出现了许多新石器、骨器、陶器等手工制品，石器有磨光的刀、斧、锄、杵、镯和纺织用的石制纺轮等，骨器有缝纫用的针和锥等。陶器有钵、鼎等，陶器有表面红色、磨光加彩绘的，称为"彩陶"，为"仰韶文化"的显著特征。当时制作精美的陶器和纺织工具、缝纫工具普遍出现，足见当时的"手工业"已有相当的发展，而且已有专门从事手工业的人，无疑当时出现了氏族分工，这种"氏族工业"，可能就是后来"工官"制度的先驱。1926年10月，山西省夏县西阴村遗址内出土了各种陶片、石器、骨器6箱多，特别是在遗址中发现了半个蚕茧，这证明了远在6000年前这一带就出现了植桑、养蚕业。[1]

原始社会末期开始出现交换。在西部甘肃原始社会遗址中发现了玉器和海贝，玉可能是从新疆来的，贝可能是从沿海地区来的，又足以证明那时交换地区的广远。[2]《尚书·大传》《尸子》《帝王世纪》等就记载了舜"贩于顿丘"，"顿丘买贵，于是贩于顿丘，传虚卖贱，于是债于传虚"。那时虽然出现了交换，但是还没有专业的商人，舜只是代表部落进行交易，在这种部落成员之间的交易中，部落成员并不脱离生产，交换的主要目的也只是以其所有易其所无。[3] 另外，《易·系辞》曰："庖牺氏没，神农氏作，列廛于国，日中为市，致天下之民，聚天下之货，交易而退，各得其所。"

---

① 童书业：《中国手工业商业发展史》，中华书局2005年版，第3页。
② 童书业：《中国手工业商业发展史》，中华书局2005年版，第4页。
③ 吴慧：《中国商业政策史》，社会科学文献出版社2014年版，第2页。

二、奴隶社会：始行"双轨制"

夏、商、周奴隶社会时期，实行生产资料私有制。由于生产力的发展，石器时代开始向青铜时代演进，在此过程中，夏朝对民营经济的主要贡献在于货币的出现，而货币的出现又促进了经济贸易的发展。商朝时期首推国营和民营"双轨制"经济体制，民营经济开始呈现规模化发展。

夏朝时期，人们意识到商贸交往活动对经济社会发展及日常生活的重要作用，农业、手工业等产业剩余产品的增加促进了交换方式和交换媒介的完善，尤其是手工业的发展更是成为促进剩余产品增加的重要推力，人们进行着谷粟粮食及牛羊牲畜等生活必需品的交换，这使流通领域与生产领域一样开始成为创造财富的源泉。随着时间的推移，人们逐渐感觉到以物易物的交换方式多有不便，迫使人们寻找便利的交换媒介，其后海贝、铜贝、玉等物品逐渐开始充当交换的媒介。货币正式充当交换媒介后，成为财富的代表，促进了剩余产品数量的不断增加，整个社会创造和积累财富的程度也不断提高。

商族人长期居住在黄河下游，因为地理位置优势，很早就开始从事商业活动，并展现出经商的才能，其首领汤消灭夏朝以后建立商朝，商的后人大多精于经济贸易活动，被称为"商人"。商朝对民营经济最大的贡献在于首开"双轨制"经济体制的先河。一是政府以国营为手段统治经济。商朝实行国营经济发展体制，政府官员代表国家对经济实行管理，青铜手工业成为当时国家的支柱产业，青铜工业生产制造为官府垄断，由政府统一管理和调度，属于垄断性产业。国营当中最有代表性的是出现了"工官"制度，工官是城市建设和建筑营造的具体掌管者和实施者，工官集制定法令法规、规划设计、征集工匠、组织实施于一身。二是实行与国营并行的民营经济体制。商朝在发展官办经济的同时，允许民营经济与官办经济并行发展，政府同时实行对民营经济的管理职能，使国营经济和民营经济同时得到发展。根据传说，殷商的祖先相土创作"乘马"，王亥创作"服牛"。王亥曾驾牛车到黄河北岸去经营贸易。殷墟中发现的海贝和玉，都是远方的产物。在商代，至少有一部分奴隶从事手工业生产，也有自由人从事手工业的。商代已使用奴隶，但自由人经商的应该更多。除国王、贵族们所用的手工制品和为国王、贵族们服务的商业外，一般的民间手工业大概是与农业相结合的。①

周朝取代商朝以后，不再提倡商朝形成的商业文化，而是强调农业的主导地位。从体制上说，西周属于封建领主制经济，周天子是全国最大的领主。从渊源上看，因周是游牧民族，与姜族结合后转向农耕，以农业发展为立国之本。但是，周朝仍然实行"双轨制"，实行国营体制的同时，不反对私营工商业的发展。② 据《逸周书》所载："农不出则乏其食，工不出则乏其事，商不出则三宝绝，虞不出则财匮少。"当时还推行"工商食官"制度，"工商食官"将商人集中起来，由官员对他们进行统一管理，驱使他们为政府提供服务。

三、春秋战国：重农轻商的思想

重农轻商虽然在西周时期初现端倪，但是这种思想观点公开提出是始于春秋战国时期。管仲是我国春秋时期著名的政治家、军事家，他主张国营垄断、实行政府专营，强调政府在源头上全面控制并垄断经济活动，主张对经济进行强力干预，对盐、铁等产业实行国营专卖。同时，他还主张发挥政府在制度制定、政策实施中的合法性优势，限制私营工商业的发展，在经济领域极力打压民营经济。《管子·轻重甲》曰："万乘之国必有万金之贾，千乘之国必有千金之贾，百乘之国必有百金之贾，非君之所赖也，君之所与。故为人君而不审其号令，则中一国而二君二王也。"

韩非进一步明确提出了"重农轻商"的思想，他指责从商的人"不垦而食"，是社会的"蛀虫"，他把工商业者与儒学家、纵横家、游侠、逃役者并列为"五蠹"。他在《五蠹》中大力强调农业的重要性和商业活动的"破坏性"，认为"夫明王治国之政，使其商工游食之民少而名卑，以寡趣

---

① 童书业：《中国手工商业发展史》，中华书局 2005 年版，第 4 页。
② 江怡：《民营经济发展体制与机制研究》，浙江大学出版社 2016 年版，第 110-117 页。

本务而趋末作矣"。他还指出："是故乱国之俗：其学者，则称先王之道以籍仁义，盛容服而饰辩说，以疑当世之法，而贰人主之心。其言古者，为设诈称，借于外力，以成其私，而遗社稷之利。其带剑者，聚徒属，立节操，以显其名，而犯五官之禁。其患御者，积于私门，尽货赂，而用重人之谒，退汗马之劳。其商工之民，修治苦之器，聚弗靡之财，蓄积待时，而侔农夫之利。此五者，邦之蠹也。人主不除此五蠹之民，不养耿介之士，则海内虽有破亡之国，削灭之朝，亦勿怪矣。"

其后，我国历史上又出现了另一个"轻商"的思想家商鞅，他在秦国提出的基本国策是"国强民安"，而不是"国强民富"，他认为农民用力最为辛苦，而获利最少，不如商业和手工业者。如果能使商人和手工业者不那么多，而国家想要不富都是不可能的。《商君书·外内》载："……故农之用力最苦，而赢利少，不如商贾、技巧之人。苟能令商贾、技巧之人无繁，则欲国之无富，不可得也。故曰：欲农富其国者，境内之食必贵，而不农之征必多，市利之租必重。则民不得无田，无田不得不易其食。食贵则田者利，田者利则事者众。食贵，籴食不利，而又加重征，则民不得无去其商贾、技巧而事地利矣。"

尽管当政者不同程度地提出了"重农轻商"的思想和政策，但是商业活动并没有得到完全的禁止或消灭，相反还出现了活跃的商业活动。春秋魏国人白圭、卫国人子贡、越国人范蠡等，都成为一方巨富。《史记·货殖列传》载："范蠡乃乘扁舟浮于江湖，变名易姓，适齐为鸱夷子皮，之陶为朱公。朱公以为陶天下之中，诸侯四通，货物所交易也。乃治产积居，与时逐而不责于人。故善治生者，能择人而任时。十九年之中三致千金，再分散与贫交疏昆弟。此所谓富好行其德者也。后年衰老而听子孙，子孙修业而息之，遂至巨万。""子赣既学于仲尼，退而仕于卫，废著鬻财于曹、鲁之间，七十子之徒，赐最为饶益。""白圭，周人也。当魏文侯时，李克务尽地力，而白圭乐观时变，故人弃我取，人取我与。"

四、封建社会：重农轻商的实践

秦朝是我国第一个封建王朝，存续时间仅有 15 年。秦朝政府在控制着整个国家经济命脉的前提下，实行国营和民营共同发展的经济体制。①国营方面：一是变私营工商业为国营工商业。秦国统一六国后，逐步迁徙六国的贵族和富商，对被迁徙的关东民营工商业的动产和不动产，采取没收的政策将其收归国有，如四川的卓氏，就是从赵国搬迁来的，政府强制剥夺了他们原有的土地、手工业场地等生产资料。《史记·货殖列传》载："蜀卓氏之先，赵人也，用铁冶富。秦破赵，迁卓氏。卓氏见虏略，独夫妻推辇，行诣迁处。"二是政府任命专职官员对经济进行管理。政府任命专职官员对国营盐、铁、铜、金等贵重金属进行开采和加工的管理，同时负责收取当地的个体私营的赋税。这种官员既是专职管理官，也是税务官。②民营方面：一是放开部分产业限制，允许民营经济进入。秦朝手工业者大多为自由小生产者和普通雇工，在当时的生产条件下，特别是纺织业，政府不可能垄断。盐铁行业虽然形式上由政府主导，但是法律制度并未禁止民营，所以存在一些个体私营盐铁行业的现象。秦朝允许民间经营冶铁业，政府仅对其征税，通过税收方式管理。《史记·货殖列传》载："诸迁虏少有余财，争与吏，求近处，处葭萌。唯卓氏曰：'此地狭薄。吾闻汶山之下，沃野，下有蹲鸱，至死不饥。民工于市，易贾。'乃求远迁。致之临邛，大喜，即铁山鼓铸，运筹策，倾滇蜀之民，富至僮千人。"二是政府褒奖有成就的民营企业家。秦始皇认识到民营经济对社会财富积累的重要性，认可民营经济的地位和作用。①据《史记·货殖列传》记载："乌氏倮畜牧，及众，斥卖，求奇缯物，间献遗戎王。戎王什倍其偿，与之畜，畜至用谷量马牛。秦始皇帝令倮比封君，以时与列臣朝请。而巴（蜀）寡妇清，其先得丹穴，而擅其利数世，家亦不訾。清，寡妇也，能守其业，用财自卫，不见侵犯。秦皇帝以为贞妇而客之，为筑女怀清台。夫倮鄙人牧长，清穷乡寡妇，礼抗万乘，名显天下，

---

① 江怡：《民营经济发展体制与机制研究》，浙江大学出版社 2016 年版，第 148-155 页。

岂非以富邪?"

经过连年战乱，西汉立国时民生凋敝、百废待兴，尽快恢复生产是头等大事，这样的社会现实促使统治者采取"轻徭薄赋""重农轻商""放权让利"等政策。《史记·货殖列传》载，"汉兴，海内为一，开关梁，驰山泽之禁，是以富商大贾周流天下，交易之物莫不通，得其所欲，而徙豪杰诸侯强族于京师"。汉文帝和汉景帝在执政时期"放权让利"，虽然保留了防止农民弃农经商的有关内容，但取消了"盐铁专卖"政策，政府放宽了对山泽矿产资源的垄断和专营，改革了自商鞅变法以来延续200年的经济管制，如不再设关征税、降低交易成本等。原国家垄断专营的产业开始向民营资本开放，在一定范围内发展民营经济，使民营企业尽获盐铁之利。汉初设立西域都护，除了将汉朝的政治制度、统治理念和政权框架实施于边疆地区外，还通过民间贸易交流，使西域的胡麻、胡豆、胡瓜、胡葱、胡萝卜等植物和骆驼、马的优良品种传入中原，将中原的丝绸制品和铁器等产品输往西域。汉武帝时期，做生意分为两种：一种是商贾，相当于今天的批发商，商贾没有铺面，他们把货物堆放在自己家中，交易场所在客厅里，看货付钱，银货两讫；另一种是露天广场，相当于今天的地摊，开市时摆摊，日落收摊，生意虽小但队伍庞大。

东汉实行国营和民营并存的"双轨制"经济体制，政府重视农业，视农业为立国之本，同时采取自由放任的经济政策。魏晋南北朝时期，战乱频发、民不聊生，百姓流离失所。政局稳定后，各朝各国以专职手段推行国营经济，攫取对外战争的物资，但对民营经济并不排斥。

唐朝在300年左右的时间里，在民营经济发展史上留下了浓墨重彩的一笔。一是土地"双轨制"奠定了经济体制的基础。唐朝的"口分田"和"永业田"分别属于公有制和私有制，将两种不同性质的所有制落脚在一人或一户，实现了"耕者有其田"的目标，形成了一个载体下两种不同所有制的格局。二是相关产业领域实行"双轨制"经济体制。政府垄断大多矿产资源，唐代矿业包括金、银、铜、铁、锡等，具体由中央和地方共同负责矿产经营，但同时允许民间力量对银矿进行开采；政府开办国营手工业，但允许民间手工业的存在。唐朝手工业十分发达，国营和民营都从事手工业生产。政府开办手工业工场，设置专门的机构和官员进行管理，并聘请能工巧匠。同时，民营手工业的行业集聚程度不断提高，在城市的许多巷道实现行业聚集，如织锦街等，而且还成立了行业协会。三是盐业实行"两权"分离的生产经营模式。唐朝虽然奉行自由放任的经济政策，但仍实行盐业专卖制度，实际上继承了汉武帝时代政府垄断食盐煮制、运输和销售各环节的做法，但在具体实施中又与西汉有所区别，即放开生产权、紧抓流通权。比如，唐玄宗后，随着经济社会的发展变化，食盐制度也进行了改革，在生产和流通领域采取"两权"分离的做法，即将生产环节放开，准许民间涉足其中，但紧抓销售权不放，规定民间不得私自售盐，由政府统一收购和运销，政府大获其利。①

宋朝实行政府干预与自由放任并重的经济政策。宋朝分为北宋和南宋两个时期，历经十八帝、319 年。唐朝高水平的工商业，为宋朝经济发展打下了良好的基础。由于生产力的发展和经济社会的全面进步，宋朝是中国历史上商品经济、文化教育、科学创新高度繁荣的时代。北宋国营经济体制仍以封建社会的自然经济为基础，传统的经济管理思想仍占主导地位，总体上以政府干预为主。但是，相比于以往朝代，北宋工商业政策显得非常宽松。佃户对地主的人身依附关系总的趋势向着减弱的方向发展，佃户可以在一定条件下离开原地主而佃种别的地主的土地，同时购买一定土地后，可以自立门户，成为国家纳税人。政治家王安石认为，"国家应放宽对专利产品的限制，让人民自由经营，只征收工商业税"，这是民营经济发达的体制原因。王安石变法中的"市易法"，属于市场交易范围，在制度安排上向中小商人倾斜，在市场交易中立下了公平的规则。北宋初期，政府禁止茶叶私营，但是私贩茶叶的活动十分猖獗，收效甚微。王安石主张茶叶民营，政府负责税收。宋朝还出现了铁业民营等。

当历史的脚步停留在元朝的时候，这个草原游牧民族，用强大的铁骑横扫欧亚大陆，屠城杀戮给各地带来了恐惧和灾难，严重破坏了生产力的发

---

① 江怡：《民营经济发展体制与机制研究》，浙江大学出版社 2016 年版，第 179-187 页。

展。元朝实行民族歧视和压迫政策，阻碍了民营经济的发展。元朝的统治者给民营经济发展设置了重重制度障碍，个体民营企业所需的劳动力、资金和技术皆因社会等级受阻。"官商一体"现象是社会极度腐败的写照。宋朝的官员虽然可以经商，但并无因商升官的记载，而元朝在整个经济社会发展中形成了"官商一体""商官一体"的社会结构和政治经济格局，使商人获得了做官的捷径和通道，直接损害了中小民营资本和百姓的利益。元朝政府重视手工业生产，形成了一种集官府和贵族管辖于一体的手工业发展体制。同时，政府对全国的工匠进行统一管理。

明朝实行"重农轻商"的基本国策。明朝初期实行"海禁""陆禁"政策，限制民营经济发展。朱元璋下旨，不安心从事农耕生产转做买卖的人，将被视为游民，政府可以合法将其逮捕。同时，对商人加强管制，规定商贾之家的衣着不准使用绸、纱，只能使用绢、布。商人要获得"印信文薄"才能从事生产经营活动，而且每月要到官府接受审查。朱元璋认为，农业是立国之本，应该把人固定在土地上，认为海外贸易会增加两国交往，成为影响政局稳定的不安定因素，为此，实行"海禁""陆禁"政策。明朝中后期出现了资本主义萌芽。由于郑和下西洋和张居正改革带来的影响，政府逐步放松对工商业的管制，个体私营主开始开办大型手工业工场，民营经济迅速发展，在纺织业、陶瓷业、矿冶业等领域，形成了官府和民营并存的局面。在民营经济领域，确立了雇佣性质的劳动关系，民营工场形成了机主与技工的雇佣关系，出现了资本主义萌芽。但是，天启、崇祯年间，沉重的商税让商户们不堪重负，有的倒闭，有的转向农业生产，整个社会又出现了民营经济的倒退。①

清朝建立以后，继承了汉民族的农耕文化。从努尔哈赤、皇太极、顺治，到康熙、雍正、乾隆和嘉庆，即清朝早中期，其经济政策以闭关自守为主，实行严厉的经济政策。清朝统治者相对于以往的大多数朝代，更为保守，他们以游牧业起家，从骨子里拒绝新的工商业文明。清朝早中期，南方

---

① 江怡：《民营经济发展体制与机制研究》，浙江大学出版社 2016 年版，第 210-213 页。

一些地区仍存在反清势力，为了防止内外勾结，清政府对外闭关封锁，对内采取严厉、高压政策，在经济上实行政府管制，以官办工业来压制民营工业，使当时的民族资本主义无合法地位。康熙年间，严格限制西洋商船的数量，规定大小商船不得超过 25 只，只能与澳门商人进行贸易。乾隆年间，对矿冶业的民营有所放松，但是政府对其苛以重税，矿税一般征收 20%，还要以官价收购 40%。清朝晚期，中国被迫走上近代化发展道路。鸦片战争前，中国以家庭为生产单位，通过农业与副业、手工业密切结合，以自给性生产为主、商品性生产为辅，形成了内向型为基础的自然经济发展方式。鸦片战争时期，列强的坚船利炮轰开了大清的门户，外来人员、资金、技术和市场观念进入中国。以《南京条约》及其后签订的一系列不平等条约为标志，中国部分沿海城市成为开放口岸，清朝的闭关自守和严厉经济政策才有所松动。鸦片战争后，中国几千年的传统农耕体系被以英国为引领的西方自由贸易体系打破，中国被强制性纳入西方列强资本主义发展体系中。这对近代中国市场培育、近代民族工商业的诞生具有一定的推动作用。随后，"洋务运动"提出的"工商立国"的思想主张进一步动摇了封建社会"重农轻商"的传统。虽然"洋务运动"时期，政府实行以垄断经营为基础的国营经济体制，官办、官督商办企业垄断经营，但是"工商立国"的主张为民营经济发展扫除了思想障碍，涌现了张謇、盛宣怀、聂云台等民营企业家。

五、民国时期：民营经济的兴起

辛亥革命后建立的民国政府，以更加开明的态度继承和发扬了市场观念和体制。《临时约法》规定了人民有保有财产及营业之自由，第一次以根本大法的形式为国民从事民营经济活动提供了法律保障。民营资本纷纷兴办实业，仅在 1912 年和 1913 年，中国新成立的工厂数就有 2001 家和 1249 家。第一次世界大战爆发后，西方列强忙于战争无暇他顾，我国民营经济迎来难得的发展机遇，到 1916 年全国工厂数达到 16957 家，民营经济呈现兴旺繁荣之势，如民营企业家刘鸿生先后投资兴办了水泥厂、火柴厂、毛纺厂、码头和银行，周学熙创办了四家纱厂、实业银行、耀华玻璃公司等。

20 世纪 20—30 年代，民国政府通过废除清政府签订的不平等条约、没收北洋政府所有的国营企业、整顿金融秩序，对经济实行强力干预，大力发展国营垄断经济，维护和扩张官僚资本主义。在此期间，政府也不阻止和反对民营经济的崛起，民营经济继续取得发展。刘鸿生于 1920 年创办的"鸿生火柴公司"，到 1930 年其产量已占全国的 22%。宁波籍人士陈顺通于 1930 年以 30 万元注册成立的中威轮船公司，仅仅经过 7 年发展，其公司资产就达到 100 万元。到 1936 年，全国工业资本约有 13.76 亿元，其中，民营资本约为 11.7 亿元，官僚资本只有 2.06 亿元，约占 15%。[①]

六、中华人民共和国成立以来：在曲折中前进

从民营经济发展的历史来看，民营经济能否存在和发展，以及民营经济发展快慢，与党和国家对民营经济实行的政策息息相关。根据党和国家对民营经济的政策变化以及民营经济发展的状况，大致可以把民营经济发展历程概括为以下几个发展阶段。[②]

1. 民营经济几乎完全消失阶段（1949—1977 年）

中华人民共和国成立前夕，国家领导人对民营经济的地位和作用的认识还是比较符合客观实际的。1949 年 3 月，中国共产党在河北省西柏坡召开了七届二中全会，这次会议的主题主要是确定中国未来的基本经济政策。毛泽东在会上指出，将来的中国存在五种经济成分，但是各种经济成分的性质是不同的，国营经济是社会主义性质的，合作社经济是半社会主义性质的，加上私人资本主义经济，加上农民和手工业的个体经济，加上国家资本主义经济，这些都是人民共和国的几种主要经济成分，这些就构成新民主主义的经济形态。[③] 1949 年 9 月，中国人民政治协商会议第一届全体会议通过的《中国人民政治协商会议共同纲领》规定："……国家应在经营范围、原料供给、销售市场、劳动条件、技术设备、财政政策、金融政策等方面，调剂国营经

① 江怡：《民营经济发展体制与机制研究》，浙江大学出版社 2016 年版，第 231-266 页。
② 丁兆庆：《经济新常态下民营经济发展环境研究》，经济科学出版社 2015 年版，第 27 页。
③ 黄孟复：《中国民营经济史·大事记》，社会科学文献出版社 2009 年版，第 3 页。

济、合作社经济、农民和手工业者发动个体经济、私人资本主义和国家资本主义，使各种经济成分在国营经济的领导下，分工合作，各得其所，以促进整个社会经济发展。凡是有利于国计民生的私营经济事业，人民政府应鼓励其经营的积极性，并扶持其发展。"

中华人民共和国成立之初，国家政策总体上有利于民营经济的发展。1950 年 6 月 6—9 日，中国共产党召开了七届三中全会，毛泽东做了《不要四面出击》的讲话，会议强调必须稳步前进，调节各个方面之间的关系，团结工人、农民、小手工业者以及民族资产阶级和知识分子的绝大多数，集中力量向国民党残余势力、封建地主阶级和帝国主义进攻，而不要四面出击，树敌太多，造成全国紧张。陈云也指出："五种经济成分是兼顾好，还是不兼顾好？当然是兼顾好。因为私营工厂可以帮助增加生产，私营商业可以帮助商品流通，同时可以帮助解决失业问题。" 1950 年 12 月 29 日，政务院第六十五次政务会议通过了《私营企业暂行条例》，开篇第一条即规定："根据中国人民政治协商会议共同纲领的经济政策的规定，在国营经济领导之下，鼓励并扶助有利于国计民生的私营企业，特制定本条例。"条例重点规定了私营企业的组织方式、核准登记和对外关系等方面的内容。1951 年 3 月30 日，政务院公布了《私营企业暂行条例施行办法》，对各类公司的组织作了具体、明确的规定。其中，规定私人投资经营从事营利的各种组织可以采用有限公司的组织形式。这一规定对当时存在的 1 万多家私营企业的发展起了积极的推动作用。①

1952 年 1 月 5 日，周恩来在全国政协第三十四次常委会上作了关于《"三反"运动和民族资产阶级》的讲话，指出中国民族资产阶级有其积极进步的一面，但是，中国民族资产阶级还有其黑暗腐朽的一面，那就是由于他们与帝国主义的、封建的、官僚买办的经济有着千丝万缕的联系，同时，中国资产阶级本身也同世界各国的资产阶级一样，具有唯利是图、损人利己、投机取巧的本质。会议首次号召各界人士，特别是工商界人士参加反对

---

① 黄孟复：《中国民营经济史·大事记》，社会科学文献出版社 2009 年版，第 3–17 页。

贪污、反对浪费、反对官僚主义的斗争。同年 1 月 26 日，中共中央发出《关于在城市中限期展开大规模的坚决彻底的"五反"斗争的指示》，要求向违法的资产阶级开展反对行贿、反对偷税漏税、反对盗骗国家财产、反对偷工减料和反对盗窃国家经济情报的斗争。同年 10 月 25 日，中共中央批准了安子文、廖鲁言关于结束"三反"和"五反"运动的两个报告，"三反"和"五反"运动宣告结束。①

在党领导全国各族人民完成新民主主义革命遗留任务和国家财政经济状况根本好转后，为实现从新民主主义到社会主义的转变，把落后的农业国变为先进的工业国，中共中央政治局于 1953 年 6 月 15 日在北京召开扩大会议。会上，毛泽东第一次对党在过渡时期的总路线和总任务的内容作了比较完整的表述，他说："党在过渡时期的总路线和总任务，是要在十年到十五年或者更多一些时间内，基本上完成国家工业化和对农业、手工业、资本主义工商业的社会主义改造。这条总路线是照耀我们各项工作的灯塔。不要脱离这条总路线，脱离了就要发生'左'倾或右倾的错误。"② 到 1956 年完成社会主义三大改造之后，全国农村入社户占农户的 96.3%，90% 以上的手工业者加入合作社，私营工业人数的 99%、私营商业人数的 85% 实现了全行业的公私合营;③ 城镇工商个体户只剩 16 万户，在各种经济成分中，国有经济占 32.2%、集体经济占 53.4%、公司合营经济占 7.3%、个体经济占 7.1%（见表 2-5）。

表 2-5 1952 年与 1956 年我国国民经济中公、私成分比较

所有制性质	经济成分	1952 年占比（%）	1956 年占比（%）
公有制经济	国营经济	19.1	32.2
	合作社经济	1.5	53.4
	公私合营经济	0.7	7.3

① 黄孟复:《中国民营经济史·大事记》，社会科学文献出版社 2009 年版，第 39 页。
② 参见毛泽东在 1953 年 6 月 15 日召开的中央政治局扩大会议上的讲话。
③ 黄孟复:《中国民营经济史·大事记》，社会科学文献出版社 2009 年版，第 62 页。

续表

所有制性质	经济成分	1952 年占比（%）	1956 年占比（%）
私有经济	资本主义经济	6.9	0
	个体经济	71.8	7.1

资料来源：根据《20 世纪 50 年代至 70 年代探索社会主义建设道路的实践》绘制。

　　1957 年，中央在对待民营经济的过程中，开始出现"左"路线和政策。1957 年 4 月 27 日，中共中央发出《关于整风运动的指示》，决定在全党进行一次以正确处理人民内部矛盾为主题，以反对官僚主义、宗派主义和主观主义为内容的整风运动。同年 7 月，毛泽东在《一九五七年夏季的形势》一文中指出，"资产阶级右派和人民的矛盾是敌我矛盾，是对抗性的不可调和的你死我活的矛盾"。同年 9 月，在中共八届三中全会上，毛泽东认为 1956 年对经济工作中过急情况的纠正是"反冒进"，八届三中全会通过了《农业发展纲要四十条（修正草案）》，这实际是农业"大跃进"的纲领。同年 11 月 13 日，《人民日报》发表了《发动全民，讨论四十条纲要，掀起农业生产新高潮》的社论，提出了"大跃进"的口号。

　　1958 年 5 月 5—23 日，党的八大二次会议正式通过了毛泽东倡议的"鼓足干劲，力争上游，多快好省地建设社会主义"的总路线。会议正式改变了八大一次会议关于国内主要矛盾的论述，认为当时我国社会主义的主要矛盾是无产阶级同资产阶级、社会主义道路同资本主义道路的矛盾。会议号召全党和全国人民，争取在 15 年或者更短时间内，在主要工业产品的产量方面赶上和超过英国。1960 年 12 月 24 日至 1961 年 1 月 13 日，中共中央在北京召开会议，会议通过了《关于农村整风整社和若干政策问题的讨论纲要》。毛泽东在会上说，社会主义建设不能急，要搞它半个世纪，要搞几年慢腾腾，不要务虚名而遭实祸。

　　此后，"文革"时期，民营经济受到的摧残是前所未有的，据统计，我国城镇个体工商业者 1966 年为 156 万人，1967 年为 141 万人，1968 年为

126 万人，1969 年为 111 万人，1970 年为 96 万人，1972 年为 66 万人。[①] 到 1976 年濒临被 "砍光" 的边缘，全国只剩 18 万户。1978 年实行改革开放前夕，全国个体劳动者只有 14 万人，在各种经济成分中，国有经济占 56%、集体经济占 43%、个体经济仅占 1%。同时，整个国民经济处于崩溃的边缘，国内生产总值仅有 3645 亿元，人均只有 381 元。[②]

2. 民营经济恢复发展阶段（1978—1991 年）

1978 年 12 月 13 日，在正确分析当时经济社会困境的基础上，邓小平同志在中共中央工作会议闭幕会上发表了《解放思想，实事求是，团结一致向前看》的讲话，赞成 "中央提出的把全党工作的重心转到实现四个现代化上来的根本指导方针"，并指出："在经济政策上，我认为要允许一部分地区、一部分企业、一部分工人农民，由于辛勤努力成绩大而收入先多一些，生活先好起来。一部分人生活先好起来，就必然产生极大的示范力量，影响左邻右舍，带动其他地区、其他单位的人们向他们学习。这样，就会使整个国民经济不断地波浪式地向前发展，使全国各族人民都能比较快地富裕起来。"同年 12 月，党的十一届三中全会决定，鉴于中央在二中全会以来的工作进展顺利，全党工作的着重点应该从 1979 年转移到社会主义现代化建设上来。会议高度评价了关于实践是检验真理的唯一标准问题的讨论，认为这对于促进全党同志和全国人民解放思想、端正思想路线具有深远的历史意义。在中央政策的正确指导下，民营经济逐年好转。据统计，1978 年，全国城镇个体工商业的从业人员为 14 万人；1979 年，全国城镇个体工商业的从业人员为 31.1 万人；1980 年，全国城镇个体工商业的从业人员为 80.6 万人；1981 年，全国注册登记的个体工商户为 1828586 户，从业人员为 2274947 人，注册资金为 45840.5 万元，营业额为 211399.2 万元（见表 2-6）。[③]

[①] 黄孟复：《中国民营经济史·大事记》，社会科学文献出版社 2009 年版，第 123-127 页。

[②] 李国荣、彭建松：《民营经济概论》，北京大学出版社 2008 年版，第 15 页。

[③] 黄孟复：《中国民营经济史·大事记》，社会科学文献出版社 2009 年版，第 143-160 页。

表2-6 1981—1986年全国个体工商户发展情况

年份	户数（户）	从业人员（人）	注册资金（万元）	营业额（万元）
1981	1828586	2274947	45840.5	211399.2
1982	2636813	3198693	82539.8	1007009.1
1983	5900856	7464542	306764.8	2109389.6
1984	9304134	13031377	1001103.2	4576554.1
1985	11714351	17662305	1642021.3	7505896.3
1986	12111463	18458723	1797168	9142197

资料来源：黄孟复：《中国民营经济史·大事记》，社会科学文献出版社2009年版，第164-180页。

1982年9月1—11日，中国共产党召开了第十二次全国人民代表大会。胡耀邦代表第十一届中央委员会向大会作了题为《全面开创社会主义现代化建设的新局面》的报告，报告指出："在农村和城市，都要鼓励劳动者个体经济在国家规定的范围内和工商行政管理下适当发展，作为公有制经济的必要的、有益的补充。只有多种经济形式的合理配置和发展，才能繁荣城乡经济，方便人民生活。"同年12月4日，第五届全国人民代表大会第五次会议对宪法进行了全面修改，确立了一系列制度、原则和规则，第十一条规定："在法律规定范围内的城乡劳动者个体经济，是社会主义公有制经济的补充。国家保护个体经济的合法的权利和利益。"

1987年8月5日，国务院发布了《城乡个体工商户管理暂行条例》，文件规定："有经营能力的城镇待业人员、农村村民以及国家政策允许的其他人员，可以申请从事个体工商业经营，依法经核准登记后为个体工商户。""个体工商户的合法权益受国家法律保护，任何单位和个人不得侵害。"同年召开的中国共产党第十三次全国代表大会通过了《沿着中国特色的社会主义道路前进》的报告，报告指出："全民所有制以外的其他经济成分，不是发展得太多了，而是还很不够。对于城乡合作经济、个体经济和私营经济，都要鼓励它们继续发展。""实践证明，私营经济一定程度的发展，有利于促进生产，活跃市场，扩大就业，更好地满足人民多方面的生活需求，是公有制经济必要的和有益的补充。"

1988 年 4 月 12 日，第七届全国人民代表大会第一次会议通过了宪法修正案，第十一条增加规定："国家允许私营经济在法律规定的范围内存在和发展。私营经济是社会主义公有制经济的补充。国家保护私营经济的合法权利和利益，对私营经济实行引导、监督和管理。"文件肯定了私营经济是社会主义公有制的补充，私营经济首次获得宪法地位。1988 年 6 月 25 日，国务院印发了《中华人民共和国私营企业暂行条例》《中华人民共和国私营企业所得税暂行条例》，规定："私营经济是社会主义公有制经济的补充。国家保护私营企业的合法权益。"1988 年下半年起，全国各地工商行政管理机关开始对私营企业进行登记注册、核发营业执照。

但是，在 1989—1991 年，人们对发展民营经济产生了顾虑，发展速度相对缓慢。1989 年 7 月 28 日，国家工商局发出了《关于对个体工商户和私营企业加强管理的通知》，通知要求各地加强对个体工商户和私营企业进行全面的清理和检查；1989 年 8 月 28 日，中共中央政治局通过的《中共中央关于加强党的建设的通知》指出："私营企业主同工人之间实际上存在着剥削与被剥削的关系，不能吸收私营企业主入党。"到 1991 年，全国个体工商户从 1989 年的 1247.1 万户缓慢增长到 1416.8 万户，私营企业从 1989 年的 90581 户缓慢增长到 108000 户（见表 2-7、表 2-8）。

表 2-7　1988—1991 年全国个体工商户发展情况

年份	户数（万户）	从业人员（万人）	注册资金（亿元）	营业额（亿元）	产值（亿元）
1988	1452.7	2304.9	311.9	1190.7	516.2
1989	1247.1	1941.4	347.4	1339.2	569.4
1990	1328.3	2092.8	397.4	1497.5	642.4
1991	1416.8	2258	488.2	1798.2	782.2

资料来源：黄孟复：《中国民营经济史·大事记》，社会科学文献出版社 2009 年版，第190-204 页。

表 2-8   1988—1991 年私营企业发展情况

年份	户数（户）	从业人员（人）	注册资金（万元）	营业额（万元）	产值（万元）
1988	40634	723782	328575.47	—	—
1989	90581	1640051	844776	388055	974005
1990	98141	1702000	952000	515000	1218000
1991	108000	1839000	1232000	680000	1466000

资料来源：黄孟复：《中国民营经济史·大事记》，社会科学文献出版社 2009 年版，第190-204 页。

3. 民营经济快速发展阶段（1992—2001 年）

1992 年 1 月 18 日至 2 月 21 日，邓小平同志先后视察武昌、深圳、珠海、上海等地，发表了著名的"南方谈话"，指出："改革开放迈不开步子，不敢闯，说来说去还是怕资本主义的东西多了，走了资本主义的道路。要害是姓'资'还是姓'社'的问题。判断的标准，应该主要看是否有利于发展社会主义社会的生产力，是否有利于增强社会主义国家的综合国力，是否有利于提高人民的生活水平。""计划多一点还是市场多一点，不是社会主义与资本主义的本质区别。计划经济不等于社会主义，资本主义也有计划；市场经济不等于资本主义，社会主义也有市场。计划和市场都是经济手段。社会主义的本质，是解放生产力，发展生产力，消灭剥削，消除两极分化，最终达到共同富裕。"[1] 1992 年 10 月 12 日，在中国共产党第十四次全国人民代表大会上，江泽民代表十三届中央委员会作了题为《加快改革开放和现代化建设步伐，夺取有中国特色社会主义事业的更大胜利》的报告，明确提出："经济体制改革的目标，是在坚持公有制和按劳分配为主体、其他经济成分和分配方式为补充的基础上，建立和完善社会主义市场经济体制……在所有制结构上，以公有制包括全民所有制和集体所有制经济为主体，个体经济、私营经济、外资经济为补充，多种经济成分长期共同发展，不同经济成分还可以自愿实行多种形式的联合经营。"

---

[1] 邓小平：《邓小平文选》（第 3 卷），人民出版社 1993 年版，第 373-374 页。

1993 年 4 月 28 日，国家工商行政管理局发布了《关于促进个体私营经济发展的若干意见》，规定："除国家法律、法规明令禁止个体工商户、私营企业经营的行业和商品外，其他行业和商品都允许经营。允许个体工商户、私营企业根据自身条件从事跨行业经营或综合经营。"同年 6 月 12 日，国家体改委发布了《关于大力发展民营科技型企业若干问题的决定》，该决定指出："发展民营科技型企业，要继续坚持以公有制为主体、多种经济成分并存的方针。要使各类民营科技型企业成为社会主义市场经济中产权明晰、组织健全、机制完善、行为规范的企业法人或经济实体。要鼓励不同经济成分之间实行合资、合作、联营、相互参股和多种形式的联合，保证采取多种组织形式和经营方式的民营科技型企业平等竞争，共同发展。"1995 年 7 月 26—31 日，由中华全国工商业联合会和中国工业经济协会共同主办的首届全国民营企业商品博览会在北京展览馆举行，这是中华人民共和国成立以来第一次，也是规模最大的民营企业综合展览活动。

1997 年 9 月 12 日，在中国共产党第十五次全国人民代表大会上，江泽民代表十四届中央委员会作了题为《高举邓小平理论伟大旗帜，把建设有中国特色社会主义事业全面推向 21 世纪》的报告，明确提出："非公有制经济是我国社会主义市场经济的重要组成部分。对个体、私营等非公有制经济要继续鼓励、引导，使之健康发展。这对满足人们多样化的需要，增加就业，促进国民经济的发展有重要作用。"1999 年 3 月 15 日，第九届全国人民代表大会第二次会议通过了宪法修正案，其中，第十四条规定："国家在社会主义初级阶段，坚持公有制为主体、多种所有制经济共同发展的基本经济制度，坚持按劳分配为主体、多种分配方式并存的分配制度。"第十六条规定："在法律规定范围内的个体经济、私营经济等非公有制经济，是社会主义市场经济的重要组成部分。国家保护个体经济、私营经济的合法权利和利益。国家对个体经济、私营经济实行引导、监督和管理。"

2000 年 12 月 12 日，为推动中小企业发展，国务院办公厅转发了国家经贸委《关于鼓励和促进中小企业发展的若干政策意见》。2001 年 12 月 11 日，国家计委发出了《促进和引导民间投资的若干意见》，该意见规定："除国家有特殊规定的以外，凡是鼓励和允许外商投资进入的领域，均鼓励和允许民间投资进入；在实行优惠政策的投资领域，其优惠政策对民间投资同样适用；鼓励和引导民间投资以独资、合作、联营、参股、特许经营等方式，参与经营性的基础设施和公益事业项目建设。"其间，我国民营经济发展情况如表2-9所示。

表2-9 1992—2001 年全国民营经济发展情况

年份	类别	户数（万户）	从业人员（万人）	注册资金（亿元）	营业额（亿元）	产值（亿元）
1992	个体工商户	1533.9	2467.7	600.9	2238.9	926.2
	私营企业	13.9	231.9	221.2	113.6	205.1
1993	个体工商户	1766.9	2939.3	854.9	3309.2	1386.9
	私营企业	23.8	372.6	680.5	309.2	421.7
1994	个体工商户	2186.6	3775.9	1318.6	6123.2	1637.5
	私营企业	43.2	648.4	1447.8	758.5	1154.0
1995	个体工商户	2528.5	4613.6	1813.1	8972.5	2791.2
	私营企业	65.5	956.0	2621.7	1499.2	2295.2
1996	个体工商户	2703.7	5017.1	2165.4	11554.2	3538.6
	私营企业	81.9	1171.1	3752.4	2276.7	3226.6
1997	个体工商户	2850.9	5441.9	2574.0	14159.6	4552.7
	私营企业	96.1	1349.3	5140.1	3096.7	3922.5
1998	个体工商户	3120.2	6114.4	3120.3	17486.3	5960.3
	私营企业	120.1	1709.1	7198.1	5323.7	5853.3
1999	个体工商户	3160.1	6240.9	3439.2	21300.0	7063.4
	私营企业	150.9	2021.6	10287.3	7686.0	7149.4
2000	个体工商户	2571.4	5070.0	3315.3	19855.5	7161.7
	私营企业	176.2	2406.5	13307.7	9884.1	10739.8
2001	个体工商户	2433.0	4760.3	3435.8	19647.9	7320.0
	私营企业	202.9	2713.9	18212.2	13368.9	12558.3

资料来源：黄孟复：《中国民营经济史·大事记》，社会科学文献出版社2009年版，第209-246页。

4. 民营经济全面发展阶段（2002 年至今）

"两个毫不动摇"的提出，空前拓展了民营经济的发展空间，破除了民营经济发展的制度障碍。2002 年 11 月 8—14 日，在中国共产党第十六次全国人民代表大会上，江泽民代表十五届中央委员会作了题为《全面建设小康社会，开创中国特色社会主义事业新局面》的报告，报告指出："根据解放和发展生产力的要求，坚持和完善公有制为主体、多种所有制经济共同发展的基本经济制度。第一，必须毫不动摇地巩固和发展公有制经济……第二，必须毫不动摇地鼓励、支持和引导非公有制经济发展。个体、私营等各种形式的非公有制经济是社会主义市场经济的重要组成部分，对充分调动社会各方面的积极性、加快生产力发展具有重要作用。第三，坚持公有制为主体，促进非公有制经济发展，统一于社会主义现代化建设的进程中，不能把这两者对立起来。各种所有制经济完全可以在市场竞争中发挥各自优势，相互促进，共同发展。"

2004 年 3 月 14 日，第十届全国人民代表大会第二次会议通过了宪法修正案，其中，第二十一条规定："国家保护个体经济、私营经济等非公有制经济的合法的权利和利益。国家鼓励、支持和引导非公有制经济的发展，并对非公有制经济依法实行监督和管理。"第二十二条规定："公民的合法的私有财产不受侵犯……国家依照法律规定保护公民的私有财产权和继承权。"2005 年 2 月 24 日，国家出台了《国务院关于鼓励支持和引导个体私营经济等非公有制经济发展的若干意见》，从放宽市场准入、加大财税金融支持、完善社会服务等七个方面对非公有制经济发展进行支持。

党的十八大以来，面对错综复杂的国际形势和艰巨繁重的国内改革发展稳定任务，我国经济发展步入新常态，民营经济投资增长速度出现下滑趋势（见表 2-10）。2013 年 11 月，中国共产党第十八届中央委员会第三次全会再次重申了党的第十六次全国人民代表大会关于"两个毫不动摇"的精神。2016 年 3 月，习近平总书记在看望全国政协民建、工商联界委员时强调："公有制经济和非公有制经济都是社会主义市场经济的重要组成部分，都是我国经济社会发展的重要基础；国家保护各种所有制经济产权和合法利益，坚持权利平等、机会平等、规则平等，激发非公有制经济活力和创造力。"
"非公有制经济在我国经济社会发展中的地位和作用没有变，我们毫不动摇
鼓励、支持、引导非公有制经济发展的方针政策没有变，我们致力于为非公
有制经济发展营造良好环境和提供更多机会的方针政策没有变。"① 这是习近
平总书记关于非公有制经济的新论断新思想，既是对"两个毫不动摇"的重
申，也是对"两个毫不动摇"的升华。

表2-10 2002—2005年全国民营经济发展情况

年份	类别	户数（万户）	从业人员（万人）	注册资金（亿元）	营业额（亿元）	产值（亿元）
2002	个体工商户	2377.5	4742.9	3782.4	20834.3	7967.6
	私营企业	243.5	3247.5	24756.2	14369.2	15338.0
2003	个体工商户	2353.2	4299.1	4187.0	22823.1	8740.9
	私营企业	300.6	4299.1	35304.9	18652.4	20083.0
2004	个体工商户	2350.5	4587.1	5057.9	19682.6	8097.7
	私营企业	365.1	5017.3	47936.0	25630.9	22950.4
2005	个体工商户	2463.9	4900.5	5809.5	26239.6	9805.5
	私营企业	430.1	5824.0	61331.1	30373.6	27434.1

资料来源：黄孟复：《中国民营经济史·大事记》，社会科学文献出版社2009年版，第252-
290页。

第三节 民营经济的地位和作用

改革开放不仅扫除了民营经济发展的制度障碍，而且改变了民营企业的
命运。改革开放以来，国家对个体和私营企业的政策，经历了从允许个别存

① 习近平：《毫不动摇坚持我国基本经济制度 推动各种所有制经济健康发展》，《人民日报》
2016年3月9日第2版。

在、承认其是公有制经济的有益补充，到肯定其为社会主义市场经济的重要组成部分，再到私有财产权入宪保护的过程。随着这一系列政策、法律和措施的出台，民营经济在中国的地位和命运得到了彻底改变。民营经济作为改革开放的最大受益者，也给国家改革开放政策的实施和全国人民带来了超乎寻常、令人惊奇的巨大回馈，已成为国民经济发展的一支生力军，支撑着经济增长的速度，对于繁荣城乡经济、增加财政税收、解决社会就业、提高人民生活水平、调整经济结构、全面建成小康社会具有不可替代的作用和重大意义。

一、促进国民经济高速增长

改革开放以来我国经济持续健康发展，GDP 总量由 1978 年的 3624.1 亿元增加到 2017 年的 82.7 万亿元，增长了 228 倍多，年均增长 9.7%，在同一时段，美国 GDP 的平均增长率为 2.7%，加拿大为 2.5%，英国为 2.3%，日本为 2.2%，法国为 1.9%，德国为 1.8%，尽管都实现了正增长，但增长率都远远低于中国。其中，中国在 2002 年 GDP 总量突破 10000 亿元大关；在 2007 年 GDP 超过了德国，成为世界第三；在 2010 年 GDP 超过了日本，成为世界第二。[1] 我国经济持续快速发展的原因是多方面的，其中民营经济不断发展壮大并成为我国国民经济中一支生机勃勃的生力军，是促进国民经济持续快速发展的一个重要原因。当前，我国民营经济已占据 GDP 的 60% 以上。[2]

在传统计划经济体制下，我国国民经济的发展完全由公有制经济"一驾马车"来拉动，经济增长主要靠国家投资。我国是一个发展中的大国，现代化建设需要大量的资金，光靠国家投资，受到很大限制，资金供给十分短缺。改革开放以来，伴随着多种所有制经济共同发展，投资领域发生了深刻变化，主要表现为民营经济发展促进投资大量增长，成为拉动国民经济增长

---

① 大成企业研究院：《2017 年民间投资与民营经济发展重要数据分析报告》，社会科学文献出版社 2018 年版，第 7-8 页。

② 李国荣、彭建松：《民营经济概论》，北京大学出版社 2008 年版，第 59 页。

的主要动力之一。民营经济中的个体私营经济，不要或基本不要国家投资，筹措了巨额资本投入生产经营。随着民营经济快速增长，民间投资已成为社会投资的重要来源，有力地带动了社会投资的增长。国资、民资、外资"三驾马车"拉动国民经济增长的格局和态势已经形成。[①] 据统计，2017 年，民间固定资产投资 381510 亿元，比上年名义增长 6.0%。民间固定资产投资占全国固定资产投资（不含农户）的比重为 60.4%。分地区看，东部地区民间固定资产投资 175573 亿元，比上年增长 8.6%；中部地区 110938 亿元，增长 7.4%；西部地区 73440 亿元，增长 3.9%，增速回落 0.4 个百分点；东北地区 21558 亿元，增长 3.2%。分产业看，第一产业民间固定资产投资 16911 亿元，比上年增长 13.3%；第二产业 186404 亿元，增长 3.8%；第三产业 178194 亿元，增长 7.7%。第二产业中，工业民间固定资产投资 185090 亿元，比上年增长 4.0%，其中，采矿业 4935 亿元，比上年下降 19%；制造业 168784 亿元，比上年增长 4.8%；电力、热力、燃气及水生产和供应业 11371 亿元，增长 4.6%。[②]

二、成为社会就业的主渠道

中国是世界上人口最多的国家，目前约占全世界人口的 21%，人口多，解决就业任务十分繁重。首先，我国正处于体制机制转轨过程中，国有企业改制，必然要求把大量冗员分离出去，市场竞争又使一些国有企业减产、转产、停产甚至破产，从而产生大量下岗或失业人员。其次，我国正处于经济结构大调整时期，随着产业结构转型升级，附加值偏低的劳动密集型产业必将受到冲击，原有的员工面临裁员和下岗，而国有企业吸纳人数相对较少。最后，伴随着城镇化的快速发展，还有上亿的农村剩余劳动力需要转移。可见，我国就业形势十分严峻，如果不及时有效解决，不仅将会影响同步小康社会的建设，还会对发展大局造成不稳定因素。

---

① 李国荣、彭建松：《民营经济概论》，北京大学出版社 2008 年版，第 58-60 页。

② 参见国家统计局官网 2018 年 1 月 18 日发布的文章《2017 年全国固定资产投资增 7.2% 民间投资增 6.0%》。

改革开放以来，民营经济在高速发展的过程中，形成了巨大的劳动力需求，为缓解转型时期的就业压力，提供了巨大的空间，是吸纳下岗人员、农村过剩劳动力和城镇新增就业人员的一个主渠道。民营经济解决社会就业的人数和比例呈逐渐上升的趋势。1992 年，全国私营企业 13.9 万户，从业人员 231.9 万人，个体工商户 1533.9 万户，从业人员 2467.7 万人。2000 年，全国私营企业 176.2 万户，从业人员 2406.5 万人，个体工商户 2571.4 万户，从业人员 5057 万人。① 2010 年，全国私营企业从业人员 9407.6 万人，个体 7007.6 万人，私营企业和个体占全国城镇就业 32288 万人的 50.84%；国有单位 6516 万人，占全国的 20.18%。2016 年，全国私营企业就业人数 17997.1 万人，个体 12862 万人，私营企业和个体占全国城镇就业 41428 万人的 74.79%，如果加上集体和股份合作单位等就业人数，民营经济就业人数实际占比为 80% 以上；国有单位 6170 万人，占全国的 15%（见表 2-11）。②

表 2-11　分地区按行业划分私营企业和个体就业人数（2016 年）

单位：万人

地区	合计	制造业	建筑业	批发零售业	交通运输、仓储和邮政业	住宿和餐饮业	租赁和商务服务业	居民服务和其他服务业
全国	30859.1	5424.8	1431.8	12252.3	703.8	2218.5	2329.2	1761.6
北京	1046.7	53.9	61.3	249.8	26.1	39.8	171.7	21.0
天津	209.7	44.4	8.8	41.0	4.3	40.8	19.7	9.6
河北	981.7	205.8	23.9	452.6	30.2	74.1	29.5	62.7
山西	553.4	68.9	17.4	255.2	17.1	51.2	20.2	46.5
内蒙古	525.3	42.9	15.3	249.5	17.5	54.2	28.7	51.9
辽宁	827.4	151.9	33.8	317.6	62.8	59.4	36.1	61.0
吉林	615.2	59.9	39.1	252.8	22.4	69.2	27.8	49.8

---

① 黄孟复：《中国民营经济史·大事记》，社会科学文献出版社 2009 年版，第 209-242 页。

② 大成企业研究院：《2017 年民间投资与民营经济发展重要数据分析报告》，社会科学文献出版社 2018 年版，第 5-6 页。

续表

地区	合计	制造业	建筑业	批发零售业	交通运输、仓储和邮政业	住宿和餐饮业	租赁和商务服务业	居民服务和其他服务业
黑龙江	362.5	27.0	5.9	163.8	8.4	55.1	11.7	44.9
上海	1194.2	133.9	77.0	420.8	38.9	21.8	238.4	21.2
江苏	3114.1	1005.4	274.8	862.7	65.9	132.3	282.9	122.3
浙江	2565.7	962.0	131.3	714.7	41.6	118.9	212.0	114.1
安徽	1056.2	185.9	47.5	451.6	19.6	76.8	56.4	74.2
福建	1149.3	223.9	47.2	480.6	19.0	67.8	95.2	53.1
江西	898.6	163.2	32.0	376.0	26.4	55.5	64.8	51.8
山东	2372.7	456.2	96.9	1061.5	57.9	146.5	128.4	139.3
河南	1174.8	181.4	41.5	549.6	17.9	103.3	54.5	87.4
湖北	1565.2	184.7	59.4	663.7	42.9	159.5	84.8	111.8
湖南	735.0	72.6	14.8	320.7	13.0	71.4	43.5	47.9
广东	3637.8	643.9	93.1	1686.5	57.8	208.2	268.8	184.4
广西	703.4	64.4	19.1	338.7	18.5	55.7	54.9	43.5
海南	177.9	7.3	14.1	66.5	4.6	19.2	19.4	13.1
重庆	1059.5	97.4	40.9	403.3	20.0	82.2	99.5	56.0
四川	1405.9	126.3	100.4	649.6	21.4	115.1	119.8	77.1
贵州	584.3	47.9	16.1	232.9	9.6	60.0	33.5	40.5
云南	748.7	77.0	38.2	298.0	12.9	75.0	38.1	45.2
西藏	91.3	5.4	15.1	30.0	1.0	13.1	8.0	6.1
陕西	518.3	41.1	19.0	233.9	7.7	77.1	21.6	50.9
甘肃	415.6	34.0	25.7	180.9	6.5	47.4	17.5	29.3
青海	81.7	7.2	3.5	32.9	1.2	13.2	3.5	7.1
宁夏	152.7	11.5	6.3	75.8	2.6	14.6	11.4	11.8
新疆	334.7	37.5	12.4	138.6	7.9	39.7	26.8	26.0

资料来源：国家统计局：《中国统计年鉴2017》，中国统计出版社2017年版。

三、增加国家财政收入

民营经济在主要依靠自身资本积累发展的过程中，为国家提供了大量的税收，并且税收增长的速度较快。根据《全国税务统计》，1985 年，全国工商税收 1280.41 亿元，其中，全民所有制 917.83 亿元，占比为 71.7%；集体所有制 308.47 亿元，占比为 24.1%；个体为 38.32 亿元，占比为 3%，无私营企业的数据。1990 年，全国工商税收 2344.96 亿元，其中，全民所有制 1609.54 亿元，占比为 68.6%；集体所有制 509.42 亿元，占比为 21.7%；个体为 156.62 亿元，占比为 6.8%；私营企业为 2.75 亿元，占比为 0.12%。1995 年，民营经济上交税收的增长率为 26.2%，超过国有经济的增长率 10.4%，此后，民营经济上交税收的增长速度一直高于社会总税收的增长速度，也高于国有经济税收增长率。2001 年，民营经济税收占比 36%，首次超过国有经济税收占比 35.4%。[①]

2017 年，我国税收收入共计 155734.72 亿元，其中，民营企业税收收入 82062.06 亿元，国有及国有控股企业税收收入 44471.75 亿元。从占比来看，2017 年，民营企业税收收入占全部税收收入的 52.7%，民营企业占比较 2016 年提高了 1.9 个百分点；国有企业占比为 28.6%，下降了 2.0 个百分点；外资企业占比 18.8%，基本持平。[②]

四、繁荣城乡经济市场

厉以宁先生曾强调指出："无民不稳，无民不富，无民不活。"这里讲的"民"，就是指"民营经济"。"无民不稳"，是指如果没有民营经济，就业问题就不能有效解决，社会就不稳定；"无民不富"，则是说如果没有民营经济，经济社会就不会进步，收入也就不会提高；"无民不活"中，什么是

---

① 大成企业研究院：《2017 年民间投资与民营经济发展重要数据图示》，《中国民商》2018 年第 4 期。

② 大成企业研究院：《2017 年民间投资与民营经济发展重要数据分析报告》，社会科学文献出版社 2018 年版，第 7-8 页。

"活"？不仅是指市场完善、有活力，而且还指活力的市场是跟机制连在一起的。如果说市场是一个大型搅拌机，那搅拌的动力主要来自民营经济。①

城乡经济要发展，需要培育和壮大一批市场主体，如果市场主体不发达，城乡经济必然不具有活力和动力。充满活力，就是能够使一切有利于社会进步的创造愿望得到尊重，创造活动得到支持，创造才能得到发挥，创造成果得到保护。在传统的计划经济体制中，企业没有相对独立的经济自主权，经济利益得不到有效保护，因此，经济发展从源头上就失去了动力。改革开放以来，随着个体经济和私营经济的出现和崛起，创业的氛围和精神得到社会的广泛认同。实践证明，凡是民营经济发展得快的地区，其整个社会经济也发展得快。从数量占比看，民营经济市场主体占据了全部市场主体的绝大多数。2017 年底，全国实有市场主体 9814.8 万户，其中，全国个体工商户达 6579.4 万户，私营企业 2726.3 万户，个体私营企业占全部市场主体的 94.81%。从企业实力来看，民营企业实力随着全国经济总量不断增大而增大。20 世纪八九十年代民营企业基本都是小规模企业，21 世纪以来，涌现了一批大型企业和超大型企业。全国工商联从 1998 年起开始统计规模民营企业和民企 500 强，当年进入的门槛为年销售收入 0.9 亿元，只有 463 家。进入 500 强企业的门槛，1999 年为 1.16 亿元，2005 年为 13.36 亿元，2010 年为 50.6 亿元。2017 年，中国民营企业 500 强的门槛提高到 120.5 亿元，华为投资控股有限公司、苏宁控股集团、山东魏桥创业集团有限公司等 6 家民企收入突破 3000 亿元大关。同时，中国企业 500 强中的民营企业数量逐年增多，2002 年只有 79 家，2010 年有 184 家，2015 年有 205 家，2017 年达到 226 家，占比 45.2%。②

传统计划经济的一个典型特征是"卖方市场"或"短缺经济"，产品供不应求的矛盾非常突出。国家在经济发展中碰到的比较头痛的问题之一，是

---

① 厉以宁：《无民不稳　无民不富　无民不活》，载王忠明主编《新观察　中国民营经济发展规律探索》，中华工商联合出版社 2014 年版，第 1 页。

② 大成企业研究院：《2017 年民间投资与民营经济发展重要数据分析报告》，社会科学文献出版社 2018 年版，第 9 页。

人民群众长期面临的吃饭难、穿衣难、出行难等，许多产品靠排队或发票证来解决供求矛盾。改革开放以来，民营经济特别是个体、私营等非公有制经济生产了大量的物质产品，提供了大量的服务，繁荣了市场，满足了人民群众多方面的需要。在多种所有制经济共同发展的体制下，我国在 1997 年前后，告别了"短缺经济"的局面，市场经济的发展形势由"卖方市场"转化为"买方市场"。

五、满足人民日益增长的美好生活需要

马克思主义历史唯物论认为，生产力决定生产关系，有什么样的生产力，就应该有什么样的生产关系。1858 年，马克思在《政治经济学批判》的序言中指出，人们在自己生活的社会生产中发生的、一定的、必然的、不以他们的意志为转移的关系，即同它们的物质生产力一定发展阶段相适应的生产关系。这些生产关系的综合构成社会的经济结构。物质生活的生产方式制约着整个社会生活、政治生活和精神生活的全过程。社会的物质生产力发展到一定阶段，便同它们一直在其中运动的现存生产关系或财产关系发生矛盾。①

我国社会主义是在半殖民地半封建社会的基础上建立起来的，没有经过资本主义的充分发展，生产力极其落后，生产社会化程度不足。1949 年，我国工农业产值才达到 466 亿元，GDP 才达到 358 亿元。针对这一基本国情，我国确立的社会主义的根本任务就是大力发展社会生产力。历经改革开放 40 多年的发展，我国国民生产总值位居世界第二，人均国民总收入步入中等收入国家行列。习近平同志在党的十九大报告中强调，中国特色社会主义进入新时代，我国社会主要矛盾已经转化为人民日益增长的美好生活需要和不平衡不充分的发展之间的矛盾。人们不仅仅满足于解决温饱生活物质需求，还对教育、医疗、环境、文化等提出更高的要求，不仅对单一产品和服务的需

---

① 马克思、恩格斯：《马克思恩格斯选集》（第 2 卷），人民出版社 1995 年第 2 版，第 32 页。

求增加，还对产品和服务的多元化、多层次化、多样化的需求与日俱增。①

实践证明，民营经济的发展，为国家创造了财富，为社会带来了效益，促进了生产力的发展，提高了人民的生活水平。民营经济在人们生活的每个领域、每个行业都占有不同程度的比重，人们的美好生活需求的满足将在一定程度上有赖于民营经济发展提供强大的物质基础，提供多样的服务内容和商品。个体、私营企业生产的社会消费品零售额逐年增长，能够不断满足人们对生活的多样需求。2013—2017 年，我国社会消费品零售总额不断增长，五年间年均复合增长率为 10.82%，增长较为迅速。2017 年全年社会消费品零售总额 366262 亿元，比上年增长 10.2%，占 GDP 的比重为 44.28%，为全国 GDP 做出了较大贡献。按经营单位所在地划分，城镇消费品零售额 314290 亿元，增长 10.0%；乡村消费品零售额 51972 亿元，增长 11.8%。按消费类型划分，餐饮收入 39644 亿元，增长 10.7%；商品零售 326618 亿元，增长 10.2%。消费升级类商品较快增长，通信器材、体育娱乐用品及化妆品类商品分别增长 11.7%、15.6% 和 13.5%。②

---

① 胡鞍钢、鄢一龙：《我国发展的不平衡不充分体现在何处？》，《人民论坛》2017 年第 S2 期。

② 参见中商产业研究院 2018 年 3 月 2 日发布的《2017 年中国社会消费品零售额统计分析：占 GDP 比重 44.28%》。

第三章　贵州民营经济发展的基本情况

贵州民营经济是全国民营经济的组成部分，其地位、作用，以及改革开放以来的发展情况，与全国民营经济发展有着相似之处。本章着重分析贵州民营经济的发展情况，具体将从其历史进程、各市（州）发展现状、全省主要经验做法等方面展开论述。

第一节　贵州民营经济总体发展现状

本节以 1978 年党的十一届三中全会召开为历史起点，主要是由于 1978 年以前关于贵州民营经济发展的文献资料十分稀缺。事实上，当前的相关资料和数据显示，贵州民营经济也是从 1978 年才开始稳步向前发展的。

一、贵州民营经济发展脉络

中华人民共和国成立以来，伴随着我国社会主义市场经济体制的确立和发展，贵州民营经济发展同全国民营经济一样经历了从无到有、从小到大、从弱到强的历程。结合贵州实际情况，大致可以将其民营经济发展分为四个阶段：起步期、成长期、快速发展期和优化整合加速发展期。①

---

① 杨静、吴大华：《贵州蓝皮书：贵州民营经济发展报告（2015）》，社会科学文献出版社2016年版，第3页。

1. 第一阶段为起步期（1978—1991 年）[①]

贵州地处西南边陲，地理位置比较偏远。在 1978 年底，贵州城镇个体经济只有 1644 人，私营个体经济固定投资仅有 0.64 亿元。党的十一届三中全会后，贵州同全国一样，把工作重心转移到以经济建设为中心的轨道上来，坚持改革开放，开始发挥市场机制在资源配置中的作用，贵州个体经济逐步得到恢复和发展，私营企业也开始出现。到 1979 年底，贵州省个体私营经济固定投资达 1.13 亿元，有个体工商户 8530 户，从业人员 11870 人；[②] 1981 年末，贵州省非公有制独立核算的工业企业有 4 个，非公有制企业按当年价格计算的净产值达到 261 万元。[③]

1982 年 9 月，中国共产党第十二次全国代表大会提出，个体经济是公有制经济的必要的、有益的补充。同年 12 月，宪法修正案确认了个体经济的法律地位。1983 年 4 月，国务院发布了《关于城镇劳动者合作经营的若干规定》，明确提出城镇个体工商业者或待业青年、社会闲散人员，根据生产、经营需要组成合作经营组织，是我国社会主义经济的一个组成部分。个体经济的地位获得了国家政策和根本大法的确认，为贵州个体经济的发展提供了有力的政治和法律保证。1983 年，贵州省工商局下发了《关于农村个体工商业的暂行规定》。1984 年，贵州省工商局又印发了《发展个体工商户的十条措施》。到 1985 年，贵州个体私营经济固定投资达 10.14 亿元，约占全省固定投资的 30.6%，个体工商户发展到 19.64 万户，从业人员 22.74 万人。[④]

1988 年 4 月，宪法修正案确认了私营经济的法律地位；同年 6 月，国务院发布了《中华人民共和国私营企业暂行条例》。在党中央、国务院的政策指引下，贵州在安顺地区创建了"多种经济成分共生繁荣改革试验区"，在毕节地区创建了"开发扶贫、生态建设"综合试验区。1988 年，贵州省政府决定在省经委内部增设"个体经济处"，作为专门的非公有制经济管理机

---

① 本部分参见贵州省中小企业局、贵州省非公有制经济办公室 2009 年 1 月汇编的材料：《改革开放 30 年——贵州省非公有制经济发展报告》。

②④ 《贵州省情》编辑委员会：《贵州省情》，贵州人民出版社 1986 年版，第 461 页。

③ 贵州省统计局：《贵州奋进的四十年》，中国统计出版社 1989 年版，第 60 页。

构。一系列的政策措施，促进了贵州个体私营经济的快速发展。到 1990 年底，贵州全省私营个体经济固定投资达 12.42 亿元，已登记的个体工商户发展到 26.98 万户，从业人员 29.27 万人；贵州全省私营企业 1597 户，从业人员 4.02 万人；个体商业经济零售额占贵州全省社会商品零售总额的比重已经达到 37.5%（见表 3-1）。①

表 3-1　1978—1991 年贵州省民营经济（非公）固定资产投资及占比

年份	全社会固定资产投资（亿元）	民营经济（非公）固定资产投资（亿元）	占比（%）
1978	10.93	0.64	5.85
1979	11.94	1.13	9.46
1980	13.97	1.55	11.09
1981	15.16	2.11	13.92
1982	15.52	2.85	18.36
1983	17.07	3.96	23.2
1984	23.02	7.02	30.5
1985	33.14	10.14	30.6
1986	35.99	10.19	28.31
1987	42.97	12.26	28.53
1988	54.42	9.63	17.7
1989	44.08	9.06	20.55
1990	51.51	12.42	24.11
1991	58.44	11.80	20.2

资料来源：贵州省统计局、国家统计局贵州调查总队：《贵州统计年鉴 2016》，中国统计出版社 2016 年版。由于 2012 年前，贵州省统计部门未设定"民营经济固定资产投资"指标，主要参考的指标为"非公有制经济固定资产投资"。

---

① 《贵州省情》编辑委员会：《贵州省情》，贵州人民出版社 1986 年版，第 374 页。

2. 第二阶段为成长期（1992—2002 年）[1]

1992 年邓小平同志的南方谈话，吹响了第二次思想解放的号角。以 1992 年邓小平南方谈话精神为指引的党的十四大从政策上为个体经济、私营经济的发展，进一步扫清了障碍。1994 年，贵州省把发展个体经济、私营经济摆到重要议事日程，省委、省政府在全省开展的思想解放大讨论过程中，制定并下发了《关于加快个体、私营经济发展的意见》，明确提出要坚定不移地"坚持以公有制为主体，多种经济成分共同发展的方针"，进一步鼓励放心、放胆、放手地发展个体、私营经济，实现"五不限"，即不限发展比例，不限发展速度，不限经营方式，不限经营规模，不限经营范围，取消了一系列对个体私营经济的不合理限制，为个体私营经济发展创造了宽松的政策环境。截至 1994 年底，贵州全省私营个体经济固定投资 37.44 亿元，个体工商户达到 33.92 万户，从业人员 46.8 万人，个体工商户实现的营业收入比上年增长 20.6%；贵州全省登记注册的私营企业达到 5155 户，比上年增加 1433 户，私营企业雇工 8.86 万人，比上年增加 2.69 万人。[2]

随后，贵州省委、省政府于 1996 年 12 月下发了《关于进一步加快个体、私营经济发展的决定》，并根据该文件要求于 1997 年 5 月成立了"贵州省发展个体、私营经济工作领导小组"，省领导任领导小组组长，省政府副秘书长和省经贸委为副组长，省属 22 个部门和单位的领导为领导小组成员，办公室设在省经贸委。1998 年 11 月，贵州省政府办公厅印发了《省经贸委关于进一步促进我省非公有制经济发展意见的通知》，提出加快非公有制经济发展的意见和措施。2000 年 12 月，贵州省委、省政府举行了全省第一次非公有制经济表彰大会，数十家非公有制经济企业和经营者受到了省委、省政府的表彰。2001 年，贵州省政府成立了"全省推动中小企业发展联席会议"，旨在组织、协调、解决非公有制经济发展遇到的难题。在此期间，贵

---

[1] 本部分参见贵州省中小企业局、贵州省非公有制经济办公室 2009 年 1 月汇编的材料：《改革开放 30 年——贵州省非公有制经济发展报告》。

[2] 《贵州年鉴》编辑部：《贵州年鉴1994》，贵州年鉴社 1995 年版，第 456–457 页。

州省非公有制经济得到迅速发展，益佰、老干妈、永红、雅园、星力百货、东太集团、赖永初酒业等一批民营企业先后涌现出来。到 2002 年，贵州全省私营个体经济固定投资 189.70 亿元，私营企业已达 22248 户，从业人员 219719 人，注册资本 211.69 亿元，分别比 1992 年增长 8.3 倍、7.2 倍、4 倍和 42 倍；个体工商户达到 39.41 万户，比 1992 年增加 10.75 万户，新增就业岗位 19.64 万个（见表 3-2）。

表 3-2　1992—2002 年贵州省民营经济（非公）固定资产投资及占比

年份	全社会固定资产投资（亿元）	民营经济固定资产投资（亿元）	占比（%）
1992	78.82	16.41	20.82
1993	106.30	21.65	20.36
1994	140.95	37.44	26.56
1995	173.66	51.87	29.87
1996	207.10	59.16	28.57
1997	247.23	82.39	33.33
1998	304.91	96.64	31.69
1999	333.90	100.91	30.22
2000	402.50	114.10	28.35
2001	533.74	153.60	28.78
2002	632.44	189.70	29.99

资料来源：贵州省统计局、国家统计局贵州调查总队：《贵州统计年鉴 2016》，中国统计出版社 2016 年版。由于 2012 年前，贵州省统计部门未设定"民营经济固定资产投资"指标，主要参考的指标为"非公有制经济固定资产投资"。

3. 第三阶段为快速发展期（2003—2010 年）

2002 年 11 月，党的十六大提出了"两个毫不动摇"和"一个统一"的方针，即"必须毫不动摇地巩固和发展公有制经济""必须毫不动摇地鼓励、支持和引导非公有制经济发展""坚持公有制为主体，促进非公有制经济发展，统一于社会主义现代化建设的进程中"。为了贯彻落实党的十六大精神，贵州省政府批转了《省经贸委关于鼓励和促进中小企业发展若干政策的意见的通知》，要求"各地各部门要进一步转变观念，提高认识，坚持放开搞活与扶持发展并举的方针，以市场为导向，以扶持、服务为宗旨，为中小企业的发展和进步创造良好的外部环境，加大对中小企业的扶持力度，鼓励和促进中小企业健康发展"，提出要推动结构调整、鼓励技术创新、加大财税政策的扶持力度、积极拓宽融资渠道、加快建立信用担保体系、健全社会化服务体系等。

为解决非公有制经济自有资本少、发展资金短缺的问题，贵州省政府在2004年依照《中华人民共和国中小企业促进法》设立了省中小企业发展专项资金，这是贵州省第一次明确规定支持"以民间资本创办的非公有制经济"的专项资金（后于2010年并入省工业和信息化专项资金）。随后，贵阳市、安顺市、黔西南州等也相继设立了中小企业发展专项资金，以扶持非公有制经济发展。2004年，贵州设立了贵州省中小企业局（省非公有制经济办公室），为副厅级工作机构，全省逐渐从省到县，基本构建了中小企业、民营经济的政府组织管理体系。同年，贵州省纪委、省监察厅也发布了《贵州省危害经济发展环境责任追究办法》。2006年，贵州省政府出台了《贵州省人民政府关于贯彻国务院鼓励支持和引导个体私营等非公有制经济发展若干意见的意见》。2005年，贵州省工商企业注册总数为9.49万户，比上年增长19.19%；私营企业4.15万户，比上年同期增长22.38%，全省个体工商户户数超过43万户；规模以上私营企业数达到805户，比上年增加161户。1985—2005年，贵州省非公有制企业申请职务发明占全省的43.02%，授权职务发明占全省的40%；非公有制经济提供新增就业岗位15.49万个，占全省新增就业岗位的80%，比上年提高6.51%。[①]

2007年，在2001年成立的"全省推动中小企业发展联席会议"的基础上，贵州成立了"全省推动非公有制经济、中小企业发展联席会议"，成员单位35个，办公室设在省中小企业局。到2007年，贵州全省私营企业已达

---

① 周航：《全省非公有制经济发展形势喜人》，《贵州日报》2006年5月9日。

54812 户，从业人员 432217 人；个体工商户发展到 50.77 万户，新增就业岗位 19.8 万人。① 2009 年，贵州省委十届五次全会制定了《中共贵州省委贵州省人民政府关于推动个体私营等非公有制经济又好又快发展的意见》。2010 年，贵州省人大颁布了《贵州省中小企业促进条例》，同年，省委、省政府印发了《关于进一步加快全省民营经济发展的意见》，文件规定："省级财政逐年增加省级工业和信息化发展专项资金，其中单列省中小企业发展专项资金用于发展民营经济。今年省级工业和信息化发展专项资金 60% 以上要用于民营经济发展，在此基础上，省级财政连续三年递增 20%。其他支持企业发展的专项资金用于支持民营企业发展的比例原则上不低于三分之一。"

2010 年，贵州省私营企业已达 7.8 万户，注册资本达 1674.16 亿元，个体工商户发展到 64.7 万户；与此同时，民营经济全社会固定资产投资占比也从 2005 年的 45.2% 上升到 2010 年的 48.6%，且 5 年间稳定在 48% 以上；贵州全省民营经济增加值达到 1610.76 亿元，民营经济增加值占这一时期 GDP 的比重也从 2005 年的 27.84% 上升到 2010 年的 35.0%（见表 3-3、表 3-4）。②

表 3-3　2003—2010 年贵州省民营经济固定资产投资及占比

年份	全社会固定资产投资（亿元）	民营经济（非公）固定资产投资（亿元）	占比（%）
2003	754.13	257.77	34.18
2004	869.25	233.10	26.81
2005	1018.25	460.27	45.2
2006	1197.68	582.25	48.6
2007	1488.80	773.85	52.0

---

① 参见贵州省中小企业局、贵州省非公有制经济办公室 2009 年 1 月汇编的材料：《改革开放 30 年——贵州省非公有制经济发展报告》。

② 杨静、吴大华：《贵州蓝皮书：贵州民营经济发展报告（2015）》，社会科学文献出版社 2016 年版，第 5-6 页。

年份	全社会固定资产投资 （亿元）	民营经济（非公） 固定资产投资（亿元）	占比（%）
2008	1864.45	928.53	49.8
2009	2450.99	1187.14	48.4
2010	3186.28	1550.08	48.6

资料来源：贵州省统计局、国家统计局贵州调查总队：《贵州统计年鉴2016》，中国统计出版社2016年版。由于2012年前，贵州省统计部门未设定"民营经济固定资产投资"指标，主要参考的指标为"非公有制经济固定资产投资"。

表3-4 2006—2010年贵州省民营经济增加值及占比①

年份	贵州省民营经济增加值（亿元）	占GDP比重（%）
2006	723.63	30.9
2007	904.03	31.3
2008	1152.42	32.4
2009	1295.10	33.1
2010	1610.76	35.0

资料来源：查阅历年《贵州统计年鉴》显示，2012年前无"民营经济增加值"指标，可参考的统计指标为"非公有制经济生产总值"。2006—2011年贵州民营经济增加值相关数据来源于：《贵州统计年鉴2012》"23-1非公有制经济生产总值"；2012—2015年数据来源于《贵州统计年鉴2016》"24-2民营经济增加值"；2016—2017年数据来源于《全力促进贵州民营经济高质量发展——访省工业和信息化厅厅长何刚》，载贵州省工业和信息化厅网，2018-11-27。

4. 第四阶段为优化整合加速发展期（2011年至今）

这是贵州省委、省政府高度重视，大力促进民营经济发展的一个阶段，贵州相继召开了三次全省民营经济发展大会，提出了"三年倍增计划"和"五年行动计划"，政策环境和政策保障体系逐步完善。相关部门及各地也相继出台了一系列贯彻落实的文件措施，对推动贵州民营经济发展起到了极大

---

① 本表中的数据主要来源于历年《贵州统计年鉴》。

的推动作用。[①] 2011 年，贵州全省民营经济增加值达 2103.98 亿元，同比增长 30.62%。2012 年，贵州全省民营经济增加值达 2759.40 亿元，比上年增加了 655.42 亿元，增长 31.15%，占全省生产总值的 40.3%。[②] 截至 2013 年底，贵州省民营经济增加值首次突破 3400 亿元，达到 3493.53 亿元，同比增长 26.6%，占全省生产总值的比重达 43.2%，完成民间投资 4062.17 亿元，民营经济市场主体达到 127.43 万户，注册资本达到 5824.89 亿元，提前一年达到原定倍增计划目标。2015 年，贵州全省民营经济实现增加值 5246.19 亿元，比 2014 年增长 22.7%，占全省 GDP 的比重达 50%。2016 年，贵州全省民营经济实现增加值 6097.08 亿元。2017 年，贵州全省民营经济实现增加值 7201.68 亿元。

二、"十二五"以来贵州民营经济取得的成就[③]

2011 年 3 月，贵州省委、省政府召开第一次全省民营经济发展大会，明确要重点解决政府创造环境和民营经济发展慢两大问题，提出"简、优、限"，努力推动民营经济快速发展。2014 年 7 月，贵州省委、省政府召开了第二次民营经济发展大会，明确提出大力培育壮大市场主体，切实增强民营经济发展活力。近年来，经过贵州全省上下的共同努力，民营经济在推动经济转型、调整产业结构、繁荣城乡市场、扩大社会就业、改善人民生活等方面做出了重要贡献，实现了跨越式发展。

1. 规模总量持续壮大

从增速看，民营经济连年高位增长。"十二五"以来，贵州全省民营经济

---

① 杨静、吴大华：《贵州蓝皮书：贵州民营经济发展报告（2015）》，社会科学文献出版社 2016 年版，第 7～8 页。

② 参见贵州省统计局、贵州省民营经济发展局（中小企业局）发布的《贵州省民营经济统计监测（2012）》。

③ 本部分相关数据主要参考：历年《贵州统计年鉴》；贵州省统计局、贵州省民营经济发展局发布的历年《贵州省民营经济主要指标统计年报》《贵州省民营经济统计监测》《全省民营经济运行动态分析报告》；三次贵州全省民营经济发展大会的资料汇编；贵州省经济和信息化委员会：《支持民营经济加快发展　凝聚同步小康磅礴力量》，《贵州日报》2016 年 7 月 22 日第 8 版。

增加值从 2010 年的 1610.76 亿元增加到 2017 年的 7201.68 亿元，年均增长 23.85%，高于同期贵州 GDP 年均增速 7.19 个百分点。贵州全省民营经济固定资产投资从 2010 年的 1550.08 亿元增加到 2017 年的 5382.00 亿元，年均增长 19.46%，占全省固定资产投资的比重为 35.18%（见表 3-5、表 3-6）。

表 3-5　2010—2017 年贵州省民营经济增加值

年份	贵州省民营经济增加值（亿元）	增速（%）
2010	1610.76	24.37
2011	2103.98	30.62
2012	2759.40	31.15
2013	3493.53	26.60
2014	4275.38	22.38
2015	5246.19	22.71
2016	6097.08	16.22
2017	7201.68	16.49

资料来源：查阅历年《贵州统计年鉴》显示，2012 年前无"民营经济增加值"指标，可参考的统计指标为"非公有制经济生产总值"。2006—2011 年贵州民营经济增加值相关数据来源于：《贵州统计年鉴 2012》"23-1 非公有制经济生产总值"；2012—2015 年数据来源于《贵州统计年鉴 2016》"24-2 民营经济增加值"；2016—2017 年数据来源于《全力促进贵州民营经济高质量发展——访省工业和信息化厅厅长何刚》，载贵州省工业和信息化厅网，2018-11-27。

表 3-6　2010—2017 年贵州省民营经济固定资产投资

年份	民营经济固定资产投资（亿元）	比上年增长（%）	占全省比重（%）	全社会固定资产投资（亿元）
2010	1550.08	30.57	48.6	3186.28
2011	2429.74	74.8	47.6	5101.55
2012	3144.28	29.4	45.24	5717.80
2013	4062.17	29.19	55.09	7373.60
2014	4145.83	2.05	45.88	9025.75

年份	民营经济固定资产投资（亿元）	比上年增长（%）	占全省比重（%）	全社会固定资产投资（亿元）
2015	4823.80①	16.35	44.07	10945.54
2016	4951.24	2.6	38.3	12929.17
2017	5382.00②	8.7	35.18	15300

资料来源：查阅贵州历年统计年鉴显示，2012 年前无"民营经济固定资产投资"指标，可参考的统计指标为"非公有制经济完成投资额"。2006—2011 年贵州民营经济固定资产投资参考《贵州统计年鉴 2012》"23-3，非公有制经济完成投资额"；2013—2015 年贵州民营经济固定资产投资来源于《贵州统计年鉴》（2013 年、2014 年、2016 年）；2016—2017 年贵州民营经济固定资产投资来源于贵州省民营经济发展局印制的《贵州省民营经济运行动态分析报告》（2017 年 1—12 月）。

从比重看，民营经济地位日趋巩固。2015 年，贵州省民营经济增加值占 GDP 的比重达 50%，比 2010 年提高 15 个百分点。一、二、三产业中，贵州民营经济占比分别为 57.3%、56.7%、41.4%，其中民营工业占全省工业的比重达 58%，比 2010 年提高 11 个百分点。重点工业行业中，贵州民营经济在医药、特色食品的占比最大，基本达到 100%，在煤炭、建材、装备、化工的占比分别为 82%、74%、66%、52%，电力最低，只有 4%。各市（州）中，安顺、铜仁、遵义的民营经济比重最大，分别为 64%、59%、55%；2016 年，贵州全省民营经济增加值占全省 GDP 的比重达到 52%；2017 年，贵州全省民营经济增加值占全省 GDP 的比重达到 53.2%，比上年提高 1.2 个百分点；贵州民营经济增加值在全省一、二、三产业中的占比分别为 56.6%、53.8%和 51.5%，其中，在全省二、三产业中的占比分别比 2016 年

---

① 2014 年、2015 年民营经济固定资产投资数据来源于《贵州统计年鉴 2016》。

② 贵州省《2017 年全省民营经济运行动态分析报告》显示："2017 年全省民间固定资产投资（统计口径为总投资 500 万元及以上固定资产项目投资和房地产开发项目投资）5382 亿元，比上年增长 8.7%。"但是，贵州省《2016 年全省民营经济运行动态分析报告》显示："2016 年全省民间固定资产投资（统计口径为总投资 500 万元及以上固定资产项目投资和房地产开发项目投资）5395.5 亿元，比上年增长 11.9%。"显然，这两个报告的数据相互矛盾。本书以《2017 年全省民营经济运行动态分析报告》为基准，对 2016 年的民间固定资产投资数据予以修正。

提高 0.7 个百分点和 2.2 个百分点（见表 3-7、表 3-8）。①

表 3-7　2010—2017 年贵州省民营经济增加值占比

年份	贵州省民营经济增加值占 GDP 比重（%）
2010	35.0
2011	36.9
2012	40.3
2013	43.2
2014	46.1
2015	50.0
2016	52.0
2017	53.2

资料来源：查阅历年《贵州统计年鉴》显示，2012 年前无"民营经济增加值"指标，可参考的统计指标为"非公有制经济生产总值"。2006—2011 年贵州民营经济增加值相关数据来源于：《贵州统计年鉴 2012》"23-1 非公有制经济生产总值"；2012—2015 年数据来源于《贵州统计年鉴 2016》"24-2 民营经济增加值"；2016—2017 年数据来源于：《全力促进贵州民营经济高质量发展——访省工业和信息化厅厅长何刚》，载贵州省工业和信息化厅网，2018-11-27。

表 3-8　2010—2017 年贵州民营经济产业增加值占该产业增加值比重

年份	第一产业占比（%）	第二产业占比（%）	第三产业占比（%）
2010	26.5	37.5	35.4
2011	27.2	39.0	37.7
2012	42.4	42.1	38.2
2013	45.8	45.8	38.9
2014	52.1	52.1	39.0
2015	57.3	56.7	41.4

① 《全力促进贵州民营经济高质量发展——访省工业和信息化厅厅长何刚》，《贵州日报》2018 年 11 月 26 日。

年份	第一产业占比（%）	第二产业占比（%）	第三产业占比（%）
2016	56.8	53.1	49.3
2017	56.6	53.8	51.5

资料来源：产业占比=贵州民营经济各产业增加值÷贵州各产业产值。贵州民营经济各产业增加值数据来源见表1-6，贵州各产业产值来源于《贵州统计年鉴2012》《贵州统计年鉴2018》。

从主体看，民营经济发展高度活跃。贵州省民营经济市场主体数量从2010年的73.56万户增加到2017年的242.97万户，年均增长18.6%；民营经济市场主体注册资本从2010年的1861亿元增加到2017年的33593.06亿元，年均增长51.18%（见表3-9）。2018年9月20日，贵州省企业联合会、贵州省企业家协会向社会发布了"2018贵州民营企业100强"，入围门槛为1.3亿元，营业收入20亿元以上的企业共有19家，其中贵州通源集团以营业收入219.7亿元，贵州宏立城集团以营业收入88.4亿元，贵州信邦制药股份有限公司以营业收入60亿元分别名列前三强（见表3-10）。[①] 吉利、金正大、修正、百丽、娃哈哈、农夫山泉等一大批知名民营企业项目相继落户贵州省。

表3-9　2010—2017年贵州省民营经济市场主体及注册资本

年份	户数（万户）	注册资本（亿元）
2010	73.56	1861
2011	84.96	2500
2012	104.3	3906.3
2013	127.43	5824.89
2014	156.67	9190.22
2015	186.09	15130.26
2016	214.3	24551.79

① 参见贵州省企业联合会、贵州省企业家协会发布的《关于公布2018年贵州企业100强 贵州民营企业100强的通知》。

续表

年份	户数（万户）	注册资本（亿元）
2017	242.97	33593.06

资料来源：本表2006—2010年数据参见《贵州省民营经济发展报告》（2010）（贵州省工商联合会，贵州科技出版社2011年版）；2011—2012年数据参见《贵州统计年鉴2012》《贵州统计年鉴2013》"城乡私营企业户数和就业人员""城乡个体工商户数和就业人员"，2014年贵州省经信委印制《全省上半年经济工作会议暨全省第二次民营经济发展大会》民营经济会议资料；2013—2017年数据来源于贵州省市场监督管理局网（原贵州省工商局网）"政府数据"。

表3-10　2018年贵州民营企业营业收入20亿元以上名单[①]

排序	企业名称	营业收入（万元）
1	贵州通源集团	2197474
2	贵州宏立城集团	883526
3	贵州信邦制药股份有限公司	600247
4	毕节市力帆骏马振兴车辆有限公司	589382
5	贵阳南明老干妈风味食品有限责任公司	444700
6	贵州星力百货集团有限公司	387179
7	贵州益佰制药股份有限公司	380766
8	贵州康心药业有限公司	320886
9	贵州其亚铝业有限公司	311050
10	玉蝶控股集团有限公司	277020
11	贵州麟龙房地产开发集团有限公司	274445
12	贵州百灵企业集团制药股份有限公司	259181
13	贵州源翼矿业集团有限公司	253222
14	贵州邦达能源开发有限公司	250942
15	贵州众一金彩黔矿业有限公司	232173
16	贵州西洋实业有限公司	230026
17	贵州花溪农村商业银行股份有限公司	223789
18	贵州一树连锁药业有限公司	210000
19	贵州神奇药业有限公司	203079

---

① 本表中的数据来源于贵州省企业联合会、贵州省企业家协会发布的《关于公布2018年贵州企业100强　贵州民营企业100强的通知》。

2. 发展质量持续增强

从结构看，民营经济产业结构有所优化。第一产业占比从 2006 年的 22.6% 提高到 2017 年的 56.6%，提高 34 个百分点；第二产业占比从 2006 年的 33.4% 提高到 2017 年的 53.8%，提高 20.4 个百分点；第三产业占比从 2006 年的 31.8% 提高到 2017 年的 51.5%，提高 19.7 个百分点（见表 1-7）。2018 年，贵州省"千企改造"工程着力打造 216 户龙头及高成长性企业，旨在推动全省工业领域供给侧结构性改革向纵深方向发展，一批高端化、绿色化、集约化且前景广阔、潜力巨大的重点产业和企业将被打造成工业经济的"四梁八柱"，全省规模以上民营工业实现增加值比上年增长 6.4%，占全省规模以上工业增加值的 45%。

从创新看，民营经济内生动力逐步提高。2015 年，贵州省民营科技企业达到 520 家，民营经济体系拥有国家级、省级技术中心 182 个，完成专利申请受理量 8217 件、专利授权量 6595 件。2016 年 1～12 月，贵州全省民营企业专利申请 25315 件，同比增长 38.4%，专利授权 10425 件（见表 3-11）。①

表 3-11　2010—2016 年贵州省级民营经济创新指标完成情况

一级指标	二级指标	2010 年完成数	2011 年完成数	2012 年完成数	2013 年完成数	2014 年完成数	2015 年完成数	2016 年完成数
创新能力	国家级、省级企业技术中心（户）	44	58	66	75	139	190	—
	专利申请受理量（件）	1200	2327	4413	5737	6375	8217	25315
	专利授权量（件）	1100	1120	3041	3953	4940	6595	10425

资料来源：贵州省经信委：《贵州省"民营经济三年倍增计划"（2011—2013）实施情况》；贵州省政府发展研究中心民营经济比重评估组：《全省民营经济比重 2015 年推进情况评估报告》。

从效益看，民营经济盈利能力日渐增强。2015 年，贵州省民营工业企业

---

① 参见黔东南州工业和信息化局官网 2017 年 3 月 31 日发布的《2017 年全省民营经济中小企业工作座谈会在贵阳召开》。

实现利润总额 362.2 亿元，占全省利润总额的 59%；民营工业企业亏损面 19.1%，低于全省企业亏损面 0.2 个百分点。2016 年，贵州省民营经济规模以上工业产销率为 97.6%，比上年提高 0.4 个百分点；实现主营业务收入 6878.3 亿元，同比增长 17.6%，比上年提高 5.4 个百分点。2017 年，贵州省民营经济规模以上工业产销率为 97.3%，实现主营业务收入 6698.5 亿元，比上年增长 19.5%；实现利润总额 337.8 亿元，比上年增长 31.5%。

3. 综合贡献持续提高

从对国民经济的贡献看，民营经济是主要引擎。2015 年，贵州民营经济对贵州省经济增长的贡献率达到 60%，比 2010 年提高 14 个百分点。其中，对工业增长的贡献率达到 53%，比 2010 年提高 9 个百分点；2016 年，贵州民营经济对贵州省经济增长的贡献率为 68%，拉动全省 GDP 增长 7.1 个百分点。2017 年，贵州民营经济对贵州省经济增长的贡献率为 69.2%，拉动全省 GDP 增长 7.1 个百分点。

从对财税收入的贡献看，民营经济是重要财源。"十二五"时期，贵州省民营企业累计贡献税收 3540 亿元，占全省税收总额的 46%；2015 年，上缴税金 909 亿元，占全省税收总额的 48%。2017 年，"贵州民营企业 100 强"纳税总额达 102.42 亿元，占全省税收总额的 8.68%。[①]

从对大众就业的贡献看，民营经济是第一渠道。2015 年底，贵州省民营经济从业人员达 514.74 万人，比上年新增就业 86.11 万人，其中私营企业从业人员 261.20 万人，个体工商户从业人员 253.54 万人。2016 年，贵州省民营经济从业人员达 584.26 万人，比上年增长 13.51%，其中，私营企业从业人员 295.57 万人，比上年增长 13.16%，个体工商户从业人员 288.69 万人，比上年增长 13.86%。2017 年贵州省城镇新增就业 76.85 万人，民营经济从业人员已占全省城镇从业人员的 80% 左右（见表 3-12）。

---

① 参见中国企业网 2018 年 9 月 21 日发布的《2018 贵州企业 100 强、贵州民营企业 100 强发布会在贵阳举行》。

表 3-12　2010—2017 年贵州民营经济从业情况①

年份	从业人员（万人）	
2010	151	私营企业 55.54
		个体工商户 95.46
2011	194.2	私营企业 74.06
		个体工商户 120.14
2012	243.72	私营企业 123.58
		个体工商户 120.14
2013	346.8	私营企业 161.65
		个体工商户 185.15
2014	428.63	私营企业 207.82
		个体工商户 220.81
2015	514.74	私营企业 261.20
		个体工商户 253.54
2016	584.26	私营企业 295.57
		个体工商户 288.69
2017	669.41	私营企业 345.21
		个体工商户 324.20

资料来源：2006—2010 年数据参见《贵州省民营经济发展报告》（2010）（贵州省工商业联合会，贵州科技出版社 2011 年版）；2011—2012 年数据参见《贵州统计年鉴 2012》《贵州统计年鉴 2013》"城乡私营企业户数和就业人员""城乡个体工商户数和就业人员"，2014 年贵州省经信委印制《全省上半年经济工作会议暨全省第二次民营经济发展大会——民营经济会议资料》；2013—2017 年数据来源于贵州省市场监督管理局网（原贵州省工商局网）"政府数据"。

　　从对转型升级的推动看，民营经济是关键动力。2015 年，贵州民营经济在大数据电子信息、大健康医药、新型建筑建材、山地现代高效农业、文化

_____

　　① 目前，贵州发布的民营经济从业人员数据比本表中的数据大，其原因在于贵州公开的数据中，将从业人员界定为：私营企业+个体工商户+农村专业合作社，而本书将其修正为：民营经济从业人员=私营企业+个体工商户。

旅游五大新兴产业中的合计比重超过 70%，推动了贵州省转型升级。2016年，"千企帮千村"精准扶贫行动，1000 户民营企业和 1000 个贫困村建立 5年结对帮扶关系，有力地推动了扶贫。贵州绝大多数民营企业已实现进产业园区、进标准厂房，逐步走向集聚转型发展。

4. 发展环境持续改善

从"简"（政放权）看，第一次贵州全省民营经济发展大会以来，截至2015 年底，省级行政许可事项只保留 308 项，比 2010 年减少 77.2%；① 省级设立的行政事业性收费项目从 112 项减少至 35 项，其中涉企项目由 23 项减少至 4 项。2016 年，省政府对省直机关保留的 28 项非行政许可审批事项进行清理，取消 7 项、5 项转为行政许可事项、7 项转为其他类事项，9 项转为内部管理事项。今后贵州省不再保留"非行政许可审批"这一审批类别。② 从"优"（化流程）看，贵州成立了省市县三级政务服务中心，设置了网上办事大厅，建立了全省联网的投资项目在线审批监管平台，工商登记"三证合一"、"一证三码"、电子营业执照等商事制度改革在全省推广。从"限"（时办理）看，"十二五"时期，实行了行政审批办理时限承诺制，压缩省直机关行政审批平均办理时限 50% 以上，部分省直单位实施了"缺席默认"、"超时默认"和当场办结制度。

2018 年 4 月，根据贵州省民营经济发展局委托中鼎资信评级服务有限公司中鼎信用研究院进行调研的结果显示，一些部门和市州政府在贯彻落实工作中取得了一些亮点。例如：安顺市的"五个一"企业代办服务标准化，为企业办理相关审批手续提供全程代办、无偿代办，办结率 100%；黔西南州的三级政府统一清单管理模式，通过牵头做好行政审批事项"接、管、放"工作，清理规范了中介服务事项，全面取消了非行政许可审批事项和组织编制、公布州、县、乡三级政府的权责清单等，有力地促进了黔西南州行政审

---

① 参见贵州省人民政府官网 2018 年 3 月 9 日发布的《2017 年贵州省民营经济发展环境指数调查报告》。

② 贵州省人民政府办公厅 2016 年 6 月 16 日发布的《省人民政府办公厅关于取消省直机关实施的非行政许可审批事项的通知》（黔府办发〔2016〕22 号）。

批标准化建设；省科技厅的网络资源服务平台（贵州省科技资源服务网），利用大数据、云计算、移动互联等新一代技术，为科技型中小企业提供项目、融资、政策、平台、信息咨询等全面一站式服务；省国税局与省工商联、省地税局联合建立了民营业务纳税服务联席会议制度，省、市、县三级联动，建立了税企沟通和良性互动平台，搭建了沟通桥梁。①

5. 民企负担有所下降

贵州全省各地认真落实中央出台的减税降费政策，不断加大工作力度，让民营企业真正得到实惠。2013 年以来，省级设立的行政事业性收费从 112 项减少到 7 项，降幅达 93.75%；政府性基金从 20 项减少到 16 项，为社会和企业减负 23 亿元以上。在财政部公布的全国政府性基金和行政事业性收费"一张网"中，贵州省设立的行政事业性收费和涉企行政事业性收费项目数与周边省份相比最少。2013 年 8 月至 2016 年 5 月，随着相关行业逐步纳入，贵州省营改增试点全面推广。2017 年 7 月 1 日起，取消增值税 13% 的税率，四档税率并至三档。实施营改增试点 4 年来，全省财税部门打通了抵扣链条，消除了重复征税，实现了所有行业税负只减不增。2013 年 8 月 1 日到 2017 年底，贵州省实施营改增试点共减税 177.32 亿元，其中 2017 年为 83.44 亿元，惠及近 40 万户纳税人；2017 年，贵州省财税部门落实新出台的税收优惠政策，全年减税 400 多亿元。②

第二节　贵州各市（州）民营经济发展情况③

按照当前行政区划，贵州下辖 9 个市（州），分别是贵阳市、遵义市、铜仁市、安顺市、六盘水市、毕节市、黔东南州、黔西南州、黔南州，本节

---

①② 参见贵州省中小企业网 2018 年 4 月 2 日发布的《贵州省促进民营经济发展新旧"38 条"政策落实情况评估报告》。

③ 本部分的数据和资料主要来源于：贵州各市（州）统计局发布的统计年鉴、统计年报；贵州各市（州）民营经济主管部门反馈的调研材料；三次贵州全省民营经济发展大会的资料汇编等。

分别叙述 9 个市（州）民营经济的发展现状和主要做法。

一、贵阳市民营经济发展情况

1978 年以来，贵阳市民营经济从无到有，经历了从简单的个体餐饮、街道小作坊、家电及汽车修理等到如今的种植业、酒店、电子商务、物流、IT 业及食品、药品、装备制造、化工等涉及一、二、三产各类产业。1996 年以来，贵阳市民营经济增加值从最初的 37 亿元开始，发展到 2014 年民营经济占全市 GDP 的比重首次突破 50%，并占到全省民营经济总量的三分之一，位居全省第一。

1. "十二五"以来贵阳市民营经济发展取得的成效

"十二五"以来，贵阳市民营经济发展主要围绕完善民营经济发展环境，全面贯彻落实《省委省政府关于进一步促进民营经济加快发展的若干意见》，把民营经济和中小企业发展作为激发经济增长活力、加快建设现代化经济体系的重要载体，持续推动重点领域的改革创新，全面加强服务体系建设，努力促进民营经济健康快速发展。

（1）民营经济总量持续扩大。2017 年，贵阳市民营经济实现增加值 1927 亿元，同比增速 14.22%，高于地区生产总值增速 2.7 个百分点，民营经济占地区生产总值的比重提高到 54.5%；完成民间投资 1857 亿元，占全社会固定资产投资的比重达到 48.2%；民营经济新增就业 15.4 万人，占全年全社会新增就业人数的 67%；登记注册民营市场主体约 40 万户，其中民营中小企业近 20 万户；民营经济税收占全市税收的比重达 55%。在贵阳市工业中，民营经济所占比重约为 50%，同比增速 12.7%，分别高于全市工业和国有控股工业 2.7 个百分点和 5.8 个百分点（见表 3-13、图 3-1）。

表3-13 "十二五"以来贵阳民营经济主要发展指标

年份	增加值（亿元）	占全市 GDP 比重（%）	民间注册资本（亿元）	新增就业（人）	民间投资（亿元）
2011	613	44	804	56000	802
2012	818	48	1146	92333	1130
2013	1043	50	1550	200000	1674
2014	1280	51	2800	230000	1882
2015	1370	52.5	3400	150000	1817
2016	1681	53.2	4800	150000	1840
2017	1927	54.5	—	154000	1857

资料来源：2011—2016 年数据根据 2017 年贵阳市工信委提供的调研材料《贵阳市民营经济"十二五"期间发展情况、主要做法、问题及下一步思路》；2017 年数据《贵阳民营经济增加值占全省比重近 3 成》，载《贵阳晚报》2018 年 3 月 21 日。

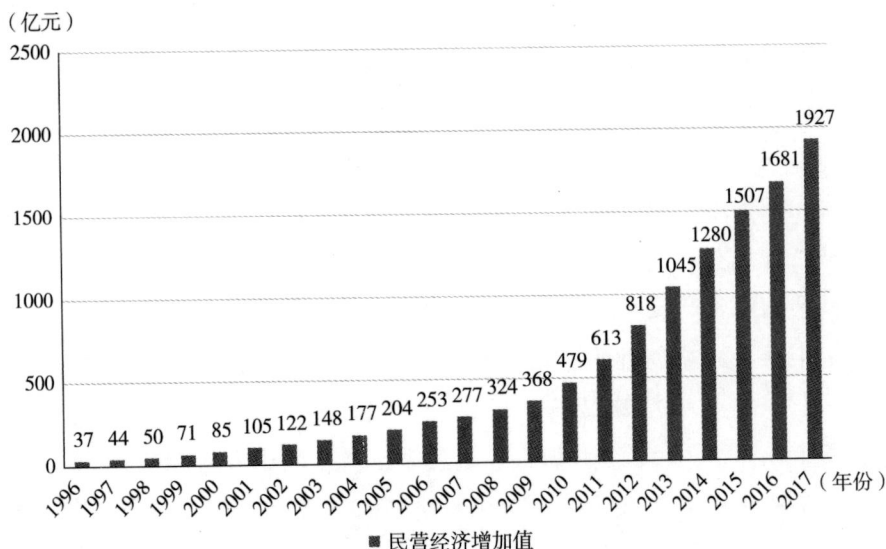

（亿元）

图3-1 贵阳市民营经济发展简略指标

资料来源：2011—2016 年数据根据 2017 年贵阳市工信委提供的调研材料《贵阳市民营经济"十二五"期间发展情况、主要做法、问题及下一步思路》；2017 年数据《贵阳民营经济增加值占全省比重近 3 成》，载《贵阳晚报》2018 年 3 月 21 日。

（2）产业结构不断优化。贵阳市产业由原来主要集中于劳动密集型、科技含量低的加工配套产业和吃、住、行等简单服务业，向高新技术产业、现代制造业及现代服务业迅猛发展。2017 年，贵阳市大数据、大健康产业中，民营企业已占 95%以上，民营企业产业升级步伐逐步加快。贵阳市进入省统计平台的 IT 民企接近 1000 户，营收超 400 亿元，涌现出朗玛科技、货车帮、航宇科技、雅光电子、马上到、讯飞智联、黔茶商城等一大批"大数据互联网+"民企，成为贵州省大数据领域的生力军；民营医药制造企业 71 家，占到全市医药制造企业户数的 97.3%，2017 年工业总产值约 350 亿元，增速达17%，成为全市大健康产业发展的支柱力量。

（3）发展环境明显优化。2012 年，贵阳市政府设立了金融办，优化了全市融资性担保机构为民企提供融资服务的环境。贵阳市工信委每年为贵阳市融资性担保机构申报国家和省中小企业发展资金支持，2013—2015 年共获得国家和省中小企业发展资金专项支持融资平台金额总计 9000 万元以上。全面贯彻贵州省政府关于"3 个 15 万"扶持政策，持续完善贵阳市大众创业环境，2014 年 5 月，贵阳出台《关于全力推进民营经济发展的若干意见》。

2. "十二五"以来贵阳市民营经济发展主要做法

（1）加大政策配套扶持。"十二五"以来，贵阳市相继出台了《关于大力扶持微型企业发展的意见》和《关于全力推进民营经济发展的若干意见》。同时，贵阳市还建立了民营经济领导小组，由市主要领导挂职组长，设立了民营经济领导小组办公室，负责协调解决民企发展问题，及时掌握民营经济发展动态，及时解决发展难题。

（2）强力攻克民企"七难"。2016 年初，贵阳市出台了《贵阳市进一步鼓励民营经济发展的措施》，在全市范围内开展了民营经济"大走访、大服务"活动，努力找准当前贵阳市民营经济发展的难点、痛点，切实解决贵阳市民营经济发展过程中存在的"准入难""融资难""政策落地难""审批难""盈利难""用工难""创业难"等难题，并且建立了贵阳市民营企业困难问题台账，收集了十个区、县（市）民营企业共计 147 个问题，均得到协调处理或上报。此外，贵阳市对各区市县产值规模较大的 10 家民营企业运行实行逐月统计监测，及时帮助企业协调解决生产经营过程中的困难和问题。

（3）深化商事制度改革。一是全面启动实施工商营业执照、组织机构代码和税务登记证"三证合一"登记制度改革，工商注册登记推进全程电子化，实施以电子营业执照为支撑的网上申请、受理、审核、发照和公示的便民工程。二是简化注册登记程序。全面实行"五证合一、一照一码"登记模式，通过"一表申请、一窗受理、内部流转、统一发证"，办事群众从过去需要跑工商、质监、税务、人力社保、统计等5个部门，到只跑一个工商窗口，填写一份表格。从2016年12月开始，全面实施个体工商户"两证整合"。

（4）鼓励民企做强做大。对首次纳入规模以上工业（2000万）民企，市级给予每户10万元一次性奖励；对首次上限的民营商贸流通企业，市级给予每户3万~5万元一次性奖励，建立规模以上企业库，逐月逐户细化规模以上计划名单。同时，在每月的工业经济运行调度会上，对各区县进度情况进行检查，找出差距，加强督促。2016年，全市新增规模以上民企106户。

（5）拓宽民营企业融资渠道。积极探索产业链金融试点和金融产品创新。通过整合市级财政资金，设立了贵阳市工业和信息化产业发展引导基金及中小微企业信用贷款风险补偿资金池（"筑信贷"）、担保贷款风险补偿资金池（"筑保贷"）、转贷应急资金等融资平台。截至2017年底，贵阳市工业和信息化产业发展引导基金已完成20多个项目及子基金管理机构的考察，实际完成了对贵州芯长征科技有限公司、贵州易鲸捷信息技术有限公司、贵州绿太阳制药有限公司3个项目的投资，投资总额5200万元，累计撬动社会资本3.4亿元，并获得省高新基金增资2亿元；同时，通过基金的招商平台作用，吸引了贵州智慧能源技术有限公司等企业进一步扩大在筑投资；通过"筑信贷""筑保贷"累计支持企业数25户，发放贷款约4800万元；通过贵阳市科技型中小微贷款风险资金池累计发放贷款1650万元。

（6）加强服务体系建设。一是依托大数据云计算手段，线上线下同步推进，搭建中小企业创新创业服务平台。围绕中关村贵阳科技园产业云建设，以贵阳市中小企业大厅线下服务为基础，打造贵阳市中小企业服务云平台。平台采用"互联网+中介机构+中小企业服务"模式，为全市中小企业提供涉及政务法务、信息化建设、人才培训、管理咨询、信用评级等多个方面的创业创新一站式服务。同时，创新推出小微企业创业创新服务电子券，用于抵扣在云平台上购买中介服务的部分服务费，最高可抵扣 70%。平台已于 2017 年底投入试运行。二是充分利用市中小企业服务大厅这一平台，按照"政府支持中介、中介服务企业"的思路，通过集团式采购降低服务成本，让更多的拟上规企业享受便利的社会化服务。三是用好"百千万"工程平台，全力协调解决企业项目建设、投产及生产经营中存在的困难和问题，促进新建项目加快投产，促进存量企业满产达产。四是实行政府购买社会中介服务。贵阳市中小企业服务中心为全市中小企业和非公有制经济提供法律、融资、就业培训、技术服务等，多任务服务平台为小、微型企业免费提供部分中介服务，最高每户 8000 元。五是鼓励民企进入各个工业园区发展，集约使用园区水、电、煤、气等资源，共享园区内融资、人才等优惠政策。"十二五"末期，全市民企工业企业占园区企业户数的比例约为 75%，各工业园区民营经济产值占整个园区产值的 75% 以上。

（7）培育壮大民族民间工艺品和旅游商品产业。开展民族民间工艺品和旅游商品企业基本情况调研，邀请专家为企业和手工艺者提供技术咨询、市场拓展、壮大企业等服务。加大力度宣传、组织贵阳市"旅游商品两赛一会"。在"2016 中国（贵州）国际民族民间文化旅游产品博览会"上，贵阳市取得了历年来的最好成绩，共获得了"旅游商品设计""能工巧匠"两个特等奖在内的 11 个奖项。

二、遵义市民营经济发展情况

近年来，遵义市在助推民营经济发展的新征途中，牢固树立"发展为本、民生为本、企业为本、环境为本"的理念，始终以改革的思路和办法破解制约民营经济发展的体制机制障碍，"三年倍增计划"和"五年行动计划"成效显著，发展越来越活，贡献越来越大。从民营企业在全市的分布来看，西部地区（仁怀市、赤水市、习水县）主要是白酒和煤炭两大产业；中部地区（红花岗区、汇川区、播州区、南部新区、新蒲新区、桐梓县）主要发展四大产业，即电子产业、装备制造业、新材料产业、医药产业；东、北部地区（湄潭县、凤冈县、余庆县、务川县、正安县、道真县）以食品、农产品加工为主。

1. "十二五"以来遵义市民营经济发展现状

（1）民营经济增加值总量持续扩大。2017年，遵义市民营经济主要指标完成情况具体如下：民营经济总量增加值达到1501.01亿元，是2010年的3.9倍；民营经济占全市GDP的比重为54.61%，较2010年提高11.16个百分点；完成民营经济投资921.62亿元，是2010年的3.72倍；市场主体达到44.71万户，资本总量为5687.13亿元，新增就业28万人；国家级、省级企业技术中心56个，其中省级52个，国家级4个，2017年12月发明专利受理量1113件，授权量511件（见表3-14、图3-2）。

表3-14 历年遵义民营经济主要指标对照表

年份	国民经济总量（亿元）	民营经济总量（亿元）	占比（%）	民营经济投资（亿元）	占比社会投资总额（%）
1978	112.40	3.26	0.29	0.42	3.56
1992	100.30	12.04	12.00	9.81	10.63
1997	111.10	25.53	22.97	46.77	27.62
2008	655.73	258.82	39.47	112.51	38.61
2009	777.64	306.61	39.35	153.35	40.76
2010	908.76	394.86	43.45	247.43	44.83
2011	1121.46	519.79	46.35	483.07	59.37
2012	1361.93	651.00	47.80	581.42	44.50
2013	1584.64	765.41	48.30	429.92	51.80
2014	1874.36	954.84	50.94	421.02	40.10
2015	2168.34	1113.66	51.50	637.25	37.60
2016	2403.94	1164.93	51.56	665.77	32.20
2017	2748.59	1501.01	54.61	921.62	36.52

资料来源：本表中的数据是根据遵义市统计局公布的历年《遵义市统计年鉴》，以及遵义市工能委于2017年提供的调研材料《遵义市民营经济发展现状及做法》。

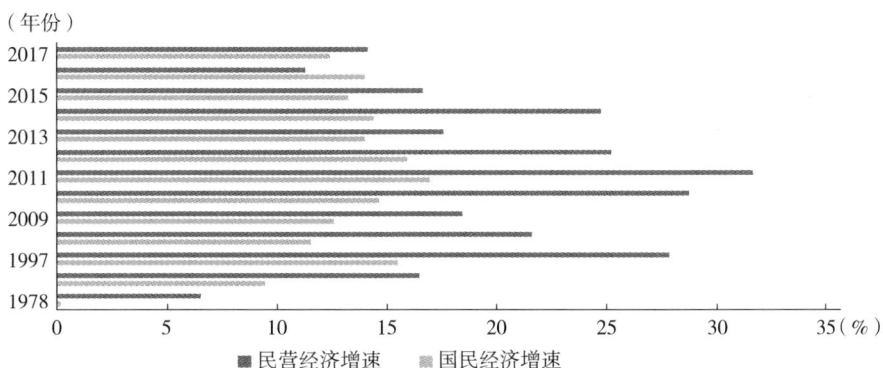

（年份）

■ 民营经济增速　　░ 国民经济增速

图 3-2　遵义民营经济发展增速比较

资料来源：本图中的数据是根据遵义市统计局公布的历年《遵义市统计年鉴》，以及遵义市工能委于 2017 年提供的调研材料《遵义市民营经济发展现状及做法》。

（2）民营经济产业结构不断优化。截至 2017 年，遵义市民营经济在二产、三产中的占比逐年增加，三大产业结构从 1978 年的 42.86∶9.22∶22.21 调整为 14.6∶45.2∶40.2，民营经济在装备制造、白酒、特色食品、生物医药、能源化工、战略新兴产业中占据绝对优势地位，批发零售业、住宿餐饮业、居民服务业，分别占个体民营经济产业的 62.50%、15.24%、9.94%，民营经济中的批发零售业、租赁和商务服务业、制造业，分别占私营企业的 31.57%、13.05%、12.48%（见表 3-15）。

表 3-15　1978—2017 年遵义民营经济在三产中经济总量

年份	第一产业总产值（亿元）	民营经济占比产值（亿元）	第二产业总产值（亿元）	民营经济占比产值（亿元）	第三产业产值（亿元）	民营经济占比产值（亿元）
1978	3.89	0.09	3.39	0.09	1.71	0.005
1992	23.14	2.21	25.21	4.03	19.05	4.00
1997	41.38	7.03	53.51	11.23	58.89	12.36
2008	117.44	27.9	313.13	107.46	225.15	124.73
2009	121.59	29.18	121.59	124.31	258.02	152.51
2010	140.23	33.37	367.82	165.52	400.7	195.95
2011	151.26	37.05	493.02	237.77	476.88	244.97

年份	第一产业总产值（亿元）	民营经济占比产值（亿元）	第二产业总产值（亿元）	民营经济占比产值（亿元）	第三产业产值（亿元）	民营经济占比产值（亿元）
2012	181.24	51.43	181.24	305.47	556.46	294.1
2013	207.88	58.41	744.14	371.47	744.14	335.52
2014	267.47	75.16	267.47	483.78	746.2	395.9
2015	349.27	98.14	970.75	565.77	848.32	449.75
2016	370.48	107.96	1063.00	621.53	970.46	510.02
2017	402.34	126.98	1241.05	740.66	1105.20	644.55

资料来源：本表中的数据是根据遵义市统计局公布的历年遵义市统计年鉴，以及遵义市工能委于 2017 年提供的调研材料《遵义市民营经济发展现状及做法》。

（3）民营经济贡献日益提高。市场主体方面。截至 2017 年，全市民营经济市场主体达到 430387 户，其中私营企业达到 77671 户，个体工商户达到 352716 户，民营经济市场主体占全市市场主体的 96.26%，位列全省第二，注册资本总额 5687.13 亿元。遵义市规模以上工业企业 1074 家，民营经济为主体的企业达 1011 家，占比达到 94.13%。

创新转型方面。以规模工业企业发展为例，截至 2017 年，全市规模以上民营经济企业总量达到 974 家，工业总产值 1746.5 亿元，工业销售产值达到 1696.41 亿元，资产总计 1007.16 亿元，创造利税 293.68 亿元。2008—2017 年，遵义市获得的国家级、省级企业技术中心达 56 个，其中，省级 52 个，国家级 4 个，以民营经济为主的创新平台占比达到 67.83%（见表 3-16）。

表 3-16　2008—2017 年遵义民营经济发展增量统计

年份	规上民营经济工业企业（户）	规上民营经济工业总产值（亿元）	规上民营经济工业销售产值（亿元）	规上民营经济资产总计（亿元）	规上民营经济主营业务收入（亿元）	规上民营经济利税（亿元）
1978	13	0.09	0.06	0.03	0.06	0.01
1992	116	3.02	2.71	1.32	2.71	0.34

年份	规上民营经济工业企业（户）	规上民营经济工业总产值（亿元）	规上民营经济工业销售产值（亿元）	规上民营经济资产总计（亿元）	规上民营经济主营业务收入（亿元）	规上民营经济利税（亿元）
1997	201	13.92	9.56	4.12	9.56	1.27
2008	335	259.23	198.26	57.85	198.26	37.20
2009	389	249.13	217.43	81.17	217.43	19.37
2010	440	359.73	318.62	126.81	318.62	53.62
2011	384	509.86	458.39	132.81	458.39	64.28
2012	407	479.06	451.06	157.86	451.06	76.85
2013	488	489.34	577.61	489.34	577.61	90.97
2014	641	892.51	842.07	720.72	825.52	124.02
2015	793	1150.76	1103.72	910.69	1064.71	136.30
2016	923	1456.09	1414.14	922.95	1374.92	234.91
2017	974	1746.45	1696.41	1007.16	1675.32	293.68

资料来源：本表中的数据是根据遵义市统计局公布的历年《遵义市统计年鉴》，以及遵义市工能委于2017年提供的调研材料《遵义市民营经济发展现状及做法》。

财政税收方面。民营经济直接和间接创造的税收占比越来越大，已经成为财政重要贡献的力量之一。截至2017年，民营经济的批发零售业、租赁和商务服务业、制造业分别占私营企业的31.57%、13.05%、12.48%；民营经济税收收入约136.91亿元，占全部税收收入的63.0%，较去年提高4个百分点，同比增长15.89%，高于全部经济税收收入增速8.34个百分点（见表3-17、图3-3）。

表3-17　1978—2017年遵义民营经济财税贡献

年份	全市财政总收入（亿元）	税收收入（亿元）	民营经济税收收入（亿元）
1978	0.93	0.28	0.01
1992	8.94	2.47	0.39

续表

年份	全市财政总收入（亿元）	税收收入（亿元）	民营经济税收收入（亿元）
1997	18.00	5.46	1.29
2008	102.67	31.23	10.93
2009	115.02	37.33	13.81
2010	141.3	45.88	18.81
2011	202.21	79.56	33.42
2012	288.33	110.17	49.58
2013	356.56	135.64	71.88
2014	412.66	163.79	91.72
2015	432.24	177.61	99.64
2016	480.11	187.5	118.13
2017	586.31	201.67	136.91

资料来源：遵义市统计局公布的历年《遵义市统计年鉴》，以及遵义市工业和能源委员会于
2017 年提供的调研资料《遵义市民营经济发展现状及做法》。

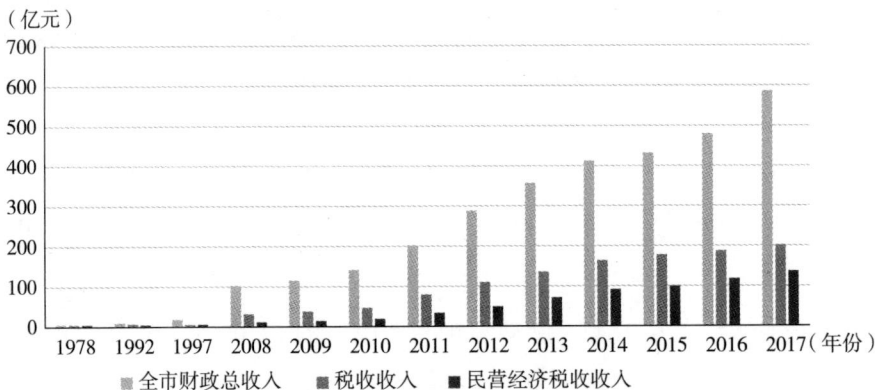

图 3-3　1978—2017 年遵义民营经济财税贡献

资料来源：2011—2016 年数据根据 2017 年贵阳市工信委提供的调研材料《贵阳市民营经济
"十二五"期间发展情况、主要做法、问题及下一步思路》；2017 年数据《贵阳民营经济增加值占全
省比重近 3 成》，载《贵阳晚报》2018 年 3 月 21 日。

社会就业方面。民营经济成为承载城镇就业的重要渠道。2017 年，全市
从业人员总数达到 375.89 万人，全市民营企业和个体工商户行业分布仍是

二、三产业占主导地位，成为促进全市城镇就业的主导力量，其民营经济就业人数达到 338.32 万人，占比高达 90.00%，为有效吸纳优秀人才、解决就地就业做出了卓越贡献（见表 3-18、图 3-4）。

表 3-18　1978—2017 年遵义民营经济就业人数

年份	1978	1992	1997	2008	2009	2010	2011	2012	2013	2014	2015	2016	2017
全市城镇就业人数（万人）	211.62	311.91	374.35	335.99	329.39	314.17	317.64	324.77	331.12	339.36	345.76	353.89	375.89
民营经济就业人数（万人）	17.47	75.31	321.94	314.34	307.44	290.64	287.3	289.65	295.52	301.66	308.43	316.36	338.32

资料来源：2011—2016 年数据根据 2017 年贵阳市工信委提供的调研材料《贵阳市民营经济"十二五"期间发展情况、主要做法、问题及下一步思路》；2017 年数据《贵阳民营经济增加值占全省比重近 3 成》，载《贵阳晚报》2018 年 3 月 21 日。

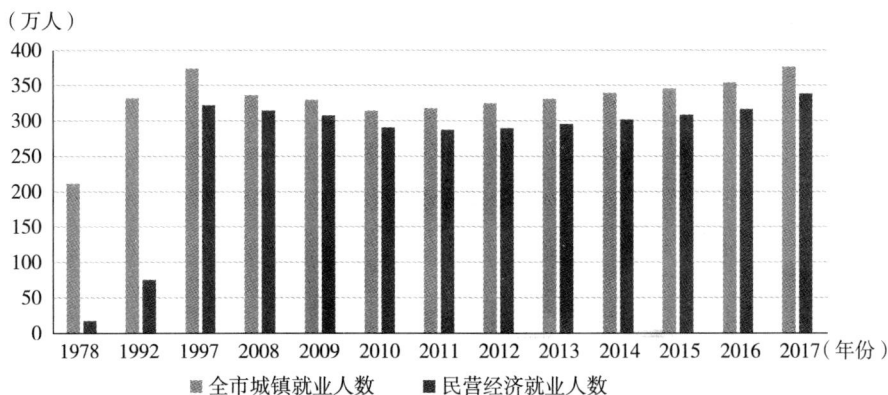

图 3-4　1978—2017 年遵义民营经济解决就业成效

资料来源：2011—2016 年数据根据 2017 年贵阳市工信委提供的调研材料《贵阳市民营经济"十二五"期间发展情况、主要做法、问题及下一步思路》；2017 年数据《贵阳民营经济增加值占全省比重近 3 成》，载《贵阳晚报》2018 年 3 月 21 日。

2. 遵义市民营经济发展主要做法

（1）突出民营经济在经济社会中的主体作用。一是市委、市政府高度重视。遵义市多次在市委常委会、全市领导干部大会、全市经济工作会等会议上传达和学习有关民营经济发展的法律法规、方针政策和上级会议精神，并对具体工作进行安排和部署。2016年第一季度，遵义市便召开工业经济运行会暨"民营企业服务年"活动部署会等会议，传达学习促进民营经济发展的有关政策及会议精神，研究部署全市民营经济发展重大事项，积极推进遵义市民营经济加快发展。二是制定政策和配套措施。根据国家、省有关加快民营经济发展的一系列方针、政策，遵义出台了许多助推民营经济发展的文件，如2010年出台的《中共遵义市委遵义市人民政府关于大力推进非公有制经济又好又快发展的实施意见》（遵党发〔2010〕2号），2013年下发的《关于加强和规范我市民营经济统计工作的通知》（遵府办发〔2013〕106号），2014年下发的《遵义市提高民营经济比重五年行动计划的通知》（遵府发〔2014〕17号），2015年下发的《印发〈遵义市"民营企业服务年"活动实施方案〉的通知》（遵党办字〔2015〕18号），2016年下发的《关于印发〈遵义市推广政府和社会资本合作模式实施方案（试行）〉的通知》（遵府办发〔2016〕1号）。

（2）深入开展民营企业服务年活动。遵义市以破解民营经济发展"七难"问题为导向，结合工业"百千万"工程开展了"民营企业服务年"活动，努力营造"大众创业、万众创新"的浓厚氛围，激发民营企业创业创新活力，促进民营经济又好又快发展。在此基础上，遵义市明确了主要目标，针对破解"七难"问题制定了7项具体活动内容及其实施步骤和6项保障措施。2016年，遵义市已累计服务企业800多户（次），解决民营企业发展中的各类问题700多个，涵盖资源要素保障、用地、用水、用电、融资、市场开拓、人才培育等多个方面。2017年，遵义市累计服务企业800多户（次），解决民营企业发展中的各类问题1000多个，通过中小企业服务中心等平台信息发布、网络、活动现场咨询等方式，共服务企业5200余户、服务人次近万人。近年来，遵义市探索建立了"民营经济问题台账",市工能委联合市纪委、市工商联出台了《服务非公经济发展环境建设投诉处理办法》,设立了工作投诉举报电话 915 个,建立了"服务接待"窗口 2152 个。

（3）加强商事制度改革,激发市场活力。遵义市全面深化商事制度改革,进一步简化行政审批流程,压缩审批时限,放宽准入门槛,充实市场主体。遵义市认真贯彻落实工商注册便利化改革,推行了"三证合一、一照一码"等一系列改革,并使用"贵州省工商局网上办事大厅",启动网上登记工作,进一步简化市场准入程序,激发了市场活力。通过商事制度改革,遵义市新设立市场主体异常活跃,由改革前月均 2400 户、注册资本 25 亿元发展到改革后每月 4800 户、注册资本超过 45 亿元,基本上实现了翻番。

（4）加大对民营企业的财政资金支持。按照贵州省经信委的要求,遵义市积极组织中小微企业、民营企业等在省经信委项目申报系统内申报 2016 年省工业和信息化发展专项资金中小企业（民营经济）项目扶持,共有 90 个企业申报了 97 个项目,申请资金额度 6429 万元,所有申报企业中,除行政事业单位外均为中小微企业,固定资产投资类项目共 47 个,总投资 5.95 亿元,项目建成投产后可实现销售收入 15.3 亿元、税金 8393 万元、新增就业 2680 人。遵义市充分发挥财政资金的引导和带动作用,将省市中小企业专项扶持资金用在专、精、特、新重点项目上,2017 年全市用于中小企业项目扶持资金 4000 多万,撬动投资约 8 亿元,带动产值近 10 亿元。

（5）进一步破解融资难,全力提供金融服务。为缓解遵义市非公有制经济融资难的问题,市委、市政府引导银行等金融机构改善金融服务,创新信贷方式,加大对非公有制经济的授信额度。遵义市"四大班子"领导亲自组织召开了多次政府、银行、企业三方座谈会,积极搭建政、银、企合作融资服务平台,切实解决企业融资贷款难的问题。遵义市多次组织召开银、政、企合作座谈会、银企一对一对接会等,积极搭建金融机构与企业交流合作平台,共同开发合作产品,如"黔微贷""贵园信贷通""银政通""贵工贷"等,积极帮助企业缓解融资困难。同时,市内各金融机构积极创新服务中小微企业金融产品,设立专营服务机构,为中小微企业提供更加便捷的金融服务。2017 年，遵义市落实各项创业补贴 319.3 万元，惠及 1942 人，创业担保贷款 4272.8 万元，扶持 440 人创业，带动 1250 人就业。

（6）以建设"绿智园区"为平台，积极打造创业创新园。按照"大众创业、万众创新"的总体要求，遵义市在指导各地园区建设的同时，毫不放松园区创业创新基地、中小微企业创业孵化园、众创空间、返乡农民工创业示范园等双创平台建设，积极争创国家、省级示范平台，并发挥引领示范作用。遵义市利用园区标准厂房等打造中小微企业"创客空间"、创业基地、科技孵化器，已建成红花岗区科技企业孵化器等 9 个"创业创新孵化器"、湄潭县红坪农民工创业示范园等 7 个农民工返乡创业示范园、遵义国际商贸城等 2 个大型商贸物流服务平台、遵科创客空间等 3 个创客空间。截至 2016 年，遵义市共有 15 个创业园（创业基地等），服务面积达 124 万平方米，孵化、入驻企业超过 290 户。

（7）不断完善服务体系建设，加大创新扶持力度。遵义市大力鼓励和支持中小企业公共服务平台建设，形成覆盖市、县两级的中小企业公共服务体系，已建成国家级中小企业公共示范平台 2 个、省级中小企业公共示范平台 10 个，14 个县、区（市）中小企业服务中心全部成立，市级中小企业公共服务平台已获得国家工信部、国家科技部两个国家级示范平台称号。据不完全统计，2016 年，遵义市各类中小企业公共服务平台累计服务中小微企业超过 1260 多户（次），组织培训 2800 多人次，帮助中小微企业申报各类项目资金约 2.5 亿元。同时，遵义市进一步加大创新扶持力度，鼓励企业新建技术中心、重点实验室、院士工作站、专家工作站等，为全市中小微企业创新提供智力保障。截至 2016 年，遵义市共有国家级技术中心 4 个、省级技术中心 39 个，7 个省级重点实验室、5 个市级重点实验室、12 家省级院士工作站、3 家市级院士工作站、6 家专家工作站，科技创新能力不断增强，科技创新型人才队伍不断壮大和优化。

（8）深化非公有制经济改革，推动企业对外开放。一是陆续出台了《遵义市关于印发〈遵义市推广政府和社会资本合作模式实施方案（试行）〉的通知》等 38 个文件，从简政放权、公布"三单"、简化审批程序、提高办事效率、工商注册登记便利化、开放投资领域、微型企业发展、非公人才培育、教育培训、促进非公经济转型升级等多个方面实现了新的突破。二是深化渝遵、沪遵交流合作，努力与重庆在信息资源共享、企业转型升级平台建设上实现互联互通。三是持续推动中小企业民营经济大开发、大发展，组织200余户企业与境外企业撮合配对参加"2016中国贵州中小企业跨境合作系列活动"。四是积极组织中小企业参加各类展销会、博览会、贸易洽谈会等，为企业搭建展示交流平台。2017年，遵义市不仅组织16户企业、20名能工巧匠、30件旅游商品设计作品参加了2017年中国（贵州）国际民族民间文化旅游产品博览会，而且还组织民营企业在西安、上海等地参展参会，开展展销活动5次，签约30家，金额近20亿元。

三、铜仁市民营经济发展情况

1. "十二五"以来铜仁市民营经济发展现状

"十二五"以来，铜仁市牢牢守住发展和生态两条底线，深入实施"加速发展、加快转型、推动新跨越"主基调和工业强市主战略，大力实施"民营经济三年倍增计划""提高民营经济比重五年行动计划"，民营经济得到了较快发展，成为促进全市后发赶超、同步小康的重要力量。

（1）民营经济量比齐升，主体地位不断显现。"十二五"以来，铜仁市民营经济发展迅速，民营增加值快速增长，民营经济GDP占比稳步提升。2017年，铜仁市民营经济增加值完成676亿元，同比增长12.1%，是"十一五"末的近5.16倍；民营经济增加值占GDP的比重达63%，比"十一五"末提高20个百分点（见表3-19）。

表3-19 2011—2017年铜仁市民营经济增加值

年份	民营经济增加值（亿元）及占比（%）		民间投资（亿元）
2011	120.72	55.8	148.52
2012	194	45	236
2013	292	53	356

年份	民营经济增加值（亿元）及占比（%）		民间投资（亿元）
2014	379.18	56	572.93
2015	512.5	59	680
2016	603	61	767
2017	676	63	955

资料来源：2017 年铜仁市民营经济办公室提供的调研材料《铜仁市民营经济发展情况汇报》；2014 年 7 月贵州省第二次民营经济发展大会会议材料；2018 年贵州省民营经济发展座谈会会议交流材料。

（2）重大平台承接作用凸显，民间资本活力加速涌流。在集中建设"5 个 100 工程"的大背景下，铜仁市不断找准后发赶超、同步小康的战略支撑点和发展增长点，价值投资洼地不断显现，投资承载能力显著提升，民营资本投资迅猛增长。2017 年，铜仁市全社会民间投资完成 955 亿元，相比"十一五"末增长近 6.43 倍。

（3）全民创业氛围日益浓厚，资本实力显著增强。2017 年，铜仁市民营经济市场主体已达到 24.6 万户，是"十一五"末的 4 倍；注册资本达到 1371 亿元，是"十一五"末的 11.89 倍；新增就业 12.3 万人，是"十一五"末的 6.15 倍（见表 3-20）。

表 3-20　2011—2017 年铜仁市民营经济市场主体

年份	民营经济市场主体数量（万户）	注册资本（亿元）	从业人员（万人）
2011	7.21	175.9	（从业人员）11.56
2012	8.32	164	（新增就业）2.2
2013	12.16	303.3	（新增就业）7
2014	15.7	485.53	（新增就业）8.67
2015	17.83	880	（新增就业）10.1
2016	23.8	1111	（新增就业）11
2017	24.6	1371	（新增就业）12.3

资料来源：2017 年铜仁市民营经济办公室提供的调研材料《铜仁市民营经济发展情况汇报》；2014 年 7 月贵州省第二次民营经济发展大会会议材料；2018 年贵州省民营经济发展座谈会会议交流材料。

（4）民营工业规模持续扩大。2017年，铜仁市规模以上工业企业630户，产值880亿元，其中，民营规模以上工业企业户数及完成工业总产值分别占全市规模以上企业的90.4%和81%以上，成为全市工业生产发展的绝对主力军。

2. "十二五"以来铜仁市民营经济发展主要做法

（1）解放思想，不断强化顶层设计。"十二五"以来，铜仁市上下深入实施"工业强市"战略，构建"两区一走廊"空间格局，以招商引资为抓手，以园区建设为平台，以项目建设为载体，民营经济呈现良好发展态势。铜仁市相继出台了《关于加快推进新型工业化培育构建特色优势产业体系的决定》《铜仁市民营经济三年倍增计划》《铜仁市民营经济五年行动计划》《铜仁市民营企业服务年活动工作方案》等文件，叠加发力，强力推动了民营经济快速发展。

（2）加强领导，持续改善发展环境。"十二五"以来，铜仁市上下始终把加强领导、改善民营经济发展环境作为促进经济社会发展的重要内容。市级层面统筹建立健全高效的行政服务体系，精简行政审批项目，加快电子政务建设，开展融资服务、信息咨询及人员培训等方面的服务，创新融资模式，缓解民营企业融资困难等，多措并举发展民营经济。各区（县）党委、政府将民营经济发展放在了更加突出的位置，主要领导亲自抓，分管领导全力抓，部门领导协同抓，着力提升服务水平，简化办事程序，提高办事效率。同时，铜仁市扎实开展了工业"百千万"工程、"民营企业服务年"活动，形成了领导带动、部门互动、上下联动的帮扶格局，强有力的领导和不断改善的发展环境切实保障了全市民营经济持续快速的发展。

（3）创新服务，大力探索售电侧改革。根据《中共中央、国务院关于进一步深化电力体制改革的若干意见》文件精神，成立了铜仁市锦江售电公司，配合电力直接交易政策的落实和售电侧改革的推进，2016年组织电力直接交易集中签约电量38.5亿千瓦时，降低企业电费成本3.5亿元。另外，铜仁市通过出台以奖代补稳增长扶持政策、暂停征收锰矿价格调节基金及降低企业物流费用等措施，帮助企业节省成本支出3亿元以上。

（4）推动企业"走出去"，拓展产品市场。一是组织 40 余家企业参加香港中博会、广州中博会、宁波食博会、西安食博会、贵州民博会等展会，接待商家来访上万人次，展销现场产品销售总额达 100 多万元，达成多个合作协议。二是组织举办 2017 民博会能工巧匠选拔大赛暨民族民间旅游商品设计大赛铜仁赛区选拔赛，共组织能工巧匠选手 84 名、设计比赛作品 122 件参赛，根据专家的推荐和评审，共评出能工巧匠优秀选手 27 名，优秀设计作品 26 件，同时推荐能工巧匠 20 名、民族民间工艺品设计作品 30 件参加省级"两赛"总决赛。三是为主动适应旅游"井喷式"发展，着力解决铜仁市旅游商品品类不多、品牌不响、销量不足等问题。由铜仁市工信委投资打造两个旅游商品销售点，即铜仁凤凰机场和梵净山旅游商品精品馆，分别于 2017 年 9 月 30 日和 2018 年 2 月 16 日开业营运，促进铜仁市旅游商品向产业化、品牌化、特色化方向发展。

3. 优化产业布局

（1）积极打造"两大增长极"。黔东工业聚集区率先突破，辐射江口加快发展。重点发展新能源新材料产业、装备制造业、新医药产业、电子信息及商务产业、轻工产业、商贸物流等产业。推动思南县—德江县—印江县产城融合示范区发展，带动石阡、沿河同步发展，形成新的工业经济增长极。重点发展大健康产业、茶叶加工、中药材加工、特色轻工、以船舶和农用机械为主的装备制造业、清洁能源、新型建材等产业。

（2）积极建成"五大产业基地"。积极打造以锰、钡、汞、钾等为重点的西部精细化工产业基地，以页岩气、核电、储能电池等为重点的西部新能源新材料产业基地，以服装鞋帽、打火机等劳动密集型产业为重点的全国承接产业转移基地，以水、茶、酒、食品、药、休闲养生等为重点的全国营养大健康医药产业基地和西部石材产业基地。

（3）强力推动优势产业发展。按照"传统产业生态化、特色产业规模化、新兴产业高端化"要求，大力实施工业产业提升工程。一是巩固提升传统产业。用信息化、绿色化、智能化、服务化思维，加快改造提升传统产业企业，以电力、冶金、矿产、建材、化工为主的传统支柱行业 2016 年完成增加值 117 亿元，占全市规模工业增加值的 60.2%。二是发展壮大特色产业。积极发挥生态资源优势，突出精深加工和延链加工，积极做大特色产业规模，2016 年以烟、酒、茶、药、食、水等为主的特色产业完成增加值 55 亿元，占全市规模工业增加值的 28.3%，较去年同期增加 5.2 个百分点。特别是水产业发展较快，2016 年完成总产值 7.5 亿元，近三年年平均增速达 60% 以上，成为新的经济增长点。三是培育发展新兴产业。大力发展以大数据为核心的电子信息产业、新能源、新材料、大健康医药等新兴产业，以装备制造、电子信息及纺织制造等承接产业转移成效明显，2016 年完成增加值 20.5 亿元，占全市规模工业增加值的 9.2%，较去年同期提高 4.3 个百分点。

（4）培育一批新兴骨干企业。2017 年，在全市范围内遴选一批主营业务突出、竞争力强、成长性好、创新能力强的领军企业、骨干企业、成长企业，其中有 105 家企业入围省第一批"专精特新"中小企业培育工程库，省级将进行重点培育。

四、安顺市民营经济发展情况

近年来，安顺市民营经济保持快速发展，安顺市通过实施《提高民营经济比重五年行动计划》，开展民营"百千万"帮扶工程及"民营企业服务年"活动等工作，促进中小企业做大做强，民营经济在全市经济中的占比不断提高，贡献越来越大。

1. "十二五"以来安顺市民营经济发展现状

（1）经济总量不断扩大，成为全市国民经济增长的重要推动力。安顺市民营经济增加值从 2010 年的 111.8 亿元增加到 2015 年的 400.20 亿元，年平均增长 29.04%，占全市生产总值的比重从 2010 年的 52.5% 上升到 2015 年的 64%；民间投资从 2010 年的 38.18 亿元增加到 2015 年的 428.18 亿元，年平均增长 61.54%。2016 年，安顺市民营经济增加值实现 483.91 亿元，同比增长 18.85%；民间投资额实现 490 亿元，同比增长 15.3%。2017 年，安顺市民营经济增加值累计实现 538.05 亿元，同比增长 11.19%，占全市 GDP 比例高达 65.5%；全年民间投资额累计实现 567.52 亿元，同比增长 14.96%。①

（2）民营经济市场主体快速增长，企业规模扩张加快。2015 年，安顺市各类民营经济主体 108363 户，全市民营经济注册资本达 605.29 亿元，其中：私营企业 17447 户、注册资本 555.92 亿元；个体工商户 90916 户、注册资本 49.37 亿元。民营经济主体比 2010 年的 4.75 万户增加了 6.08 万户，注册资本金是 2010 年 82.26 亿元的 7.36 倍。2016 年，安顺市实有民营经济主体 12.42 万户，注册资本 941.37 亿元，其中，私营企业 23188 户、注册资本金 880.81 亿元；个体工商户 101011 户、注册资本金 60.56 亿元。2019 年，安顺市民营经济主体 15.63 万户，其中，私营企业 35034 户，注册资金 1487.57 亿元、个体工商户 121257 户、注册资本 93199 亿元。②

2. 培育中小企业做大做强，引进生态环保型和产品加工型企业

（1）减轻企业负担，鼓励中小企业上市，成长壮大。一是出台了一系列优惠政策和方案，如《市政府办关于印发〈安顺市企业进入全国中小企业股份转让系统扶持奖励办法（试行）〉的通知》《关于印发〈安顺市关于鼓励和支持个体工商户成长为企业的若干优惠政策（试行）〉的通知》《安顺市重点项目建设和"五上企业"工作奖惩暂行办法》《安顺市创新开发区体制机制加快千百亿级开发区培育升级行动实施方案》《安顺市人民政府减轻企业负担办公室关于印发〈安顺市 2016 年减轻企业负担工作要点〉的通知》《安顺市 2016 年社会信用体系建设工作要点》等。2013 年全市 2000 万元规模以上企业 251 户，其中民营企业 212 户；2014 年全市 2000 万元规模以上企业 275 户，其中民营企业 236 户；2015 年全市 2000 万元规模以上企业 293 户，其中民营企业 275 户。二是鼓励中小企业上市。例如，2015 年安顺新金秋科技有限公司成功在"新三板"上市。

（2）注重引进生态环保型和产品加工型企业。一是大力发展大健康医药行业，引进了宝林中药饮片项目、"兴东民族大健康产业园"项目及新昌沃

---

①② 安顺市经信委于 2017 年提供的调查材料《安顺市民营经济发展情况》；2018 年贵州省民营经济发展座谈会会议交流材料；安顺市政府 2020 年 5 月 15 日发布的《安顺市民营经济发展情况报告》。

洲空心胶囊等项目。宝林中药项目总投资 8000 万元，建成后具有年生产中药饮片 5000 吨的生产能力。贵州省兴东民族大健康产业有限责任公司总投资 220 亿元，旨在打造贵州乃至全国最大最具特色的食品药品产业园区，是一个集医药、食品、日化品高精尖科技研发及生产、医疗、教育、养老养生、旅游等与生命健康息息相关的综合性产业。贵州贵联胶囊有限公司项目 2015 年 10 月开工建设，植物胶囊是国家鼓励发展的项目之一，年产值（按130 元/万粒计算）2.6 亿元、利税 5200 万元。二是按照省政府关于加快天然健康水产业发展的意见，引进贵州方大黄果树食品饮料有限公司，由上市公司方大特钢科技股份有限公司投资建设，项目完工后，年产值可达 29200 万元。三是发展新型建材。随着安顺市粉煤灰、建筑垃圾等大宗工业固废利用的迅速发展，一批诸如粉煤灰加气混凝土砌块、粉煤灰蒸压砖、建筑垃圾再生混凝土保温砌块等新型建材项目，已初步形成产业化。例如，普定县富民轻型节能环保建材厂，总投资 12060.79 万元，建成后 60 万立方米/年粉煤灰加气混凝土砌块投入生产；贵州兴贵恒远新型建材有限公司利用建筑垃圾生产的再生骨料混凝土复合保温砌块，引进德国玛莎砌块生产线，采用在国内处于先进水平的工艺设备，产品性能优越，资源综合利用率高，规模化程度高，年产 400 万立方米建筑垃圾再生混凝土复合保温砌块项目若全部投产，可年利用建筑垃圾约 300 万吨。

3. 安顺市民营经济发展主要做法

（1）制定民营经济发展的政策措施。一是出台了《中共安顺市委、安顺市人民政府关于进一步加强招商引资工作扩大开放的意见》《安顺市招商引资优惠政策（试行）》《安顺市招商引资奖励办法（试行）》，为投资商和企业提供更加优质和高效的服务。二是鼓励民间资本参与园区基础设施建设，对建设标准厂房的给予扶持，对租用标准厂房的给予租金补贴。三是印发了《安顺市政法机关挂牌保护民营企业暂行规定》，明确了市县区保护民营企业的对象、措施、任务以及相关程序，建立健全了监督员、联络员制度。此外，安顺市政府还制定和出台了其他相关政策文件：2013 年出台了《关于加强安顺市品牌建设的实施意见》《安顺市"贵州省名牌产品"培育规划》《2013 年安顺市专利申请资助办法》；2015 年制定了《安顺市人民政府办公室关于认真做好安顺市"民营企业服务年"活动的通知》；2016 年出台了《安顺市人民政府办公室关于印发安顺市"微保贷"融资管理暂行办法的通知》《安顺市中药材保护和发展工作方案（2016—2020 年）》等。

（2）加大财税金融支持力度。一是加大财政资金支持。2010 年以来，安顺市级财政预算安排的工业信息化暨中小企业发展专项资金每年递增，2015 年达到 3000 万元，用于支持市中小企业和微型企业发展。2016 年，为深入实施工业强市战略，推动工业项目加快建设，根据《中共安顺市委安顺市人民政府关于深入实施工业强市战略的决定》（安市发〔2013〕21 号），安顺经济技术开发区获得以奖代补工业扶持资金 2000 万元。2017 年，为推动银政合作与融资模式创新，积极搭建融资服务平台，安顺市出台了《安顺市中小企业创业贷融资管理暂行办法》，筹集了规模分别为 1400 万元和 1 亿元的两个风险代偿补偿资金池，全年审批了 16 笔"中小企业创业贷"，融资金额 1.03 亿元，放款 0.92 亿元。二是组织企业积极参与省市各种银企对接活动。在 2017 年贵州全省工业及大数据信息产业银企对接会上，安顺市签约项目 89 个，签约金额 65.65 亿元，成功融资项目 57 个，融通资金 29.38 亿元。三是实施税收减免等一系列优惠政策。安顺市提高了营业税起征点，扶持个体经济发展，全面落实税收优惠政策，如小微企业所得税减免政策、所得税税收优惠政策等。从 2016 年 5 月 1 日营改增全面试点至 6 月 30 日止，安顺市共为纳税人减税 1688.91 万元，全市各行业纳税人新增应税服务抵扣税款受益明显，2016 年"四大行业"营改增后减收税收收入 50000 万元。

（3）进一步优化发展环境。一是加强人才支持。中小企业星光培训工程重点为民营企业免费培训各类中小企业管理人员。民营企业引进高层次人才享受与国有企业同样的政策和待遇。二是改善创业环境。实施全民创业计划，加强创业指导，鼓励全民创业，以创业带动就业。优化政府服务，实行创业服务绿色通道。加大小额担保贷款工作力度，促进创业带动就业。三是加大招商引资力度。进一步扩大开放，加大招商引资力度，以开放促发展，借助外力发展壮大民营经济。搭建招商引资平台，出台了一系列招商引资政策。四是支持拓展境内外市场。采取财政补助、降低展费标准等方式，支持民营企业参加各类展览展销活动，支持举办专业性品牌展会。发挥中小企业国际市场开拓资金和出口信用保险的作用，提高民营企业市场开拓能力。五是完善社会化服务体系。完善工作机制，加强对民营经济的协调服务。建立健全县级以上中小企业服务中心，鼓励信息技术企业开发和建设行业应用平台。

（4）开展"民营企业服务年"活动。一是以着力破解民营经济发展"七难"问题为主要任务，以实施专项服务、精准服务、贴身服务为重要抓手，结合工业"百千万"工程开展"民营企业服务年"活动。二是安顺市党政领导干部定点帮扶规模以上工业企业，负责定点联系的市、县领导及部门每月要到企业开展帮扶活动一次以上，掌握企业当前生产经营情况，切实解决民营企业存在的问题，积极营造"大众创业、万众创新"的浓厚氛围，进一步壮大民营企业市场主体，促进民营经济发展总量和质量迈上新台阶。三是建立健全《安顺市政法机关挂牌保护民营企业暂行规定》，尽最大努力保护民营企业的合法权益，推动民营经济在较短时期内实现跨越式发展。2017年，安顺市、县两级共赴企业开展帮扶工作622次，共收集企业反映的问题458个，已解决357个，解决率达77.9%。

五、六盘水市民营经济发展情况

1. "十二五"以来六盘水市民营经济发展基本情况

2011年，六盘水市民营经济完成增加值247.98亿元，占全市GDP的比重达40.43%，固定资产投资99.19亿元，期末从业人员40.47万人。

2012年，六盘水市民营经济完成增加值338.93亿元，占全市GDP的比重达45.89%，固定资产投资331.04亿元，期末从业人员41.95万人。

2013年，六盘水市民营经济完成增加值440.73亿元，占全市GDP的比重达49.96%，固定资产投资456.43亿元，期末从业人员45.17万人。

2014年，六盘水市民营经济完成增加值549.23亿元，占全市GDP的比重达52.67%，固定资产投资622.15亿元，期末从业人员50.18万人。

2015 年，六盘水市民营经济完成增加值 660.97 亿元，同比增长 20.34%，占全市 GDP 的比重为 55.03%；民间投资 781.61 亿元，同比增长 25.63%；期末从业人员 55.98 万人，同比增长 11.56%；民营企业个数 14.4 万户，同比增长 24.69%。

2016 年，六盘水市民营经济完成增加值 742.82 亿元，同比增长 12.38%，占全市 GDP 的比重为 56.54%；固定资产投资 840.28 亿元，同比增长 7.51%；期末从业人员 62.34 万人，同比增长 11.36%；完成税收 101 亿元，占全部税收的 60% 以上。

2017 年，六盘水市民营经济完成增加值 838.80 亿元，同比增长 12.9%，占生产总值的比重为 57.40%，较上年增长 0.4 个百分点，对全市经济增长贡献率为 64.7%，拉动贵州全省 GDP 增长 7.2 个百分点；市场主体 150491 户，比上年增加 9203 户；完成民间投资 867.10 亿元，同比增长 3%；上缴税金 120.7 亿元，同比增长 17%；从业人员 68.03 万人，比上年增加 56813 人（见表 3-21）。

表 3-21　2011—2017 年六盘水市民营经济主要指标

年份	民营经济增加值（亿元）	占比（%）	民间固定资产投资（亿元）	从业人员（万人）
2011	247.98	40.43	99.19	40.47
2012	338.93	45.89	331.04	41.95
2013	440.73	49.96	456.43	45.17
2014	549.23	52.67	622.15	50.18
2015	660.97	55.03	781.61	55.98
2016	742.82	56.54	840.28	62.34
2017	838.80	57.40	867.10	68.03

资料来源：2017 年六盘水市经信委提供的调研材料《六盘水市民营经济发展"十二五"以来发展情况报告》。

2. 推动民营经济发展的主要经验做法

（1）出台政策措施，助推民营经济发展。2014 年，六盘水市出台了

《关于加快我市民营经济发展的意见》。2015 年作为全面深化改革的关键之年，六盘水市出台了《市人民政府办公室关于印发六盘水市加快民营经济发展实施意见的通知》，主要通过营造有利于民营企业发展的良好环境、提高民营企业市场开拓能力和建立健全中小企业服务体系等具体措施来支持民营经济发展。

（2）营造有利于民营经济发展的环境，提高政务服务效能。一是公布政府权力清单。将市级权力清单在市内信息平台公布，并根据实际情况修改、调整、完善。二是推行招商引资项目全程代办制度。对符合产业导向的利用外资和招商引资项目（不含国家宏观调控项目、"两高一资"及房地产项目），从项目立项到开工、投产全过程中涉及的行政审批事项以及供电、供水、供气、通信、网络等公共服务事项，投资者可委托市代办服务中心或所在地县级代办服务中心办理相关手续。三是规范审批工作。按照"统一受理、同步办理、限时完成、集中回复"的审批工作方式，制定并联审批制度，规范并联审批工作，提高审批工作效率。四是建立"绿色通道"制度。在六盘水市政务服务中心设独立窗口，对投资 3000 万元以上的高新技术产业项目以及市政府确定的其他民营经济重大项目实行"绿色通道"制度。

（3）加大金融支持力度，拓宽企业融资渠道。一是鼓励金融机构积极创新和推广中小企业联保贷款、产业链融资贷款、企业股权质押贷款、知识产权质押贷款、有效商业合同质押贷款等服务中小企业的金融产品。对金融机构发放小微企业贷款按增量由同级财政给予奖励，年末贷款余额同比每增加 1 亿元给予奖励 10 万元。对小额贷款公司按年末贷款新增余额的 1‰给予奖励。二是引入国内知名融资租赁公司在全市设立分支机构，对采取融资租赁方式的企业比照银行贷款给予适当贴息支持。鼓励和引导民营企业运用多层次资本市场解决融资难题，对成功利用"新三板"、区域股权交易市场挂牌融资的，由市级财政分别一次性给予总挂牌费用 20%的补贴，单个企业补贴最高不超过 40 万元。三是加强对民间融资行为的规范管理。通过推动设立民营银行、民间融资管理公司，整合民间资金，促进民间融资行为的阳光化、规范化。鼓励民间资本进入当地银行业法人机构，以增强当地银行业法人机构的资本实力和改善股本结构。四是规范发展融资性担保公司。先期着力发展政府控股、民间资本充分参与的政策性担保机构，逐步转变为发展以民间资本为主导的担保机构。鼓励担保公司拓展担保领域、创新担保模式、降低担保费率，减轻民营企业融资成本。对支持民营企业业绩突出的可参照省标准由市级财政给予适当资金补助。

（4）建立健全服务体系，增强对民营企业的服务。按照构建"1+5+n"中小企业服务体系基本构架，六盘水市初步形成了以市级综合服务平台为统领，市县两级互动、联动，各专业中介服务机构共同服务中小微企业的格局。截至2016年，六盘水市已建成市县两级综合服务平台6个，中小企业培训中心2个，生产力促进中心2个，中小企业创业基地3个，科技企业孵化器4个，微型企业孵化园、微型企业创业园、小微企业孵化基地各1个。此外，为中小企业提供融资服务的融资性担保机构23个，小额贷款公司18个均已建成，其中，六盘水如意商务信息咨询有限公司和六盘水市诚德民营企业综合服务有限公司还获得了贵州省中小企业公共服务示范平台称号。

六、毕节市民营经济发展情况

1. "十二五"以来毕节市民营经济发展现状

2011年，毕节市召开了加快民营经济发展的大会，毕节市民营经济综合实力迅速迈上新台阶，为全市后发赶超做出了积极贡献，不仅成为活跃经济、增加就业、稳定社会的主力军，而且还成为全市经济中最活跃、最强劲的中坚力量。

（1）民营经济已成为国民经济的重要支撑。近年来，民营经济对提高毕节市经济综合竞争力和综合实力发挥着越来越重要的作用，在毕节市经济结构中所占比重越来越大。截至2017年底，毕节市民营经济增加值完成1049.71亿元以上，超过1000亿元的目标任务，占GDP的比重在57%以上。

（2）市场主体迅猛增长，资本实力显著增强。近年来，毕节市不断优化民营经济发展环境，鼓励支持全民创业，激活民营经济发展活力，创业热情不断高涨。截至2017年底，毕节市民营经济市场主体注册资本累计达到

1372 亿元以上，市场主体累计达到 45.67 万户以上，分别占年度目标任务的 118.3%、106.2%，占全社会市场主体的 90% 以上。

（3）民营经济成为推动产业结构优化升级的新生力量。民营企业的投资领域和经营范围已由过去的传统商业、饮食服务业等扩展到高新技术产业、商贸物流业、现代服务业等各个领域，不仅为民营企业自身开辟了更大的发展空间，也推动了产业结构的调整和优化；民营企业已成为制药、食品加工、矿产品加工、房地产、商贸物流等产业的主体。截至 2017 年底，毕节市民间投资达 1377 亿元，超过了 1350 亿元的目标任务。

（4）民营经济是缓解城乡就业压力的重要渠道。民营经济数量众多，就业容量较大，对创造就业机会起着独特作用。截至 2017 年底，毕节市民营经济新增就业达 10.67 万人以上，超过 10 万人的目标任务；90% 以上的就业岗位来自民营、中小企业，有效缓解了社会就业压力。

2. "十二五"以来毕节市民营经济发展主要做法

（1）效仿省委、省政府做法，召开民营经济发展大会。2011 年 6 月 15 日，毕节地区召开了第一次民营经济发展大会暨表彰大会，对加快民营经济发展进行动员、部署，全力助推毕节地区民营经济在新起点新阶段实现新跨越；同年 7 月，毕节市印发了《毕节市民营经济三年倍增计划》，制定了民营经济三年倍增计划的总体目标，率先实施整体推进民营经济的"三年倍增计划"。2013 年 7 月，毕节市召开了全市半年经济工作暨第二次民营经济发展大会，对全市"民营经济三年倍增计划"完成情况进行总结，对全力推动民营经济大发展进行安排部署。截至 2013 年底，毕节地区民营经济增加值达到 510 亿元，比 2010 年增长 1.15 倍，占 GDP 比重达 46%，较 2010 年增加 6.3 个百分点；民间投资达到 658 亿元，比 2010 年增长近 2.25 倍；民营经济注册资本达到 450 亿元，比 2010 年增长 2.1 倍；新增就业 6 万人。

（2）持续推进民营企业服务年活动。2015 年 5 月，毕节市印发了《毕节市民营企业服务年活动工作方案》，以着力破解当前民营经济发展面临的"七难"问题（准入难、融资难、政策落地难、审批难、盈利难、用工难、创业难）为主要任务，以提高服务水平、优化服务环境为重点，以实施专题服务为载体，结合工业"百千万"工程、"双服务"行动，在全市范围内开展"民营企业服务年"活动，努力营造"大众创业、万众创新、全民奋进"的浓厚氛围，力争实现民营经济发展总量、市场主体数量和发展质量新跨越。

（3）认真做好融资上市相关工作。2016 年，毕节市开展了股权融资培训工作，助力企业上市融资，黔西绿源、大方百里花、金日久建材、金沙绿色建材、贵州壹号食品、贵州穿青人生态农业、织金茂源农业 7 家企业成功在新三板挂牌上市融资。2017 年，毕节市收集整理了多家银行针对中小企业的融资信贷产品信息，并组织毕节市担保机构报送信用担保机构信息，共收集谋划金砖基金投资项目 61 个；同时，加大同市内金融机构的工作对接，努力搭建好银企合作平台，组织市内 100 余户企业同金融机构进行融资对接座谈，向中小企业推荐"贵圆信贷通"等金融产品，帮助中小企业解决"融资难"，全市民营企业各项贷款余额达 99.37 亿元。

（4）大力提升公共服务。一是抓好培训工作。认真组织参加"星光""银河"及省、市相关部门举办的技能提升、项目资金申报、融资上市等各类培训，2013—2015 年共计培训 18 期、培训 5400 人（次），2017 年共培训935 余人（次）。二是认真做好项目申报工作。按照省局要求，认真做好项目申报工作，2011—2015 年获得国家、省中小企业发展专项资金支持项目193 个，资金 9483.65 万元；2017 年共组织申报民营经济（中小企业）发展项目 42 个，其中 23 个项目获得 690 万元中小项目资金扶持。三是积极举办、参加各类展销活动。毕节市成功举办了 5 届"两赛一会"，取得了较好成绩；同时，带领市内企业参加一年一度的中小企业博览会、香港中小企业博览会、中小企业 APEC 博览会、水博会等。

七、黔东南州民营经济发展情况

1. "十二五"以来黔东南州民营经济发展基本情况

（1）民营经济发展略有波动。2016 年，黔东南州实现民营经济增加值511.03 亿元，同比增长 13.5%，总量是 2010 年的 3.85 倍，增速比同期 GDP高 3.47 个百分点。"十二五"以来，黔东南州民营经济总体呈扩大趋势，但是 2017 年首次出现了下降。2017 年，黔东南州实现民营生产总值 494.30 亿元，同比下降 3.27%（见表 3-22）。

表 3-22　2006—2017 年黔东南州民营经济发展情况

年份	总值（亿元）		比上年同期增长（%）		民营占全部比重
	GDP	民营	GDP	民营	（%）
2006	163.97	91.46	11.6	12.9	55.8
2007	199.03	113.25	13.5	14.1	56.9
2008	243.35	141.96	12.0	14.1	58.3
2009	269.73	158.96	12.2	13.9	58.9
2010	312.57	152.94	14.2	-4.4	48.9
2011	383.63	195.17	16.8	21.3	50.9
2012	477.75	286.27	16.5	18.5	59.9
2013	585.64	304.76	16.1	16.2	52.0
2014	701.71	370.85	14.4	16.1	52.8
2015	811.55	437.62	13.1	14.1	53.9
2016	939.05	511.03	13.3	13.5	54.4
2017	972.18	494.30	5.2	-3.27	50.8

资料来源：2017 年黔东南州中小企业办公室提供的调研材料《黔东南州民营经济发展情况》；黔东南州统计局发布的历年黔东南州的统计年鉴。

（2）民营经济占据半壁江山。黔东南州民营经济的 GDP 占比不断提高，2015 年民营经济占全州 GDP 的比重达 53.92%，比 2011 年提高 9.9 个百分点。黔东南州民营经济产业结构不断优化，一、二、三产业民营经济总量占该产业增加值的比重依次分别为 58.2%、72.3%、39.3%，其中民营工业占全州工业的比重达 79.2%，比 2013 年提高 5.2 个百分点。2016 年，黔东南州民营经济占全州 GDP 的比重为 54.4%，但随着 2017 年民营经济出现下滑趋势，其占比下降到 50.8%。

（3）民营经济发展活跃度不断增强。2017 年，黔东南州民营经济市场主体达到 24.61 万户，其中，私营企业 3.66 万户，比 2016 年增长 32.9%；

个体工商户 20.95 万户，比 2016 年增长 31.6%。[1] 龙头企业实力不断增强，产值达到 10 亿元以上的民营工业企业有 3 户，形成了以贵州其亚铝业有限公司、贵州青酒、凯里瑞安建材有限公司等为代表的领军民营企业。贵州中科汉天下、贵州申黔数据中心等一些新兴产业相继落户黔东南州。

（4）民营经济发展质量不断提高。近年来，黔东南州大力实施创新驱动民营经济发展战略，2016 年出台了《中共黔东南州委黔东南州人民政府关于以科技创新推动新经济发展的实施意见》，2017 年底，全州备案的省级科技型中小企业达 1336 家，位居全省第二，省级科技型中小企业成长梯队 113 家，位居全省第三，拥有国家高新技术企业 22 家。

（5）民营经济社会贡献不断增强。一是民营经济成为税收的主要来源，2017 年，黔东南州全部税收收入 107.04 亿元，其中民营经济税收收入 55.84 亿元，民营税收占比为 52.2%。二是民营经济成为就业的主要渠道，2017 年，黔东南州就业人数为 205.25 万人，其中民营经济就业人数为 170192 万人，占比为 83.27%。[2]

2. 黔东南州民营经济产业布局

"十二五"以来，黔东南州产业结构调整效果明显。2016 年与 2010 年末相比，黔东南州工业行业由 24 个增加到 30 个，新增了食品制造、纺织服装服饰、家具制造、印刷和记录媒介复制、汽车制造、电器机械和器材制造、仪器仪表制造、燃气生产和供应 8 个行业。截至 2016 年，8 个行业新增规模企业 34 户，新增产值 37.45 亿元，新增从业人员 3480 人。黔东南州规模工业总产值由 178 亿元提升到 724 亿元，净增 546 亿元。

（1）林产加工、造纸及纸制品业。这类行业主要包括家具制造，造纸及纸制品业，木材加工及木、竹、藤、棕、草制品业，现有规模以上企业共 74 户，比 2011 年末增加 28 户，主要分布在 15 个县市，其中岑巩 2 户、从江 7 户、丹寨 1 户、黄平 3 户、剑河 7 户、锦屏 11 户、凯里 2 户、雷山 1 户、黎平 11 户、麻江 1 户、榕江 13 户、三穗 8 户、施秉 2 户、台江 2 户、天柱 3

_____

①② 黔东南州统计局 2019 年 5 月 24 日发布的《2017 年黔东南州统计年鉴》。

户。这些行业的主要产品有：家具、指接板、人造板、建筑模板、乌木雕刻艺术品、木质别墅、锯材、细木工板、胶合板等。"十一五"期末，这些行业实现产值 13.27 亿元，占黔东南州工业总产值的比重为 7.44%；"十二五"期末，这些行业实现产值 143.62 亿元，占黔东南州工业总产值的比重为 19.84%，比"十一五"期末提高 12.4 个百分点。

（2）水、电、热产业。这些行业主要包括燃气生产及供应业，水的生产及供应业，电力、热力生产及供应业三个行业，现有规模以上企业 27 户，分布在 16 个县市，其中，岑巩 2 户、从江 1 户、丹寨 1 户、黄平 1 户、剑河 1 户、锦屏 2 户、凯里 5 户、雷山 1 户、黎平 1 户、麻江 1 户、榕江 1 户、三穗 1 户、施秉 2 户、台江 2 户、天柱 2 户、镇远 3 户。这些行业的主要产品有：自来水、水电、火电、风电、矿泉水、电网供电等。"十一五"期末，这些行业实现产值 57.89 亿元，占黔东南州工业总产值的比重为 32.46%；"十二五"期末，这些行业实现产值 124 亿元，占全州工业总产值的比重为 16.38%，比"十一五"期末降低 16.08 个百分点。

（3）冶金产业。这个产业主要包括黑色金属冶炼和压延加工业、有色金属冶炼和压延加工业，现有规模以上企业 52 户，主要分布在 11 个县市，其中岑巩 10 户、从江 2 户、丹寨 1 户、黄平 2 户、凯里 15 户、雷山 2 户、黎平 3 户、施秉 1 户、台江 1 户、天柱 4 户、镇远 11 户。这些行业的主要产品有：硅锰合金、工业硅、高碳铬铁、多晶硅粉、电解锰、电解锌、氧化铝、中碳锰铁、低碳锰铁等。"十一五"期末，这些行业实现产值 58.96 亿元，占黔东南州工业总产值的比重为 33.06%；"十二五"期末，这些行业实现产值 151.77 亿元，占黔东南州工业总产值的比重为 20.96%，比"十一五"期末降低 12.1 个百分点。

（4）特色食品产业。这个产业主要包括农副食品加工、食品制造和酒、饮料、精制茶制造业三个行业，现有规模以上企业 34 户，主要分布在 12 个县市，其中丹寨 6 户、岑巩 3 户、黄平 1 户、剑河 2 户、锦屏 1 户、凯里 5 户、雷山 5 户、黎平 4 户、三穗 4 户、施秉 1 户、台江 1 户、镇远 2 户。这些行业的主要产品有：白酒、啤酒、保健酒、酸汤、牛肉干、豆制品、大米、面条、鸭制品、精制茶等。"十一五"期末，这个产业实现产值 4.66 亿元，占黔东南州工业总产值的比重为 2.61%；"十二五"期末，这个产业实现产值 60.36 亿元，占黔东南州工业总产值的比重为 8.34%，比"十一五"期末提高 5.73 个百分点。

（5）建材产业。这个产业主要是非金属矿物制品行业，现有规模以上企业 51 户，分布在 15 个县市，其中岑巩 2 户、从江 2 户、丹寨 3 户、黄平 2 户、剑河 2 户、锦屏 4 户、凯里 13 户、雷山 1 户、黎平 5 户、麻江 2 户、三穗 3 户、施秉 2 户、台江 3 户、天柱 4 户、镇远 3 户。这个产业的主要产品有：水泥、预拌混凝土、平板玻璃、新型墙体材料、商品混凝土、节能砖、瓷砖、花岗石、大理石、市政建材等。"十一五"期末，这个产业实现产值 17.34 亿元，占黔东南州工业总产值的比重为 9.72%；"十二五"期末，这个产业实现产值 83.19 亿元，占黔东南州工业总产值的比重为 11.49%，比"十一五"期末提高 1.77 个百分点。

（6）装备制造业。这个产业主要包括金属制品业，通用设备制造业，专用设备制造业，汽车制造业，电气机械和器材制造业，计算机、通信及其他电子设备制造业六个行业。黔东南州现有规模以上装备制造企业 41 户，主要分布在 8 个县市，其中岑巩 5 户、丹寨 13 户、剑河 1 户、凯里 12 户、麻江 1 户、三穗 4 户、台江 4 户、天柱 1 户。这个产业的主要产品有：汽车、电梯、机床、铁铸件、磁铁、铝绞线、弹簧、LED、电子产品、变压器、滤波器等，代表性的企业有：贵州兴富祥立健机械有限公司、贵州天凌高数控装备有限公司、贵州丹寨九鼎车辆制造有限公司、贵州贵龙客车制造有限公司、贵州全世通精密机械科技有限公司等。"十一五"期末，这个产业实现产值 5.6 亿元，占黔东南州工业总产值的比重为 3.14%；"十二五"期末，这个产业实现产值 62.96 亿元，占黔东南州工业总产值的比重为 8.70%，比"十一五"期末提高 5.56 个百分点。

（7）采矿业。这个产业主要包括有色金属矿采选和非金属矿采选两个行业，现有规模以上企业 18 户，主要分布在 8 个县市，其中天柱 7 户、黄平 3 户、凯里 2 户、施秉 2 户、丹寨 1 户、麻江 1 户、从江 1 户、岑巩 1 户。这个产业的主要产品有：重晶石、铝矾土、石英生产、建筑石料、锌焙砂、棕刚玉等。"十一五"期末，这个产业实现产值10.43亿元，占黔东南州工业总产值的比重为5.84%；"十二五"期末，这个产业实现产值32.41亿元，占黔东南州工业总产值的比重为4.48%，比"十一五"期末降低1.36个百分点。

（8）纺织、服装服饰业。这些行业主要包括纺织业，纺织服装及服饰业，皮革、毛皮、羽毛及其制品和制鞋业三个行业，现有规模以上企业19户，主要分布在4个县市，其中凯里1户、雷山5户、三穗6户、岑巩7户。这些行业的主要产品有：棉纱、羽绒制品、服装、毛发制品、混纺布、棉纺纱布等。"十一五"期末，这些行业实现产值1.04亿元，占黔东南州工业总产值的比重为0.58%；"十二五"期末，这些行业实现产值21.31亿元，占黔东南州工业总产值的比重为2.94%，比"十一五"期末提高2.36个百分点。

（9）化学原料和化学制品制造业。这个行业现有规模以上工业企业27户，主要分布在12个县市，其中岑巩5户、丹寨1户、黄平2户、剑河1户、锦屏7户、凯里3户、黎平1户、榕江1户、施秉1户、台江2户、天柱2户、镇远1户。这个行业的主要产品有：铝酸钙、硫酸钡、松香松节油、黄磷、化妆品、复合肥、活性炭、烟花爆竹、非食用香精、皮革助剂等。"十一五"期末，这个行业实现产值6.98亿元，占黔东南州工业总产值的比重为3.91%；"十二五"期末，这个行业实现产值31.77亿元，占黔东南州工业总产值的比重为4.39%，比"十一五"期末提高0.48个百分点。

（10）医药制造业。黔东南州获得生产许可证的医药企业共13户，医疗器械制造企业共4户。这个行业的主要产品有：益肺止嗽胶囊、隔山消积颗粒、中药饮片、血液制品人血白蛋白、凝血因子、中药材、中药材保健品等。"十一五"期末，这个行业实现产值1.67亿元，占黔东南州工业总产值的比重为0.94%；"十二五"期末，这个行业实现产值9.08亿元，占黔东南州工业总产值的比重为1.25%，比"十一五"期末提高0.31个百分点。

3. 黔东南州发展民营经济主要做法

（1）出台配套政策措施，为民营经济持续发展提供政策支撑。2011年以来，黔东南州根据国家和省出台的促进中小企业和民营经济发展的扶持政策，结合实际，相继制定出台了《黔东南州人民政府关于印发黔东南州民营经济三年倍增行动计划的通知》《黔东南州人民政府关于鼓励和引导民间投资健康发展的实施意见》《州人民政府办公室关于建立黔东南州民营经济联席会议制度的通知》《州人民政府办公室关于印发全州民营经济发展大会重要工作任务责任分解的通知》《中共黔东南州委办公室、黔东南州人民政府办公室关于印发〈2013 年支持民营经济快速发展的十二项措施〉的通知》《黔东南苗族侗族自治州促进非公有制经济发展条例》等一系列促进民营经济发展的政策，有力地促进了黔东南州民营经济的发展。

（2）深入贯彻落实国家、省扶持民营经济发展的各项政策措施，让民营企业及时享受到政策红利。一是抓好已有政策的落实，解决好落实政策不到位，执行政策僵化、拖延、走样等问题。一方面抓好各项政策措施的细化，制定操作性强、实用性强的配套政策和具体措施；另一方面抓好政策的执行，制定相应的工作方案和措施，细化责任，将目标任务层层分解到基层，确保政策落实一竿子插到底，不留断层和死角。二是加强调查研究，结合全州的实际出台更多更具吸引力、指导性强的扶持民营经济发展的政策措施。例如，在贯彻国家、省的优惠政策基础上，要求进一步制定和完善财税、金融、招商引资等方面的扶持奖励政策措施。三是加强协调和督促检查。民营经济涉及各个领域，需要全州各级各部门加强协调，狠抓落实，特别是在涉及项目立项、审批，以及政策落实上，要相互支持，相互配合，主动牵头，推进落实，决不能互相扯皮、互相推诿，影响民营经济发展。州委督查室、州政府督查室近年来不断加大督促检查力度，对不按政策落实或兑现的，给予及时通报，并向州委、州政府提出处理意见。

（3）进一步降低市场准入门槛、加速市场主体培育。2013 年，黔东南州下发了《黔东南州人民政府办公室关于开展民营经济市场准入限制和壁垒有关规定清理工作的通知》，进一步理顺了上下级政府之间、政府部门之间的职能交叉、权责不对等关系。黔东南州工商等行政许可部门积极争取进一步降低市场准入条件和放开准入领域方面的政策支持，工商部门出台了《关于大力推进我州民营经济发展工作的通知》政策文件，在投资的行业和领域、名称登记、注册资本、经营范围和经营方式等方面制定了进一步降低准入条件的有效措施。市场准入门槛的逐步降低，促进了黔东南州民营经济市场主体的迅速增长。

（4）积极开展多彩贵州旅游商品"两赛一会"黔东南选拔活动。通过近几年多彩贵州旅游商品"两赛一会"活动的推动，黔东南州旅游商品发展到近两百个种类，花色品种达一千多种，旅游商品生产企业约350户，黔东南州旅游商品产业取得了明显的效果。黔东南州积极组织，从各县到州，层层举办，层层筛选，每年推荐到省的优秀参赛作品数百件，成为以赛会推动产业发展的成功典范。从"两赛一会"活动举办至今，黔东南州已经实现了"八连冠"（连续八年获得特等奖），是贵州全省所有参赛地州中唯一获此殊荣的地区，多次获得省、州领导好评，形成了以赛会助推产业发展的成功案例。

（5）加强人才培养和培训。一是依托"贵州省中小企业星光培训工程"，积极组织推荐民营企业从业人员参加省里组织的相关培训，认真制定州内培训计划和方案并积极向贵州省申报"贵州省中小企业星光培训工程"项目，2017年，共计实施"贵州省中小企业星光培训"17期，完成培训2575万人。二是为了加强民族工艺品人才培养，2016年由贵州省中小企业局、黔东南州工业和信息化委员会、黔东南民族职业技术学院3家单位联合在黔东南民族职业技术学院试点设立旅游工艺品制作与设计专业、学制三年（大专）班，面向贵州全省高考统一录取学生88人，并于2016年10月9日正式开班。2017年，建设成立黔东南民族文化产业研究中心，成为与国家级、省级非物质文化传承人和省级工艺美术大师合作的重要载体。

（6）抓好民营企业服务工作。一是领导高度重视。以工业"百千万"活动和"民营企业服务年"活动为契机，加强服务民营企业力度，建立州级领导"一帮一"挂牌服务，通过州领导联系，所在县（市）政府、州级部门定点帮扶，全社会参与的形式，形成发展民营经济的良好氛围，助推民营经济快速发展。二是完善调度机制。建成了黔东南州工业经济运行监测平台，改进了工业经济调度方式，形成了日、周、月、年报体系，进一步规范工业经济调度指标，提高了调度效率。三是帮助企业做好工业产品开拓市场和宣传工作。2013 年 5 月 25—26 日，在凯里市民族风情园举办了黔东南州第一届工业产品展销对接会。此次展销会共有 16 个县市和凯里经济开发区踊跃参加，产品包括民族民间产品、酒类、林产品、建材、装备制造、化工和包装六大类，参展企业 126 家，邀请客商 217 人，参加人员 600 人以上，现场签约供销项目 99 个，签约资金 15.27 亿元。四是帮助企业拓宽销售渠道。2016 年，编制了《黔东南州鼓励采购工业企业产品推荐目录（第一批）》《黔东南州鼓励采购工业企业产品推荐目录（第二批）》，扶持全州工业企业开拓市场扩大销售；搭建产品信息平台帮助企业宣传，在州政府网站和州工信委门户网站发布产品信息企业 66 户，涉及 10 个行业；组织民营企业参加中国国际中小企业博览会、西洽会、食博会、绿博会等专业展会，推动全州民营企业扩大对外交流。

八、黔西南州民营经济发展情况

1. "十二五"以来黔西南州民营经济现状

（1）规模总量持续增长。"十二五"时期，黔西南州民营经济增加值由 2011 年的 153 亿元增加到 2015 年的 395.7 亿元，[①] 占 GDP 的比重由 2011 年的 48%增加到 2015 年的 49.36%；2016 年，黔西南州民营经济增加值完成 454.4 亿元，同比增长 8.9%，完成全年目标任务的 162.3%，占 GDP 的比重达到 52.2%。2017 年，黔西南州民营经济增加值完成 587 亿元，同比增长 29.18%，占 GDP 的比重达到 55%。[②]

（2）市场主体不断扩大。"十二五"时期，黔西南州民营经济市场主体由 2011 年的 6.78 万户增加到 2015 年的 12.77 万户，年均增长率达 17.1%。2016 年，黔西南州新增民营经济市场主体 1163 户，已完成全年 1000 户的目标任务，完成全年目标的 116.3%，黔西南州市场主体累计达 152661 户。2017 年，黔西南州民营经济市场主体达 172509 户，新增 19848 户，比去年

---

① 《培育产业提质增效黔西南州民营经济》，https：//mp. weixin. qq. com/s?_biz = MzI2ODgw
NzE0OQ%3D%3D&idx = 1&mid = 2247485378&sn = f5bfa51da74898e6947997956b7ac447。

② 此处数据根据《2018 年黔西南州政府工作报告》当中的"民营经济占比提高到 55%"计算而来。

同期增长 13.0%。

（3）就业人员稳步增加。"十二五"时期，黔西南州新增就业人数由2011 年的 1.5 万人增加到 2015 年的 4 万人，年均增长率达 27.8%。2016 年，黔西南州新增就业人数达到 4.6 万人，完成全年目标任务的 102.2%。2017年，黔西南州民营经济新增就业 7.9 万人。

（4）民间投资下降。"十二五"时期，黔西南州民间投资由 2011 年的105 亿元增加到 2015 年的 280 亿元，年均增长率达 13%；2017 年，黔西南州完成民间投资 227 亿元，与 2016 年的 292.8 亿元、2015 年的 280 亿元相比，2017 年民间投资明显下降（见表 3-23）。

表 3-23　2011—2017 年黔西南州民营经济主要指标

年份	民营经济增加值（亿元）及占比（%）		民营经济市场主体（户）	民营经济从业人员（万人）	民间投资（亿元）
2011	153	40.8	73461	27.8	105
2012	180①	40	76438	30.0	153
2013	220②	39.36	90656	32.0	227
2014	315.2③	47	103594	27.0	260
2015	395.7	49.36	127700	31.0	280
2016	454.4	52.2	152661	35.6④	292.8
2017	587	55	172509	43.5	227

资料来源：2017 年黔西南州工信委提供的调研材料《黔西南州民营经济发展的情况》；2014 年 7月贵州省第二次民营经济发展大会会议材料；2018 年贵州省民营经济座谈会会议交流材料；2014—2015 年《黔西南州政府报告》。

---

① 《黔西南州民营经济实现快速增长》，《贵州日报》2013 年 3 月 8 日。

② 参见黔西南州人民政府网 2014 年 2 月 24 日发布的《2014 年黔西南州政府工作报告》。

③ 参见黔西南州人民政府网 2015 年 2 月 28 日发布的《2015 年黔西南州政府工作报告》：民营经济增加值 315.23 亿元，占 GDP 比重的 47%，比去年提高 7.6 个百分点。

④ 根据黔西南州民营经济发展局提供的数据（2017 年民营经济从业人员 43.5 万人，2016 年为35.6 万人；2016 年黔西南州民营经济从业人员新增 4.6 万人，2015 年新增 4 万人），计算得出 2015年和 2014 年的从业人数。

（5）产业结构不断优化。近年来，黔西南州民营经济由原来较为集中的第三产业向第一产业、第二产业拓展，民营经济发展日新月异，呈现出勃勃生机，民营经济逐步涉足现代服务业、金融服务业（以融资性担保机构、小额贷款公司、典当公司为代表）、能源、冶金、化工、建材、农特产加工、医药等行业，全面拓展到经济社会的各个领域。

2. "十二五"以来黔西南州发展民营经济主要做法

（1）强化政策扶持，改善发展环境。一是实施"三年倍增计划"。黔西南州根据省委、省政府的统一部署，下发了《中共黔西南州委　黔西南州人民政府贯彻〈中共贵州省委　贵州省人民政府关于进一步加快全省民营经济发展的意见〉的实施意见》，中共黔西南州委办公室·黔西南州人民政府办公室印发了《中共黔西南州委　黔西南州人民政府贯彻〈中共贵州省委　贵州省人民政府关于进一步加快全省民营经济发展的意见的实施意见〉任务分工方案的通知》，明确提出要在2013年底全面完成"三年倍增计划"目标任务。二是实施"五年行动计划"。2013年，《省人民政府关于印发贵州省提高民营经济比重五年行动计划的通知》下发后，贵州全省正式启动实施"提高民营经济比重五年计划"。根据省政府文件精神，黔西南州制定了《黔西南州提高民营经济比重五年行动计划》，着力培育和壮大市场主体，激活民间投资，优化发展环境，推动民营经济比重不断提高，使黔西南州民营经济形成活力增强、规模扩大、产业提升、效益显著、贡献突出的良好局面。三是开展"民营企业服务年"活动。2015年，贵州省委办公厅、省政府办公厅印发了《贵州省"民营企业服务年"活动工作方案》，全面启动实施"民营企业服务年"活动，黔西南州根据省委、省政府工作方案，制定了《黔西南州"民营企业服务年"活动实施方案》，并紧紧围绕民营经济发展"七难"问题，认真梳理了民营企业存在的困难和问题，想办法、出实招、解难题，各项工作扎实推进，取得了一定成效，优化了民营经济的发展环境。四是梳理和宣传扶持政策。近年来，国家、省出台了一系列促进民营经济发展的政策，大力支持民营经济加快发展，黔西南州不断加大对民营经济发展的相关法律、法规、政策文件的贯彻落实力度，进一步完善支持民营经济发展的政策体系，使黔西南州民营经济发展获得强有力的政策支撑；在完善政策体系的同时，进一步加大政策宣传力度，加强对企业的政策指导，切实提高政策知晓率，将各项政策措施落到实处。

（2）抓好民营经济发展产业扶持，加快转型升级。黔西南州认真贯彻落实国家、省、州支持民营经济发展的优惠政策和措施，促进民营经济三大产业协调发展，提高民营经济发展质量。① 一是重点支持民营企业产业中的专、精、特、新重点项目，重点培育民营经济创新项目，推动升级改造、技术创新、市场开拓、民族民间特色工艺产业化建设，支持民营经济发展生产性服务业。二是积极打造烟、酒、茶、糖、特色食品、民族制药"六张名片"，优先发展民族医药、旅游商品、特色食品等产业，坚持走"专业化、精细化、特色化、新颖化"的道路，优先支持一批有技术优势、市场前景大、成长性突出的民营企业加快发展。依托黔西南州生物资源丰富、生态环境良好的优势，支持企业大力发展民族制药，加快做大做强一批民族医药企业。积极运用政策，鼓励、支持民营企业投资发展茶叶、薏仁米、畜产品等具有地方特色的农副产品加工产业。

（3）优化产业结构，提升民营企业管理水平。一是加强对民营企业的产业政策指导和引导，继续优化产业结构和产业布局，处理好经济增长与生态环境保护的关系，努力实现人口、资源和环境的和谐发展。二是抓住当前有利时机，进一步加快结构调整步伐，使企业更进一步地向新型工业化方向迈进，大力促进经济发展方式的转变，推动黔西南州民营经济结构更趋合理。三是支持和引导民营企业不断践行现代企业制度，完善法人治理结构，鼓励企业实施现代绩效管理模式。

（4）千方百计扩大就业，切实带动产业发展。"十二五"以来，黔西南州积极加大企业人才培训力度，加强政策扶持，全面扩大就业，切实带动产业发展。一是充分利用"银河培训""星光培训""阳光工程"等省级培训平台，开展人才培训工程，提高管理人员的水平和专业技术人员的技能。二

---

① 《努力营造民营经济发展更好更优环境》，《贵州日报》2015 年 4 月 21 日。

是积极开展州内人才培训，加强民营企业管理人员经营能力提升培训和各项技能培训，进一步提高中小企业人员综合能力。三是扎实推进"万户小老板工程"，改善创业环境，加强创业指导，鼓励全民创业，优化政府服务，实行创业服务绿色通道。四是开展创业辅导，积极实施"锦绣计划"等少数民族创业扶持政策，加强对少数民族小微企业的扶持和服务。五是发展吸纳就业能力强的服务业、劳动密集型产业和少数民族特色手工艺产业，鼓励返乡少数民族农民工进驻创业园。六是着力培育民族特色龙头骨干企业和企业集群，引导和促进特色产业向大型化、集团化、集群化、园区化方向发展，切实促进扩大就业，带动产业发展。

（5）大力发展民族民间工艺品产业。一是积极组织黔西南州企业参加"多彩贵州"旅游商品"两赛一会"和"中国（贵州）国际民族民间工艺品·文化产品博览会"，进一步传承和弘扬了黔西南州民族民间优秀文化，扩大了民族民间艺术交流合作，提升了民间工艺品开发设计水平，推进了黔西南州民间工艺品和文化产品市场化进程。二是为深入挖掘黔西南州民族文化、传承民族特色、丰富民族内涵，促进黔西南州民族民间工艺品产业加快成长和可持续发展，满足各类人群日益增长的市场需求，引导和规范黔西南州民族民间工艺品产业健康发展，2016年，黔西南州印发了《州人民政府办公室关于印发黔西南州民族民间工艺品产业"十三五"发展规划的通知》。三是重点抓好黔西南州民族民间工艺品龙头企业与重点项目建设，重点打造黔西南州民族民间工艺品销售网点，实现州内景点、车站、机场、服务区民族民间工艺品专销店全覆盖。

（6）进一步完善民营经济服务体系建设。"十二五"以来，黔西南州不断加强服务平台建设。一是加强公共服务平台网络建设。按照贵州省民营经济发展局2014年提出的"1+10+n"的公共服务平台网络建设思路，发挥平台网络方便快捷、资源共享、服务协同的优势，组织带动社会化服务资源，创新服务模式，健全服务机制，为民营企业提供"找得到、用得起、有保证"的服务。进一步发挥黔西南州公共服务平台的作用，促进平台网络的互联互通、资源共享和服务协同，建立有进有出的动态管理机制。二是加强中小企业服务中心建设，推动中小企业服务中心进园区、进企业，建设和完善服务网络，加强信息网络平台建设，为民营企业提供创业辅导、人才培训、技术支持、信息咨询，尤其是信息化服务。

（7）建立小微企业信用风险评价体系，推动中小企业快速发展。为帮助企业提高信用意识、健全财务制度、完善内部管理，实现信用增级，通过保持独立的第三方评级机构对企业进行信用评估和风险预警，帮助中小微企业解决融资难、融资贵的问题。根据州工业和信息化委员会、中国人民银行黔西南州中心支行《关于实施黔西南州诚信中小企业培植计划的意见》，全州2014—2016年大力实施诚信中小企业培植计划，举办黔西南州企业第三方信用评级业务培训，并通过培植企业第三方信用等级结果和企业综合情况的评定、筛选和公示，确定"黔西南州诚信中小企业名录"，进一步帮助中小企业实现信用增级，提升融资能力，加快全州中小企业信用体系建设。

（8）强化扩大开放，加强对外交流与合作。黔西南州积极组织州内民营企业参加西安西洽会、贵州（贵阳）台湾名品博览会、中小企业技术交流暨展览会、广州中博会、中国（南昌）绿色食品博览会、中国（武汉）食品博览会、中国（深圳）国际文化产业博览交易会等，为企业搭建了技术创新和贸易合作的平台，对民营企业的招商引资、开拓市场、合作交流和人才引进起到了极大的促进作用。

九、黔南州民营经济发展情况

1. "十二五"以来黔南州民营经济发展现状

"十二五"以来，是黔南州民营经济增长最快、水平提升最大、作用发挥最为显著的时期。黔南州委、州政府出台了《关于贯彻落实〈中共贵州省委、贵州省人民政府关于加快全省民营经济发展的意见〉的实施办法》，积极实施民营经济"三年倍增"计划和"五年行动"计划，转变发展思路，创新工作方法，为民营企业营造了良好的发展环境，促进了黔南州民营经济的快速发展，民营经济已成为全州经济社会发展的重要引擎。

（1）民营经济总量逐年增大。2017年，黔南州民营经济增加值完成694

亿元，是 2011 年的 4.61 倍，增速 19.24%，高于同期 GDP 增速 7.14 个百分点，其中，都匀市民营经济增加值超过 100 亿元，福泉市和瓮安县紧随其后，民营经济增加值分别为 84.6 亿元和 75.21 亿元。2017 年民营经济增加值占 GDP 比重高达 59.8%，比 2011 年提高 25 个百分点（见表 3-24）。全社会民间投资总额达到 656.41 亿元，占全社会总投资的 45.13%。

表 3-24 2013—2017 年黔南州民营经济主要指标

年份	GDP（亿元）及增速（%）		民营经济增加值（亿元）、增速（%）及占比（%）		
2013	585.64	16.1	304	29.91	51.90
2014	801.75	14.5	380	25.0	47.40
2015	902.91	13.3	496.42	30.64	54.98
2016	1023.39	12.5	582	17.24	56.87
2017	1160.59	12.1	694	19.24	59.80

资料来源：2017 年黔南州提供的调研材料《关于黔南州民营经济发展情况报告》；2018 年贵州省民营经济发展座谈会会议交流材料。

（2）经济贡献日益凸显。2011 年以来，民营经济对经济增长的贡献率达到 70% 以上，成为推动经济增长的动力。2016 年全州民营经济税收贡献 82.6 万元，其中国税贡献 28.23 亿元，占比 37.6%；地税贡献 54.42 亿元，占比 68.36%。2017 年，民营经济市场主体达到 21.07 万户，其中私营企业 4 万户、个体工商户 17.07 万户；民营经济注册资本累计达 1959.61 亿元，其中私营企业 1837.8 亿元，个体工商户 121.81 亿元。民营经济新增就业人数达到 5.4081 万人，累计就业 53 万人。民营经济税收贡献为 110.72 亿元，占比为 63.3%。民营经济已经成为黔南州经济增长的主力军、社会就业的主渠道和促进新型城镇化的加速器。

2. "十二五"以来黔南州民营经济发展的主要做法

（1）出台配套政策，强化扶持措施。黔南州委、州政府及时配套出台了《贯彻落实省委省政府加快全省民营经济发展意见的实施办法》，修订了《黔南布依族苗族自治州个体工商户和私营企业权益保护条例》。各部门和各县市也积极制定相关办法，出台了服务民营经济发展的一系列政策措施，为民营经济发展提供了宽松的政策环境，促进了黔南州民营经济的大发展。黔南州加大对涉企行政事业性收费的清理力度，重点对中小企业、民营企业和农产品加工业的不合理收费进行了清理整治。黔南州加大对民营经济的资金扶持力度，州级财政安排的工业发展资金从 2011 年的 1000 万增加到目前的3000 万，每年资金的 80% 以上用于支持民营企业发展。2011—2017 年，为全州 282 户中小企业向上争取到位专项扶持资金 8918 万元。

（2）大力推动民营经济招商引资。以推动民营经济的嫁接改造和重组扩张为目标，大力开展招商引资活动，促进民营经济做大做强。2018 年 1—8月，全州引进工业项目 148 个，合同投资总额 209.67 亿元，到位资金 165.39亿元。三产项目 124 个，合同投资总额 384.50 亿元，到位资金 337.26 亿元。

（3）认真为民营经济提供各种服务。建立州县两级服务工业企业体制机制。在成立服务工业行动联席会议的基础上，2018 年 4 月又成立了由州政府各分管领导担任组长的 7 个工作专班，建立起了协调解决企业共性问题的专班工作机制，成立了黔南州促进工业发展领导小组，进一步增强了服务企业工作的能力。2018 年，州级 35 个工作组采取州领导带队和部门直接服务的方式，全部深入到州级企业和项目开展了服务工作，参与服务的州级领导共计 92 人次，服务企业 138 家，共计帮助州级企业解决问题 119 个。

（4）着力破解企业"融资难"问题。一是由州、县（市）共同出资设立了州级"贵园信贷通"融资平台，州县共筹措风险补偿金 2700 万元，与多家金融机构合作，开展针对重点民营企业的融资服务。2018 年以来，黔南州"贵园信贷通"已累计向 47 户企业发放贷款余额 1.8 亿元，累计为企业节约融资成本约 400 万元。二是印发《黔南州转贷应急周转资金管理办法（试行）》，成立 5000 万元规模的转贷周转资金池，专项用于为出现流动资金暂时周转困难、金融机构保证足额续贷的中小微企业提供短期性周转。2018 年，通过州级工业发展转贷资金池帮扶 4 家企业融资，使用金额 1106万元。三是整合资源缓解民营企业融资难。加强与银监会、商业银行的沟通，并通过政策引导发展信用担保、典当等社会化融资机构，积极参与中小企业的融资。运用好贵园信贷通、贵工贷等相关产品，帮助企业解决融资难题。

（5）大力优化经济发展环境。一是建立了州、县（市）两级四家班子领导联系企业制度。在全州范围内实施"五个一工程"，即一个项目、一个团队、一个方案、一个领导、一抓到底。2018年在全州338户规模以上工业企业中选择50户重点中小企业作为调度和服务的重点，为企业的生产经营和发展提供优质服务。二是设立了行政审批服务中心，对企业实行并联审批制度，提供一站式服务，简化各种手续，提高办事效率。三是加大对"三乱"现象的整治力度，严肃查处各种"吃、拿、卡、要"的行为，千方百计保护中小企业的合法权益。对诚信度高、生产效益好的重点企业实行挂牌保护。

第三节　贵州民营经济发展的主要做法

贵州民营经济在发展的过程中，注重结合自身实际，不断探索和创新发展方式，比较突出的做法有：制定宏观政策引导发展，定期组织召开民营经济发展大会，全省上下实施"民营企业服务年"活动等。

一、坚持以政策引领民营经济发展

无论是从全国还是从贵州民营经济发展历程来看，民营经济的发展速度均与政策制度密切相关。当国家法律和政策对民营经济采取限制、对立甚至是禁止的立场时，其发展空间和发展速度受到消极影响。反之，当国家宪法、法律、政策全面承认、保护、鼓励民营经济发展时，必然带来民营经济的全面进步。

贵州民营经济近十年来的快速发展，主要得益于大量政策释放的空间和红利。近年来，贵州出台了一系列政策法规以促进民营经济的发展：2009年出台了《中共贵州省委省人民政府关于大力推进个体私营等非公有制经济又好又快发展的意见》；2010 年贵州省人大常委会颁布了《贵州省中小企业促进条例》；2011 年颁布了《中共贵州省委贵州省人民政府关于进一步加快全省民营经济发展的意见》《全省民营经济三年倍增计划（2011—2013 年）》；2012 年出台了《省人民政府关于大力扶持微型企业发展的意见》；2013 年出台了《贵州省提高民营经济比重五年行动计划（2013—2017 年）》；2014 年印发了《贵州省鼓励民间资本投资重点领域清单（2014 年）》；2016 年制定了《中共贵州省委　贵州省人民政府关于进一步促进民营经济加快发展的若干意见》《贵州省扶持微型企业发展实施方案》；2017 年出台了《省人民政府办公厅关于印发促进民间投资健康发展若干政策措施的通知》；2018 年贵州省委和省政府印发了《关于进一步促进民营经济发展的政策措施》；等等。这一系列重大法规和政策当中比较重要的有：

1. 2011 年颁布的《中共贵州省委　贵州省人民政府关于进一步加快全省民营经济发展的意见》

该文件主要规定了以下内容：①明确了民营经济发展的重要作用。经过多年的努力，贵州省民营经济已经成为全省经济发展新的增长点、新的支撑点、新的带动点，在扩大就业、缩小城乡差距和区域差距、致富城乡居民、增加财政收入、促进社会发展等方面发挥了积极作用，为繁荣地方经济、构建和谐社会做出了重要贡献。②明确要破除民营经济准入限制。要全面拓宽准入领域，除国家法律法规明确禁止的领域外，一律对民营经济开放。全面清除准入障碍，清理整顿现行与民营经济市场准入等有关的规定，加快清理审核全省行政许可项目和非行政许可项目，取消不符合规定的各类行政审批事项和前置审批条件。③明确要加大财税、金融和土地支持。在财税方面，省级工业和信息化发展专项资金 60% 以上要用于民营经济发展。按国家规定可由省调整的税收优惠政策，对民营企业按照最优惠的规定执行。在金融方面，鼓励有条件的地区设立创业投资基金或产业发展基金，鼓励民营企业上市。积极引进中外金融机构，建立完善中小企业信用担保体系。在土地方面，各级政府要按照民营经济占贵州全省生产总值中的比重年均提高 2 个百分点的发展目标，同比例增加民营经济在产业园区的项目用地指标。④明确要提升对民营经济的服务水平。在政府服务方面，依法在政府网站公开申办事项的前置条件、办理流程、审批环节，推行网上申办、网上受理、网上办结。进一步规范和简化项目审批、核准、备案程序，切实提高办事效率，缩短办事时限。在社会化服务方面，各级各部门要完善工作机制，加强对民营经济的协调服务，建立健全县级以上民营企业服务中心，培育骨干服务机构，制定民营企业公共服务示范平台认定办法，研究制定政府购买服务的具体办法。

继2011年颁布《中共贵州省委 贵州省人民政府关于进一步加快全省民营经济发展的意见》后，同年又印发了《全省民营经济三年倍增计划（2011—2013年）》作为配套实施意见。随着"三年倍增计划"指标均按期完成，2013年又出台了《贵州省提高民营经济比重五年行动计划（2013—2017年）》，但是其提出的民营经济占比、民营经济增加值、市场主体等多项指标未能按期实现，其主要原因在于受到全国经济下行影响以及经济发展规律之"边际效益"的影响，民营经济的各项指标增速低于"三年倍增计划"时期。

2. 2016年制定的《中共贵州省委 贵州省人民政府关于进一步促进民营经济加快发展的若干意见》

2016年7月22日，贵州省委、省政府召开第三次全省民营经济发展大会时，印发了《中共贵州省委 贵州省人民政府关于进一步促进民营经济加快发展的若干意见》。该文件明确了"十三五"时期的总体思路：始终坚持"两个毫不动摇"，着力构建"亲""清"新型政商关系，着力破解制约民营经济发展面临的突出困难和问题，不断优化民营经济发展环境，促进民营企业创新转型发展，到2020年，贵州全省民营经济增加值和民间投资均突破10000亿元，双双实现倍增，分别占全省地区生产总值和全省固定资产投资的比重达60%和50%以上。

在总体思路和发展目标的统领下，结合当时贵州民营经济面临的突出问题，贵州省提出了一系列配套发展措施：①进一步加大金融支持力度。要建立中小企业转贷应急机制和转贷应急资金管理平台，帮助企业办理续贷或展期。对有市场、有回款、有效益，但资金周转暂时困难的中小微企业给予贷款贴息。建立小微企业差别化监管机制。对于金融机构发放中小微企业贷款的增量，以风险补偿和以奖代补的方式从现行资金渠道给予金融机构奖励。建立中小企业发展基金，以参股等方式支持企业发展。②进一步降低企业成本。规定各类园区内民营工业企业取得土地可分期缴纳土地出让价款，将符合条件的民营企业纳入省级电力市场交易主体，全面落实降低大工业企业用电价格政策，对持有黔通卡通行贵州全省高速公路的货运车辆通行费给予打折优惠。阶段性降低企业职工基本养老保险单位缴费比例、全省工伤保险平均费率、失业保险企业缴费比例、企业缴纳生育保险费率等。③进一步促进企业转型升级。加快实施"千企改造"工程，省级扶持资金重点向民营企业倾斜。对新认定的民营高新技术企业、科技型种子企业等给予资金补助。支持和鼓励在具有竞争优势领域的民营企业参与国际标准、国家标准、行业标准的制定和修订。引导和鼓励贵州省民营外贸企业通过境外展会、境外市场考察、国际市场准入认证、信息化建设等多种渠道和方式加快"走出去"步伐。④进一步优化发展环境。各级政务服务中心设立审批服务代办窗口，完善代办功能，健全代办机制。按照"非禁即入、公平待遇"的原则，支持和鼓励民间资本进入更广领域，支持民营企业参与国有企业改制重组或国有控股企业上市公司增资扩股以及企业经营管理。高校、科研院所等事业单位专业技术人员离岗创业或进入民营企业开展技术开发研究的，经原单位同意，可在 3 年内保留人事关系。对民营企业用地历史遗留问题进行督查，对投资项目已批准建设以及项目完工投入生产尚未办理相关土地手续的民营企业，相关部门限期妥善解决。

从《中共贵州省委　贵州省人民政府关于进一步促进民营经济加快发展的若干意见》的具体内容来看，旨在着力破解贵州民营经济发展面临的突出问题："融资贵融资难""创新转型发展难""政策落地难"等，可谓一针见血、直击要害。其不足之处在于，没有配套的实施文件，没有统筹指导、监督执行的机构保障政策的贯彻落实，对各部门的任务分工也没有明确执行的时间节点，这是该政策存在的最大不足。

3. 2018 年中共贵州省委、贵州省人民政府印发的《关于进一步促进民营经济发展的政策措施》

为了贯彻落实习近平总书记在 2018 年 11 月 1 日民营企业座谈会上的讲话精神，以及党中央、国务院决策部署，坚持"两个毫不动摇"，全力支持民营经济做大做强做优，2018 年 11 月 22 日，贵州省委常委会召开会议，审议通过了《关于进一步促进民营经济发展的政策措施》。

其主要内容如下：①降低民营企业经营成本。进一步降低企业用地成本，在法律法规范围内，根据实际探索工业用地先租后让、租让结合，弹性出让等制度，合理缩短工业用地出让年限；进一步降低企业用能成本，完善电价形成机制，推进电力市场化交易，扩大直接交易范围。鼓励天然气大用户直供，整顿规范天然气输配企业收费行为；严格落实国家和省出台的各项税收优惠和收费减免政策，贯彻政府性基金和行政事业性收费清理政策，落实国家社保政策，降低社保缴费名义费率，稳定缴费方式。②缓解民营企业融资难题。落实国家对民营企业差异化信贷政策，逐步扩大贵州省银行业金融机构对民营企业贷款比例；建立金融机构授信尽职免职认定标准，将小微企业贷款业务与内部考核等奖惩机制挂钩；支持银行金融机构拓展征信方式和信用贷款范围，丰富信用贷款产品，扩大适用范围；鼓励各地设立过桥转贷资金，鼓励金融机构加强与转贷基金合作，简化操作流程；设立省级融资担保基金，进一步扩大民营企业融资担保覆盖面。③全面放开民间投资限制。落实公平竞争审查制度，除法律法规明令禁止的外，不得以规范性文件、会议纪要等任何形式对民间资本设置附加条件和准入门槛；建立吸引民间资本投资重点领域项目库，定期发布民间投资推介项目清单；保障民营企业与其他类型企业按照同等标准、同等待遇参与政府和社会资本合作项目（PPP）。

2017 年 7—9 月，受贵州省民营经济发展局委托，中鼎资信评级服务有限公司就"贵州省促进民营经济发展两个政策落实情况"开展第三方现场评估，评估报告显示：一是对政策的知晓度不高。对于《中共贵州省委 贵州省人民政府关于进一步促进民营经济加快发展的若干意见》，有 37.2% 的企业不太了解，8.1%的企业完全不了解。一些企业家甚至是在填写调查问卷时，或在座谈会上首次接触本政策。二是政策的执行能力不够。在已享受政策的企业中，21%的企业家反映，在某些行业、部门和地方，存在具体实施的配套措施不健全导致办事效率不高的问题；20%的企业家认为该政策没落地；16%的企业家在地方基层部门办理或咨询时得不到回应。[①]可见，当前贵州支持民营经济发展当务之急不是出台更多的优惠政策，而是集中精力于如何使优惠政策落实生根、开花结果。再好的政策如果得不到执行，只能是空中楼阁，虚有其表而已。

二、定期召开全省民营经济发展大会

贵州省委、省政府高度重视民营经济工作，分别于 2011 年 3 月、2014 年 7 月、2016 年 7 月召开了三次全省民营经济发展大会，省委书记和省长等主要领导均出席并作重要讲话，研究当时贵州民营经济发展面临的问题，提出下一步民营经济发展的工作举措。通过一手抓改革破解难题，一手抓服务优化环境，加强产业培育和推进相关领域供给侧结构性改革，加快推进民营经济产业转型升级，实现民营经济提质增效，推动全省民营经济持续快速健康发展。

1. 第一次全省民营经济发展大会

2011 年 3 月，贵州省委、省政府召开了第一次全省民营经济发展大会，时任中共贵州省委书记栗战书、省长赵克志出席会议部署工作，明确会议任务为重点解决民营经济发展慢和政府创造环境两大问题，提出"简、优、限"的工作举措，努力推动民营经济大发展大提高。

（1）关于解决民营经济发展慢的问题。会议认为，贵州民营经济发展缓慢，表面上看是在民营经济身上，实质上是贵州整个经济社会发展的体制机制、思想观念落后等因素的综合反映。与我国发达地区相比，贵州省的市场

---

① 参见贵州省中小企业网 2018 年 4 月 2 日发布的《贵州省促进民营经济发展新旧"38 条"政策落实情况评估报告》。

经济改革发展大大滞后，资源配置效率低下，经济发展的活力和动力不足。要加快贵州民营经济发展，必须要增强改革发展的顶层设计和战略谋划：一是必须坚定不移地把建立和完善社会主义市场经济体制作为经济改革发展的总方向。大力推进社会主义市场经济体系建设，缩小贵州发展市场经济体制机制上的差距与鸿沟。二是必须坚持统筹协调重点突破全面推进的思路。从结构系统入手对贵州的经济体制机制、行政管理体制机制、社会文化环境进行全面的创新改革，把政策目标与政策工具、短期政策与长期政策紧密衔接配合起来，把宏观战略与产业规划、企业规划、产品规划紧密结合起来。三是必须始终坚持以改革开放为民营经济的发展加力、开路。开放是外生动力，改革是内生动力。越是落后的地方，改革的阻力越大；越是阻力大的地方，改革的潜力也越大；越是困难，改革越是要破冰前行，加强调控、下放权力、激发活力。①

（2）关于解决政府创造环境的问题。贵州省一个项目开工前的各项审批工作快则要一年，慢则要两三年才能完成。各种审批和会签部门多达几十家，规划、建设、交通、土地、环保、发改、消防、行业主管、施工图审查，甚至涉及供水、供电等，在项目建设中各种千奇百怪的"审批和许可"都可能发生。针对这些问题，贵州提出了"简""优""限"的要求：一是关于"简"，就是要简化事项。要完整收集关于贵州省项目建设的所有政策，收集后，一一审核，下决心把该砍的统统砍掉。尽量放权给地方政府和项目业主，取消擅自扩大行政许可的所有规定，把地方政府层层加码的各种政策统统去掉，避免同一个事项多个部门重复审查的情况。二是关于"优"，就是优化流程，将"简"后的政策进行优化设计，重新科学地进行混合式流程设计，坚决杜绝部门之间的审批互为前置条件的现象。凡是能事前提出控制条件的绝不采取事后评审的方法。三是关于"限"，就是限时办理。"限权"方面，凡是审批部门的审批事项都必须事先制定审批能否通过的预设条款，凡是符合可以通过的预设条款的项目就必须通过，避免审批人因自己的好恶

---

① 参见栗战书在 2011 年 3 月 28 日召开的加快贵州民营经济发展大会上的讲话。

和认知水平而影响项目审批速度和审批质量。"限时"方面，必须做到一次性告知。[①]

2. 第二次全省民营经济发展大会

根据《中共贵州省委　贵州省人民政府关于进一步加快全省民营经济发展的意见》当中关于"省委、省政府每三年召开一次全省加快民营经济发展大会"的规定，2014 年 7 月，贵州省委、省政府召开了第二次民营经济发展大会，时任省委书记赵克志、省长陈敏尔出席会议并部署工作，明确大力培育壮大市场主体，切实增强民营经济发展活力的决策部署。大会提出了以下措施：

（1）平等对待民营经济。按照党的十八届三中全会精神，要坚持权利平等、机会平等、规则平等，废除对非公有制经济各种形式的不合理规定。各地各部门要认真落实"三个平等"的要求，做到一视同仁、平等对待。只要其他企业能够享受的权利民营企业都应享受，只要其他企业能够获得的机会民营企业都应获得，只要其他企业能够使用的规则民营企业都应使用。

（2）加大政策落实力度。针对不少企业反映的在落实"3 个 15 万"政策上，配套措施和操作办法不够具体、很难申办等问题，提出要对国家和省出台的政策进行梳理，继续执行的要坚决落到实处，需要调整的加快出台新的政策，完善配套实施办法，让符合条件的企业都能享受到政策阳光的普照。

（3）着力破解"融资难"问题。融资难是贵州省民营经济遇到的共性问题，企业贷款"吃不到、吃不饱、吃不起、吃不好"的现象比较普遍。破解"融资难"问题，必须多管齐下，打造政银企"铁三角"。银行等金融机构要根据民营企业的特点和需求，有针对性地创新金融产品和金融服务，提供差别化、个性化金融服务，避免盲目惜贷、抽贷、停贷。

（4）加快培育市场主体。一是深入实施民营企业培育工程，支持中小微企业健康发展，做大做强优势企业，形成大企业顶天立地、中小企业铺天盖地的良好局面。二是要大力推进工商注册制度便利化，放宽市场准入，减少前置审批。三是继续抓好招商引资，灵活采用产业链招商、以商招商、专题

---

① 参见栗战书在 2011 年 3 月 28 日召开的加快贵州民营经济发展大会上的讲话。

招商等方式，引进一批优强民营企业到贵州省发展。

（5）大力推进简政放权。第一次全省民营经济发展大会提出"简优限"以来，有的把登记、备案事项搞成变相审批，有的将取消的审批事项以第三方评估等名义搞隐性审批。要继续取消、下放一批省级行政审批事项，对鼓励和允许发展的项目，能备案就备案，能下放审批权则下放。对于搞变相审批、隐性审批的，要切实纠正，严格禁止。①

3. 第三次全省民营经济发展大会

2016年3月18日，中共贵州省委召开常委会，学习习近平总书记在看望全国政协民建、工商联委员时的重要讲话精神，研究贵州省贯彻落实意见。在听取省委统战部、省工商联关于学习贯彻习近平总书记重要讲话精神的情况汇报后，会议提出："适时召开全省民营经济发展大会，并以省委、省政府名义出台文件，大力推进贵州省民营经济蓬勃发展。"随后，2016年7月22日，全省第三次民营经济发展大会在贵阳召开，时任中共贵州省委书记陈敏尔、省长孙志刚出席会议并讲话，部署推进民营经济发展。会上专门提出：

（1）要更加坚定推动民营经济大发展新发展。"十二五"时期，贵州省民营经济发展呈现出总量扩大、贡献提高、实力变强的发展趋势，民营经济对全省经济增长的贡献率超过60%，成为推动经济社会发展的生力军。全省上下要深学笃用总书记关于民营经济发展的重要讲话精神，深刻领会把握总书记的重要指示，与学习贯彻总书记在庆祝建党95周年大会上的重要讲话精神紧密结合起来，与时俱进提高对民营经济重要地位的认识，切实增强发展民营经济的自信心、责任感，更加有力有效地引领贵州省民营经济的发展实践。

（2）要更加注重以新发展理念引领民营经济发展。"十三五"时期的显著特征就是经济发展进入新常态。新常态下民营经济应该有新发展，中央大力推进供给侧结构性改革，推动民营经济走创新驱动发展之路。要全面贯彻

---

① 参见时任贵州省长陈敏尔2014年7月18日在贵州全省第二次民营经济发展大会上的讲话。

落实绿色发展理念，做好做足生态环保的文章，鼓励民营企业带头走好生态优先、绿色发展之路；要大力发展生态经济；大力推进产业生态化、生态产业化，加快培育具有环境优势的产业，构建科技含量高、资源消耗低、环境污染少的生态产业体系；要大力推进清洁生产，引导民营企业淘汰落后的技术、工艺和设备，降低污染排放。从而实现大力发展循环经济，提高资源利用效率。

（3）要更加有效地为民营经济发展营造良好环境。贵州省民营经济发展新老问题交织，老问题主要集中在融资难融资贵、办事难办事贵、用工难用工贵三个方面；新问题主要集中在有资产无资金、有政策无担当、有市场无秩序、有潜力无扶持四个方面。为此，要做好金融扶持，降低企业成本，强化政策落实；要切实提供优质服务，进一步简政放权，完善服务平台，主动对接企业需求；要切实构建新型政商关系，一方面领导干部既要坦荡真诚地同民营企业接触交往，又要同民营企业家保持清白、纯洁的关系；另一方面，企业家既要积极主动地同各级党委和政府及部门多交流多沟通，也要做到遵纪守法办企业。

三、持续完善服务体系建设

1. 设立民营经济主管部门

2004 年 9 月，贵州成立省中小企业局（省非公有制经济办公室），副厅级，设副局长 2 名，正副处长 8 名，调研员或助理调研员 4 名，下设综合处、中小企业发展处、非公有制经济处、政策法规处 4 个处。2010 年，因机构改革，贵州省经信委三定方案撤销省中小企业局，保留中小企业办公室（非公有制经济办公室）。2011 年 6 月，根据《中共贵州省委 贵州省人民政府关于进一步加快全省民营经济发展的意见》，将省经信委中小企业办公室（非公有制经济办公室）更名为省民营经济发展局，加挂省中小企业局牌子，设局长 1 名（由省经信委党组成员兼任），副局长 1 名，正副处长 6 名，下设民营经济处、中小企业处、融资服务处 3 个处。2012 年 7 月，省编办批复增加省民营经济发展局（省中小企业局）副局长 1 名。2012 年 11 月，省编办批复将原由省经信委承担的"管理信用担保和小额贷款行业"职责划转由省政府金融办承担，撤销省经信委融资服务处。

2. 建立健全各级中小企业服务中心

当前，贵州在省级、9个市州及贵安新区、88个区（市、县）都建立了中小企业服务中心，达到100多个，实现了全省全覆盖。采取政府购买服务和奖励的方式，以省、市、县三级88个中小企业服务中心为第三方，对第三方服务企业和解决问题的情况予以补贴。

贵阳市中小企业服务中心积极搭建贵阳市中小企业云平台，实施中小微企业创业创新服务电子券政策。按照国家级中小企业公共服务示范平台的建设要求，结合贵阳市小微"两创"示范基地城市示范工作的要求，中心搭建贵阳市"中小企业云平台"初步建立中小企业动态名录库、企业信息管理系统、电子券管理系统，搭建服务商城、融资超市等模块。截至2018年第一季度，云平台已有注册用户4200多家，平台会员3000多家，认证授权服务机构30多家。根据《中华人民共和国中小企业促进法》等相关规定，贵阳市出台了《贵阳市中小微企业创业创新服务电子券管理办法（暂行）》及相应的三个实施细则，依托贵阳市中小企业云平台面向贵阳市中小微企业发放电子券，用于引导鼓励企业购买云平台提供的中介服务事项，抵扣部分服务合同款。

遵义市中小企业服务中心作为贵州全省唯一兼具国家级示范生产力促进中心、国家中小企业公共服务示范平台和贵州省十佳民营经济服务机构三大品牌的中小企业服务机构，主要为中小企业提供创业辅导、信息技术咨询、技术支撑、人才引进、孵化培育、投融资、交流培训等公益性服务。一是为入驻服务机构无偿提供办公场所、全套信息化办公设备设施，免收房租水电费，包括打字、复印的纸张；二是给每家机构或企业按业绩补助部分运行经费；三是提供相关的管理咨询服务，同时针对入驻机构不同业务，不定期组织相关企业开展宣传、培训；四是加强制度化管理，要求入驻机构和企业按月汇总工作情况及业绩，并出台相关管理办法及规章制度。2017年，中心共计为全市中小企业开展技术创新、项目策划、投融资、财税、管理咨询等服务 3000 余项次、服务企业 2100 家，企业满意度达 96% 以上。

3. 提升中小企业社会化公共服务

贵州省中小企业公共服务平台网络是以省枢纽平台为核心，以"综合窗口平台+产业窗口平台"为支撑，统筹"1+10+6"的中小企业公共服务平台网络，即 1 个省枢纽服务平台、10 个（市）州及贵安新区区域性综合服务窗口平台、6 个重点产业集群窗口服务平台。为了规范其有效运转，省民营经济发展局（省中小企业局）制定了《贵州省中小企业公共服务平台网络项目建设管理办法》，并以文件形式下发给各承担单位。在文件当中，省民营经济发展局编制了窗口建设指南、考核管理办法等规章流程，制定了服务机构评级标准，根据各家服务机构在平台上资料的完整度、服务产品发布情况、开展服务对接情况等进行考评，并以积分高低形式展示给中小企业，以供中小企业选择优质的服务机构。

自 2016 年 10 月 26 日贵州省中小企业公共服务平台正式运营以来，到 2017 年底，已整合 500 余户服务机构，在线直接提供了 3000 多家（次）的中小企业服务，提供的服务产品包括：信息咨询、事务代理、产业辅导、人员培训、融资服务、技术创新、市场开拓、管理咨询等服务功能。特别是在中小企业融资难方面，该平台依托平台网络搭建了"黔贷通"政银企担一体化网络融资服务平台，截至 2017 年 12 月，与 18 家银行、10 家担保公司签订了合作协议，网上注册企业共计 1586 家，企业提交有效融资申请信息 603 条，帮助 470 家企业与银行对接，帮助企业获得银行授信 18.2 亿元，银行实际发放金额约为 15.6 亿元。此外，该平台还积极打造 P2B 互联网金融平台，为 400 多户企业提供融资额达 40 亿元。

4. 大力实施人才培育工程

为了有效衔接工信部"中小企业银河培训工程"，贵州省民营经济发展局在 2005 年开始实施"星光培训工程"和"人才培训工程"。2014 年，工信部停止实施"中小企业银河培训工程"后，将"星光培训工程"和"人才培育工程"整合为"中小企业星光培训工程"。依托"中小企业星光培训工程"，重点围绕创业技能、中小微企业员工技能、民族民间工艺技能、特色食品工艺等培训，2016 年，贵州全省共举办了 58 期培训班，安排资金 1097 万元，累计参加培训人员 12300 人（次）。2017 年，贵州省共计安排培训资金 2055 万元，培训 2.18 万人（次）。同时，贵州省还积极开展专业技术职称申报工作，2016 年共评审出民营经济组织经济、统计、工艺美术系列职称人数共计 160 人，其中高级职称 63 人、中级职称 71 人、初级职称 26 人。

5. 帮助企业拓宽销售渠道

为促进特色食品、民族民间工艺品销售，2015—2016 年，在短短两年时间内，贵州相继在省内旅游景点、高速公路服务区、机场、高铁站、火车站等挂牌设立了 182 家专销店，要求专销店必须展示、销售贵州省的特色产品。2016 年 4 月 8 日，贵州召开了全省旅游商品供需衔接会，共有 420 余家企业的 600 余人参加，200 多家企业达成合作协议，遴选多家公司建立电商平台，并组织全省饮用水企业统一上阿里巴巴、淘宝网、京东网，线上全面铺开，已有 500 余家企业与中介服务机构组织达成协定。

为了充分发挥各种展会的作用，2016 年 4 月 14 日，贵州组织了 16 家企业、60 余人，赴北京参加第八届国家高端饮用水博览会，现场签约金额 3000 余万元。2016 年 7 月 14—16 日，贵州组织了 20 余家企业到深圳参加第九届 APEC 中小企业技术交流暨展览会。2016 年 10 月 10—13 日，贵州组织了 30 余家企业、100 余人参加广州第十三届中国国际中小企业博览会，展示了贵州全省中小企业在旅游商品、特色食品、名茶、白酒、新兴产业等优势领域具有自主知识产权的亮点产品和成果。2016 年 12 月 1—3 日，贵州组织了 20 家企业、60 余人参加香港中小企业博览会。2017 年，贵州分别组织了 32 家、30 家企业参加了中国国际中小企业博览会、香港中博会，以推动"黔货出山"。

四、以"民企服务年"为抓手优化发展环境

1. 分类解决民营企业遇到的突出问题

一是确定重点服务民营企业名单。与各地区活动办反复研究，2015 年，贵州筛选了 154 户民营企业作为全省重点服务的对象，并实行"领导挂牌服

务"，各市（州）、县（市）也按要求再确定一批本级重点服务的民营企业，通过以点带面、点面结合的方式，保证服务措施落实到位。二是建立问题台账逐一解决。突出重点、兼顾全面收集民营企业存在的问题和困难，分级做好问题台账，实行问题登记、跟踪、销号管理。2015年，贵州全省共走访企业6896户，收集问题和需求共7651个，累计解决5848个，其中，融资难2603个，盈利难847个，用工难786个，审批难660个，政策落地难185个，创业难324个，准入难405个，其他38个。2016年，全年省市县三级领导深入企业开展帮扶5642次，协调解决问题3359个。2017年，省市县三级领导深入企业调研，帮助企业协调解决问题2940个。

2. 政银联手共同破解融资难题

一是部门联动搭建平台。贵州省金融办等部门积极搭建融资服务平台，引导企业开展直接融资、上市融资。2016年底，全省中小微型企业本外币贷款余额6766.9亿元，较年初增加1331.6亿元，同比增长24.5%，高出大型企业贷款余额的增幅。全省共有上市企业21家，"新三板"挂牌企业36家，"贵州省银行业服务实体经济信息平台"已有113家银行机构在线提供432种金融产品和服务。2017年10月，人民银行贵阳中心支行、贵州省经信委、贵州省财政厅等7部门联合发布了《贵州省应收账款融资专项行动工作方案（2017—2019年）》，通过推广应收账款融资破解企业融资难题，引导各类企业，特别是中小微企业开展应收账款质押融资业务。二是开办贷款保证保险。贵州保监局联合人民银行贵阳中心支行、贵州银监局于2016年5月出台了《关于积极发展贷款保证保险服务和支持小微企业的指导意见》，推动运用贷款保证保险支持民营企业发展。2016年，小贷险累计帮助130家小微企业获得融资1.19亿元，累计为62笔逾期贷款支付赔款8289万元。三是实施"引金入黔"工程。2016年，华夏银行贵阳分行开业，平安银行贵阳分行获批筹建，进出口银行总行研究决定在贵州设立分行，华融、中泰等5家证券贵州分公司开业，国元农险、永安财险贵州分公司开业。四是开展银企对接活动。2016年分别召开了农业、工业、服务业政银企对接会，金融机构与2789个项目签订了5298亿元的融资协议。其中，放款项目1982个，落实率 71%；放款金额 1774 亿元，落实率 33%。此外，还举办了电煤融资对接会，意向融资 9.65 亿元，已落实 2.5 亿元。2017 年，促进与邮政储蓄银行合作协议的落地；与人行贵州分公司以及其他省级金融机构合作，探索无抵押融资贷款，加强对应收账款、税收信用贷款业务的引导和规范；与贵州省股权交易中心合作，巡回在 9 个市（州）对 500 多家企业 1000 多人进行了培训融资培训。

3. 强化政策梳理和运用

一是梳理国家和省出台的支持民营经济发展的有关政策。2015 年，贵州印发了《扶持中小企业发展政策法规文件汇编》，并在贵州省中小企业网上登载，分送各地区以开展宣传和政策咨询工作。2015 年 9 月 30 日，贵州省活动办出台了《关于进一步破解民营经济发展"七难"问题的若干政策措施》，旨在推动贵州省民营经济发展。二是编制印发政策措施运用指南。对国家、省级出台的促进民营经济发展的若干政策措施进行梳理，并编制成《促进民营经济发展若干政策措施运用指南》，便于广大民营企业家咨询联系及查阅相关政策文件。

4. 实施"双创"工程

一是实施"3 个 15 万元"政策。根据贵州省人民政府《关于大力扶持微型企业发展的意见》相关规定，对符合扶持对象条件的微型企业，采取"3 个 15 万元"的扶持措施支持其发展，即投资者出资达到 10 万元后，政府给予 5 万元补助，15 万元的税收奖励，15 万元额度的银行贷款支持。2012—2015 年，省级层面出台配套政策文件 37 份，全省共扶持微型企业 10 万户，兑付微型企业财政补助资金 35.15 亿元，拨付（预拨）税收奖励 8853 万元，帮助微型企业贷款 42.01 亿元，免费培训微型企业创业人员 6.41 万人。2016 年共扶持微型企业 2.6 万户，带动就业 12.5 万人。其中，扶持发展微型企业 2 万多户；首次享受"黔微贷"贷款扶持 5662 户。二是持续开展科技企业成长梯队培育建设。2016 年新遴选大学生创业企业 93 家、科技型种子企业 96 家、小巨人成长企业 60 家、小巨人企业 20 家、创新型领军企业 9 家，投入后补助支持经费 11260 万元。截至 2017 年，贵州全省科技型企业成长梯队企业累计已达 802 家。三是支持贵阳市创建创业创新示范城市。2016 年，贵阳市荣获财政部、工信部授予的全国创业创新示范城市，中央财政连续 3 年补助 9 亿元；贵安新区成为当年国务院批复成立的全国首批 28 个双创示范基地之一。2017 年，贵州省共有 16 家企业被认定为省级"双创"示范基地，10 家企业获得国家级"双创"示范基地称号。2017 年贵州省经信委安排资金 180 万元支持"双创"示范基地项目 7 个，用于补贴其房租、水电等办公运行经费。

五、以政策引导民营经济趋向生态路径发展

1. 制定政策措施贯彻落实生态文明的理念

一是《贵州省促进天然饮用水产业加快发展的意见》规定，要牢固树立五大新发展理念，牢牢守住发展和生态两条底线，以贵州省优良生态资源禀赋为依托，以建设国家生态文明试验区、大数据综合试验区和内陆开放型经济试验区为契机，积极融入全省大扶贫、大数据、大生态战略行动以及大健康、大旅游等产业，强化创新发展、绿色发展、可持续发展，不断优化产业布局和产品结构，培育一批龙头企业，打造一批本土品牌，构建特色鲜明、配套完备、竞争力强的现代天然饮用水产业体系，把贵州省打造成为全国重要的优质天然矿泉水主产区、天然饮用水产业集聚区。二是《贵州省"十三五"新兴产业发展规划》提出，要坚守发展和生态两条底线，大力推进绿色、生态型新兴产业园区建设，着力发展绿色制造、绿色产品，促进优质生产要素向产业园区集聚，加快建设资源节约型、环境友好型的生态产业。三是《贵州省贯彻〈医药工业发展规划指南〉的实施方案》提出，要实施"医疗绿色发展计划"：以厂房集约化、生产洁净化、废物资源化、能源低碳化为目标，打造一批低排放绿色工厂；引导一批有条件的中药企业建设药渣循环利用加工厂，提高中药工业废弃物的综合利用水平；通过"公司+合作社+农户"模式，推广应用中药材生态生产技术。

2. 资金扶持倾向生态利用型产业和企业

2018 年，贵州省工业和信息化专项资金申报中的《民营经济（中小企

业）发展专项申报指南》专门做出规定，围绕大扶贫、大生态战略，民营经济发展项目重点支持天然饮用水、特色食品、民族民间工艺品、资源深加工等各类升级改造项目；促进中小微企业技术创新、产业升级、结构调整、承接产业转移、提高为大企业配套协作能力和市场开拓能力；贵州中小企业人才培育工程重点围绕特色食品、民族民间工艺品和旅游商品、农业产业化和"互联网+"、品牌创新等进行人才培训。

2018 年，贵州省工业和信息化专项资金申报中的《旅游商品产业发展项目申报指南》规定，民族民间工艺品及文化旅游商品的新技术应用、新产品开发及技术改造项目重点支持具有纪念性、艺术性、实用性、收藏性的旅游纪念品、民族工艺品、民族服装服饰、工艺陶瓷等各类产品的技术升级规模化生产项目，重点支持土特产品、食品、茶叶等特色产品的旅游商品转化项目。

六、以培育生态产业为民营经济新的增长点

1. 特色食品产业①

近年来，贵州省特色食品产业大力实施"三品"工程，注重结构调整、强化市场开拓，总体实现了平稳较快增长态势。一是规模持续壮大。2016年，特色食品产业工业总产值完成 692.6 亿元；工业增加值完成 212.8 亿元，同比增长 19.3%，占贵州全省规模以上工业增加值的 5.3%，同比提高0.9 个百分点，行业总体平稳。2016 年，包装饮用水及饮料工业增加值为34.4 亿元，同比增长 28.5%；精制茶工业增加值为 45.7 亿元，同比增长51.3%；其他食品工业增加值为 132.7 亿元，同比增长 31.4%。二是龙头企业不断壮大。贵州积极培育一批龙头企业，2017 年，全省共有规模以上特色食品工业企业 387 家，其中，包装饮用水及饮料企业 39 家，茶叶加工企业98 家，其他食品生产加工企业 253 家，涌现出了老干妈、黔五福、永红食品、苗姑娘、茅贡米业、夜郎蜂蜜等一批本土龙头企业。2017 年，贵州特色

---

① 当前，贵州的统计口径中，特色食品产业主要包括三个部分：茶叶、天然饮用水、农副食品。

食品产业工业总产值完成 707.99 亿元。

2. 天然饮用水产业

贵州发展天然饮用水的资源非常富集。全省地表水资源量为 1215.2 亿立方米，人均水资源量 3458 立方米。地下水资源量为 235.63 亿立方米，人均水资源量 671.7 立方米。目前，通过审评认证的矿泉水水点 95 个，矿泉水类型主要为含锶、偏硅酸的重碳酸钙镁型水，其中达到饮用天然矿泉水标准 52 个，流量达 47972.04 立方米/天；达到医疗矿泉水标准 9 个，流量达 6106.84 立方米/天；达到工业矿泉水标准 5 个，流量达 8952.16 立方米/天，为创新发展天然饮用水产业提供了良好条件。目前，全省共有桶（瓶）装饮用水企业 800 家，占全省食品生产企业的 20%，其中规模以上企业 37 家；共获专利权 30 余项，其中中国驰名商标 3 个、著名商标 21 个、名牌产品 16 个。[①] 全省从生产单一的饮用纯净水，发展成为以"汇善谷""黔山秀水"等品牌为代表的高端矿泉水产品，以"北极熊""贵州泉""飞龙雨""母乳泉""苗西南""黄果树"等区域知名品牌为代表的优质山泉水、纯净水产品逐步向优质化、多元化、功能化发展。2017 年，贵州天然饮用水产量达到 571.2 万吨，产量居全国第五位，占全国包装饮用水总产量的 6%，2017 年，总产值为 45.72 亿元。[②]

3. 茶叶产业

随着交通条件、物流条件的改善，茶产业借力"互联网+"，与电子商务、创意产业、文化旅游等融合，贵州茶产业快速发展。"十二五"以来，贵州省围绕茶园提质增效的目标，狠抓基地质量提升；同时，按照区域化、集约化、规模化的要求，推进茶园向优势区域集聚，产业基础进一步夯实。2014 年，省农委与省质监局联合，完成都匀毛尖、湄潭翠芽、绿宝石、遵义红等 10 个贵州茶叶品牌共 27 项省级地方标准的制（修）订工作，新制（修）订的标准突出品牌优势，能提升机械化、自动化生产水平，满足"初

---

① 敖鸿：《贵州水 从资源优势到经济优势》，《贵商》2018 年第 11 期。

② 《打好"生态牌" 做好"水文章"——贵州天然饮用水产业发展观察》，《贵州日报》2017 年 7 月 8 日。

制标准化、精制规模化、拼配数据化"的现代化大生产要求。① 2017 年，全省加工企业（合作社）为 4149 家，同比增长 10.3%；总产值 361.9 亿元，综合产值 567.8 亿元，同比分别增长 20.7%、13%。全省茶产业带动贫困户人口 49.85 万人，脱贫人数 16.11 万人；涉茶人员的年人均收入达到 8840 元。茶产业逐渐成为贵州山区促进农村经济发展、助推脱贫攻坚的重要产业。②

4. 民族医药产业

贵州以中药民族药产业为基础发展大健康产业，优势十分明显。全省共有中药材品种 4802 种，成就了"黔地无闲草，夜郎多良药"的美誉，孕育了品质卓越的天麻、半夏、太子参、金钗石斛、杜仲等种类繁多的中药材资源。近年来，贵州多措并举大力发展中药民族药产业。一是持续发挥科技支撑作用，推广中药材规范化种植。二是将中药材产业与扶贫增收相结合。三是将中药材产业发展与生态保护相结合。四是发挥龙头企业的资源配置和产业引领作用。③ 2017 年，贵州省中药材人工种植及野生保护抚育总面积达到 579.54 万亩，总产量 115.38 万吨；全省共有 47 个品种获得国家地理标志产品保护；贵州医药行业实现工业总产值 381.58 亿元，比上年增长 16.8%，销售产值 348.37 亿元，比上年增长 15.2%；全行业实现主营业务收入 330.84 亿元，比上年增长 17.6%，实现利润 49.54 亿元，上缴税金 26.32 亿元。④

5. 旅游商品产业

按照国际惯例和经济发展规律，旅游业一旦达到 30% 以上的井喷式增长，将会拉动第一、第二、第三产业整体发展。当前，我国人均 GDP 已超过 8000 美元，恩格尔系数持续下降到 30.6%，人们用于休闲和享受的消费显著增加。随着我国进入休闲旅游时代，加上交通和信息化的高速发展，来

---

① 《贵州省茶产业发展现状》，《理论与当代》2015 年第 12 期。
② 《2017 贵州茶园面积超过 700 万亩 居全国首位》，《贵阳晚报》2017 年 12 月 30 日。
③ 参见国务院新闻办公室网站 2017 年 8 月 8 日发布的《贵州举行 2017 年中药民族药产业统计公报发布会》。
④ 《2017 年度〈贵州省中药民族药产业统计报告〉数据发布》，《贵州日报》2018 年 8 月 29 日。

黔游客将会大幅增长，旅游消费必将大幅提升。只要能让游客"行之顺心、住之安心、食之放心、娱之开心、购之称心、游之舒心"，旅游消费潜能就能充分显现出来，旅游商品消费规模也会随之扩大。在贵州，旅游商品主要由特色食品和民族民间工艺品两个部分组成。近年来，贵州省旅游商品开发进步明显，涌现了很多既能结合贵州民族民间文化元素，又有设计研发创新能力的企业和团队，开发了不少有贵州特色的旅游商品，[1] 初步形成了以银器、蜡染、刺绣及乐器为代表的民族传统文化旅游商品和以木（竹）雕、石刻、编织品、特色食品为代表的地方特色旅游商品，旅游商品品种达 1000多个。但是，从整体上来看，贵州旅游商品产业规模还不大。据统计，旅游业发达的国家和地区，旅游商品收入一般占到旅游业总收入的 40%～50%。[2] 然而贵州省旅游商品收入占比相对较低，根据旅游商品的产值 500 亿元来看，仅占 2017 年旅游总收入 7116 亿元的 7%。

---

① 杨静：《抓实抓好供给侧结构性改革　助推我省旅游商品大发展》，《贵州日报》2016 年 3 月 24 日。

② 参见天柱县人民政府网站 2018 年 5 月 31 日发布的《重点产业招商项目：天柱县旅游小商品产业项目》。

第四章　贵州省民营经济
发展面临的问题

在肯定贵州民营经济取得显著成效的同时，我们也深刻地认识到，由于一些政府职能部门和民营企业的生态文明意识不强，市场经济体制不健全，加之民营经济起步晚、底子薄，贵州民营经济仍存在一些制约其可持续、高质量发展的问题。本书通过对民营企业调研座谈，发展现状梳理，纵横对比分析，将贵州民营经济存在的问题归纳为两个大的方面，即自身发展方面存在的问题和外部环境方面存在的问题。

第一节　贵州民营经济自身发展方面存在的问题

近年来，贵州民营经济取得了快速发展，特别是在"十二五"以来，民营经济增加值从 2010 年的 1591 亿元，占全省 GDP 的 34.63%，上升到 2017年的 7201.68 亿元，占全省 GDP 的 53.2%，7 年时间增长了约 4.5 倍，占比提高了 18.57 个百分点。但是，从整体上看，贵州民营经济在发展方式方面还有待优化，而且民营经济总量小，布局不平衡，这些问题若得不到有效解决，将会制约民营经济的健康发展。

一、从发展方式看，与生态文明理念还有差距

生态文明是由生态和文明两个概念构成的复合概念。其中，"生态"一词源于古希腊语，最早的意思指"住所"或"栖息地"，19 世纪中叶以来它

被赋予了现代的科学意义，主要是指一切生命体的生存状态，以及它们之间、它与环境之间的交错关系。"文明"则具有中国的本土性，历代以来皆有传承和记载，主要是指人类社会的开化程度和整体进步状态。从人类社会的实践活动来看，文明是人类在认识自然、改造自然的过程中沉淀下来的，它有利于增强人类对客观世界的适应和认知、符合人类精神追求的积极成果。[①]通过对生态文明的发展脉络进行分析，我们认为，生态文明有两个维度：一是历史形态维度；二是结构成分维度。

历史文明维度方面，生态文明是与原始文明、农耕文明、工业文明相并列的四大历史文明形态，是在反思传统工业文明的基础上提出和建设起来的一种文明形态。它主要强调用一种可持续发展与共生和谐的方式对待自然环境，在强调大力发展经济的同时，更加重视生态效益，改善人与自然的关系。它要求从经济、政治、文化、制度等各个层次对人类社会进行调整和变革，使人类社会能够同自然生态系统形成协调共存的关系。结构文明成分维度方面，生态文明是人们处理和选择自身与自然环境、自然资源的生活方式，是与物质文明、政治文明和精神文明、社会文明相并列的另一种文明内容。[②]人类的实践活动包括物质生产实践、精神生产实践、社会关系实践和生态生产实践。人类的四大实践对应产生了：物质文明、政治文明和精神文明、社会文明和生态文明。从结构文明来看，生态文明是指以人与自然的和谐相处为核心，充分遵循自然发展规律、社会发展规律、人自身发展规律，合理开发利用自然资源，保护和治理环境，建立可持续的生产方式，从而实现自然生态的再生产与经济社会再生产的良性循环和协调发展。[③]实际上，历史文明维度可视为广义，结构文明维度可视为狭义。

1. 生态文明和环境保护的意识不强

虽然贵州省委、省政府出台了一系列政策措施以贯彻落实生态文明理

---

①② 沈满洪、谢惠明、余冬筠：《生态文明建设从概念到行动》，中国环境出版社 2014 年版，第 3 页。刘菁：《奥康纳 "生态学马克思主义" 思想研究》，西安理工大学，2010 年。

③ 国务院发展研究中心课题组：《生态文明建设科学评价与政府考核体系研究》，中国发展出版社 2014 年版，第 6 页。

念，但是贵州省部分领导干部却盲目乐观，不仅没有充分认识到贵州作为喀斯特地貌的典型地区，其生态环境具有严重的脆弱性，一旦遭到破坏将难以修复，而且没有真正守住生态与发展两条底线，生态让位于经济发展的现象时有发生。例如，2017 年，中央第七环境保护督察组督察发现，瓮安县政府在瓮安河总磷污染已严重超标的情况下，仍同意在瓮安工业园内新建大型磷化工企业，结果导致瓮安河支流白水河水质进一步污染。① 部分民营企业的生态环保意识不强，未能正确处理生产经营与环境保护的关系，只看到短期利益看不到长远利益，过于关注自身收益忽视社会责任。例如，贵阳市南明区老干妈风味食品公司油烟污染扰民、黔南州鱼洞河煤矿废水污染等问题长期存在（见表 4-1），贵州民得利农业生态发展公司和贵州金科达农业生态发展公司在阿哈水库一级保护区违法设立渣土场。②

表 4-1 2017 年中央第七环境保护督察组督察贵州反馈的破坏环境的案例

序号	案 例
1	安顺市普定县违反《水污染防治法》，同意在火石坡水库饮用水水源保护区内建设兴东民族健康产业园
2	2017 年一季度，乌江干流沿江渡、大乌江镇、乌杨树断面总磷浓度同比上升 20.2%、26.0%、44.1%，清水江干流旁海断面水质由 2016 年同期的Ⅱ类下降到Ⅳ类；乌江支流瓮安河、洋水河、息烽河以及清水江支流重安江长期为劣Ⅴ类水体
3	2011 年 7 月至 2013 年 4 月，清镇农牧场违法在红枫湖二级保护区建成 14 栋别墅共计 9500 平方米，直到督察组进驻后，贵阳市政府才组织强制拆除
4	2011 年 8 月至 2016 年 8 月，贵州省林东矿业集团未经批准，在百花湖二级保护区违法建设 33 栋住房，已经部分入住，当地政府及有关部门监管没有到位
5	2013 年以来，贵州民得利农业生态发展公司和贵州金科达农业生态发展公司在阿哈水库一级保护区违法设立渣土场，累计倾倒渣土 21 万多吨、淤泥 3 万多立方米
6	贵阳市每天超过 40 万吨生活污水超标排放进入南明河，南明河流经贵阳市区后水质由Ⅱ类降为劣Ⅴ类

①② 参见环境保护部 2017 年 8 月 1 日发布的《中央第七环境保护督察组向贵州省反馈督察情况》。

序号	案　例
7	遵义市城区大量生活污水溢进湘江河，湘江河打秋坪断面水质由 2015 年的Ⅲ类逐步降至 2017 年一季度劣Ⅴ类
8	毕节市赫章县城市生活垃圾填埋场因污染扰民等问题于 2011 年 11 月停运，此后 20 余万吨县城生活垃圾临时堆放，无任何污染防治措施
9	贵州省 107 个省级及以上工业园区有 33 个依托城镇生活污水处理厂处理废水，其中 13 个因管网未建而无法正常运行；已建成污水集中处理设施的 82 个园区，因配套管网建设不到位，有 42 个不能正常运行
10	贵州龙里经济开发区谷脚片区位于贵阳市汪家大井饮用水水源准保护区，未按照要求建成污水集中处理设施及配套管网，涉水企业违法排污时有发生，给饮用水安全造成风险
11	铜仁市全市 25 座历史遗留汞渣库仅 7 座建有渗滤液收集处理设施，全市 35 座锰渣库多数防渗措施不到位，其中松桃县锰渣集中处置库巴汤湾工程未建成，导致该县 10 个渗漏渣场锰渣不能及时转移，对松桃河水质造成污染
12	威宁县规划、国土、住建等部门违法批准中国草海国际养生基地房地产项目，在草海国家级自然保护区内建设商品房和酒店，侵占保护区实验区面积 60 亩
13	六盘水市旗盛煤焦化公司违反产业准入政策"批大建小"，污染防治设施简陋，污染物超标排放问题严重
14	黔西南州兴仁县登高铝业有限公司未经核准，擅自新建 20 万吨/年电解铝过剩产能项目
15	贵阳市南明区老干妈风味食品公司油烟污染扰民、黔南州鱼洞河煤矿废水污染等问题长期存在

2. 生态利用型产业还处于初始阶段

生态环境良好、自然资源丰富是贵州省一大优势。在生态可承受范围内，通过可持续开发、利用和经营，把生态环境优势转变为产业优势，是贵州省民营经济发展的重要内容。近年来，贵州虽然注重发展天然饮用水产业、茶叶产业、特色食品产业、旅游商品产业、大医药大健康产业等生态利用型经济，但是这些产业总体上还存在以下问题：一是产业总体规模还比较

"小"。2017 年,贵州天然饮用水总产值才 45.72 亿元;贵州茶叶种植面积虽然全国第一,但是茶叶产量在全国排名第 7 位,产值 361.9 亿元,仅为福建的 38.2%;农副食品加工产业总产值 300.37 亿元;旅游商品行业产值 500 亿元;医药行业实现工业总产值 381.58 亿元。二是大多处于产业链低端。大部分企业还停留在粗加工阶段,产业链条短,产业耦合度不高;不少企业对消费者的层次需求以及市场定位缺乏足够的认识和分析,产品结构差,产品更新换代慢,不能适应市场的需求变化。同时,部分企业仍然采用粗放的发展方式,现代企业制度和机制不完善,在产品质量和食品安全方面存在一定隐患。产业整体营销模式和发展方式面临重大挑战。三是品牌竞争力弱,尤其缺乏强有力的知名品牌。大部分中小企业生产集中程度低,而且技术装备和包装水平落后,技术力量和营销能力不足,极度缺乏全国知名品牌,蕴藏的优势资源未充分转化,发展潜力未充分释放,并未集中形成真正的"贵州名片"。整体性的固定资产投入和流动资金不足成为制约中小特色食品企业发展的瓶颈。

3. 自然资源型行业占据民营工业半壁江山

"十二五"以来,虽然贵州经济发展增速一直位居全国前列,但发展方式与发展质量还有待进一步优化。2013 年,贵州能耗强度是全国的 2.15 倍,工业固体废物综合利用率低于全国平均水平,发展方式较为粗放。[①]《2018 年贵州省统计年鉴》第十二部分"资源环境"的统计数据显示,2017 年贵州省工业固体废物产生量 9352.99 万吨,综合利用量 5200.61 万吨,处置量 2747.32 万吨,工业固体废物综合利用率 54.7%,综合利用率低于 2012 年的 60.9% 以及 2015 年的 59.8%(见表 4-2)。2016 年,贵州省民营经济规模以上工业分行业来看,煤炭行业占工业总产值的 16.08%,建材业占比 14.5%,冶金行业占比 10.4%,化工行业占比 9.69%,有色行业占比 5.1%,这些行业占比共计为 55.77%(见表 4-3)。2017 年,贵州省民营经济规模以上工业

---

① 参见国家发改委网站 2014 年 6 月 5 日发布的《关于印发贵州省生态文明先行示范区建设实施方案的通知》。

分行业来看，煤炭行业占工业总产值的 17.24%，建材业占比 15.37%，冶金行业占比 7.28%，化工行业占比 8.23%，有色行业占比 4.23%，这些行业占比共计达到 52.35%。① 可见，自然资源型行业在民营经济中占比较大（见表 4-4）。

表 4-2　2012—2017 年贵州固体废物生产及处理情况

指标	2012	2013	2014	2015	2016	2017
工业固体废物产生量（万吨）	7835.25	8194.05	7394.22	7054.93	7753.01	9352.99
工业固体废物综合利用量（万吨）	4838.75	4135.41	4312.91	4299.36	4529.77	5200.61
工业固体废物处置量（万吨）	2067.44	2275.60	1382.22	1897.21	2043.83	2747.32
工业固体废物综合利用率（%）	60.9	50.5	56.9	59.8	58.1	54.7

资料来源：贵州省统计局、国家统计局贵州调查大队编：《贵州统计年鉴2017》《贵州统计年鉴2018》。

表 4-3　2016 年贵州省民营经济规模以上工业分行业主要指标

行业名称	工业总产值（万元）	工业销售产值（万元）	工业增加值（万元）	同比增长（±%）
全省合计	82396233	80429846	23678965	14.1
煤炭	13255482	13202162	5287911	-0.7
电力	449162	449125	171357	38.4
白酒	4861901	4492264	2997735	14.8
化工	7987680	7816280	1619841	12.7
有色	4190343	4143975	1393700	12.3
冶金	8586035	8483139	1923648	16.3
装备制造	13288450	12928498	2800695	36.8
建材	11929437	11677826	2683027	21.0
新兴	4335960	4237377	773252	100.8
医药	4367163	3995849	1163614	10.3

① 参见贵州省统计局、贵州省民营经济发展局撰写的：《2016 年全省民营经济运行动态分析报告》《2017 年全省民营经济运行动态分析报告》。

行业名称	工业总产值（万元）	工业销售产值（万元）	工业增加值（万元）	同比增长（±%）
食品	6925990	6742517	2036583	20.1
其他	5921561	5866945	1530702	23.7

注：本表统计口径为年主营业务收入 2000 万元及以上的工业企业。

资料来源：贵州省民营经济发展局：《贵州省民营经济运行动态分析报告（2016 年 12 月）》。

表 4-4　2017 年贵州省民营经济规模以上工业分行业主要指标

行业名称	工业总产值（万元）	工业销售产值（万元）	工业增加值（万元）	同比增长（%）
全省合计	81312439	79180088	22988410	10.3
煤炭	14171139	14108721	5644606	-3.3
电力	396634	395972	156447	27.2
白酒	4503379	4260349	2413063	11.9
化工	6689936	6567438	1381836	3.0
有色	3441635	3328495	894019	2.7
冶金	5922869	5839221	1417648	1.8
装备制造	16483269	15906941	3481256	40.5
建材	12500494	12320648	2787604	6.2
新兴	7066121	6692554	1323529	113.5
医药	4311457	3864215	1246119	17.8
食品	7079867	6839923	2181714	14.2
其他	5072780	5014255	1301725	12.2

资料来源：贵州省民营经济发展局编：《贵州省民营经济运行动态分析报告（2017 年 1—12 月）》。

二、从经济总量看，与发达地区相比差距甚大

（1）从民营经济增加值来看。2016 年，广东省民营经济增加值 42578.76 亿元，江苏省达到 42000 亿元，四川省为 19863.3 亿元，重庆市为 8760.5 亿元，而贵州省民营经济增加值为 6097.08 亿元，仅为同年广东省的 14.2%，江苏省的 14.4%，四川省的 30.5%，重庆市的 69.17%。2017 年，

广东省民营经济增加值 48339.14 亿元，山东省达到 36896 亿元，河北省为 24406.4 亿元，重庆市为 9832.61 亿元，而贵州省民营经济增加值为 7201.68 亿元，仅为同年广东省的 14.9%，山东省的 19.5%，河北省的 29.5%，重庆市的 73.24%。可见，贵州民营经济发展速度虽较快，但是总量偏小。

（2）从民营经济市场主体来看。2016 年，广东省民营经济市场主体 872.5 万户，增速 15.3%；江苏省为 669.36 万户，增速 16%；四川省为 436.6 万户，增速 9.5%；重庆市为 207.2 万户，增速 10.9%；贵州省为 209.57 万户，增速 15.2%。贵州省民营经济市场主体数量仅为同年广东省的 24.02%，江苏省的 31.31%，四川省的 48.0%。2017 年，广东省民营经济市场主体 999.82 万户，增速 14.59%；山东省为 771.5 万户，增速 14.01%；河北省为 458.36 万户，增速 16.01%；重庆市为 232.6 万户，增速 12.26%；贵州为 236.95 万户，增速 13.55%。贵州省民营经济市场主体数量仅为同年广东省的 23.70%，山东省的 31.71%，河北省的 51.70%、与重庆市持平。可见，贵州民营经济市场主体数量远少于其他地区。

（3）从民间固定资产投资来看。一是基数小。2016 年，广东省民间固定资产投资 20504.39 亿元，增速 13.5%；江苏省为 34000 亿元，增速 6.8%；重庆市为 8858.5 亿元，增速 11%；贵州省为 4951.24 亿元，增速 2.6%。贵州省民间固定资产投资仅为同年广东省的 24.14%，江苏省的 14.56%，重庆市的 55.89%。2017 年，广东省民间固定资产投资 23158.46 亿元，增速 12.9；山东省为 44667.8 亿元，增速 2.1%；河北省为 33406.8 亿元，增速 5.2%；重庆为 9522.88 亿元，增速 13.5%；贵州省为 5381.8 亿元，增速 8.7%。贵州省民间固定资产投资仅为同年广东省的 23.24%，山东省的 12%，河北省的 16.11%，重庆市的 56.52%。

二是增速下滑。2016 年，贵州民间固定资产投资增速 2.6%，2017 年增速 8.7%，明显低于同期民营经济增加值的增速，下滑的原因可以从投资分布情况来解析。2017 年，贵州省民间固定资产投资中，第一产业投资 277.6 亿元，比上年增长 30.0%，第二产业投资 1761.7 亿元，比上年增长 4.6%，第三产业投资 3342.5 亿元，比上年增长 9.7%（见表 4-5）。受民营房地产业和民营工业投资增速放缓的影响，贵州省民间投资增速回落。

表 4-5　2017 年 1—12 月贵州省民营经济固定资产投资

指标	全省合计（亿元）	同比增长（%）
合计	5381.8	8.7
一、按登记注册类型分		
私营	2781.6	4.2
集体	52.8	14.5
股份合作	12.9	−24.5
集体联营	1.2	−59.9
其他联营	0.7	−68.2
其他有限责任公司	1927.7	11.9
股份有限公司	164.6	17.2
其他内资	210.9	79.7
个体经营	229.3	−62.8
二、按行业分		
第一产业	277.6	30.0
第二产业	1761.7	4.6
工业	1741.1	4.3
建筑业	24.1	44.5
第三产业	3342.5	9.7
交通运输、仓储和邮政业	122.8	21.3
批发和零售业	203.7	24.5
住宿和餐饮业	162.1	31.7
金融业	13.1	47.9
房地产业	2026.2	0.3
其他服务业	814.5	27.0

资料来源：贵州省民营经济发展局：《贵州省民营经济运行动态分析报告（2017 年 1—12 月）》。

三是占比较低。贵州省民间固定资产投资仅占全省固定资产投资的

35.18%，低于全省民营经济增加值 53.2% 的占比，低于全国民间固定资产投资 60.4% 的占比。部分市州甚至出现了负增长现象，例如，黔西南州 2016年完成民间投资 292.8 亿元，2017 年下降为 227 亿元。民间固定资产投资的规模是衡量民营经济发展程度的方向标，但是贵州省面临固定资产投资增速下降的趋势，投资信心不足，并且投资增速远低于民营经济增加值的增速，从长远来看，投资不足必将严重影响民营经济增加值的增速（见表 4-6、表 4-7）。

表 4-6 2016 年贵州与广东、江苏、四川、重庆、云南民营经济发展情况比较

指标比较 \ 地区	民营经济增加值及增速（亿元，%）	民营经济主体及增速（万户，%）	民营经济增加值占比（%）	民间固定资产投资及增速（亿元，%）
贵州	6097.08，17	214.3，15.2	52	4951.24，2.6①
广东	42578.76，7.8	872.5，15.3	53.6	20504.39，13.5
江苏	42000，8.1	669.36，16	55.2	34000，6.8
四川	19863.3，8.1	436.6，9.5	60.8	14300，5.7
重庆	8760.5，12.1	207.2，10.9	49.9	8858.5，11
云南	6967.8，9.9	248.4，10.1	46.9	5380.39，-4.1

资料来源：广东省相关数据来源于广东统计信息网；《2016 年广东民营经济增加值突破四万》；《2016 年广东固定资产投资运行情况分析》《党的十八大以来广东民营经济蓬勃发展》；江苏省相关数据来源于《2016 年全省民营经济保持平稳、健康发展》，载江苏省人民政府网，2011-02-21；四川省相关数据来源于《2016 年四川省国民经济和社会发展统计公报》《四川统计年鉴 2016》；重庆市相关数据来源于《2016 年重庆民营经济亮点纷呈》，载《中华工商时报》，2017-05-22；云南省相关数据来源于：《云南出台"双十条"护航民营经济》《云南省 2016 年国民经济和社会发展统计公报》。

---

① 贵州省《2017 年全省民营经济运行动态分析报告》显示："2017 年全省民间固定资产投资（统计口径为总投资 500 万元及以上固定资产项目投资和房地产开发项目投资）5382 亿元，比上年增长 8.7%。"但是，贵州省《2016 年全省民营经济运行动态分析报告》显示："2016 年全省民间固定资产投资（统计口径为总投资 500 万元及以上固定资产项目投资和房地产开发项目投资）5395.5 亿元，比上年增长 11.9%。"显然，这两个报告的数据相互矛盾。本书以《2017 年全省民营经济运行动态分析报告》为基准，对 2016 年的民间固定资产投资数据予以修正。

表 4-7　2017 年贵州与广东、山东、河北、重庆民营经济发展情况比较

指标比较 地区	民营经济增加值及 增速（亿元，%）	民营经济主体及 增速（万户，%）	民营经济增加值 占比（%）	民间固定资产投资及 增速（亿元，%）
贵州	7201.68，16.49	242.97，13.55	53.2	5382，8.7
广东	48339.14，8.1	982.54，12.6	53.8	23158.46，12.9
山东	36896.0，7.2	771.5，14.01	50.77	44667.8，2.1
河北	24406.4，7.0	458.36，16.01	67.9	25577.0，6.4
重庆	9832.61，9.9	232.6，12.26	50.5	9522.88，13.5

资料来源：广东省相关数据来源于广东统计信息网：《2017 年广东民营经济增加值占比 53.8%》《2017 年广东固定资产投资增长 13.5%》，广东省市场监督管理局（知识产权局）网：《2017 年广东市场主体发展情况及分析》；山东省相关数据来源于《2017 年山东省国民经济和社会发展公报》《山东省统计年鉴 2018》；河北省相关数据来源于《河北省 2017 年国民经济和社会发展统计公报》《从数据中看河北 2017 年民营经济总体发展情况》，河北新闻网，2018－05－21；重庆市数据来源于《2017 年重庆市国民经济和社会发展公报》。

（4）从民营经济主体龙头企业来看。全国工商联发布的全国民营经济 500 强企业名单中，2012 年贵州仅有一家入围，贵阳宏益房地产开发有限公司排名第 122 位，2015 年该公司排名为第 482 名。2016 中国民营企业 500 强榜单中，浙江共有 134 家民营企业入围，占据多数席位，而相邻的四川省有 13 家入围，云南有 3 家入围，重庆有 12 家入围，而贵州省民营企业未有一家上榜。2017 中国民营企业 500 强榜单中，入围门槛继续增长，达到 156.84 亿元。华为投资控股有限公司、苏宁控股集团有限公司、正威国际集团有限公司分别以 6036.21 亿元、5578.75 亿元、4917.99 亿元的营业收入位列前三，其中席位较多的是：浙江省 93 家、江苏省 86 家、山东省 73 家、广东省 60 家，周边省市为：重庆市 14 家、四川省 8 家、湖南省 7 家、云南省 1 家，贵州未见上榜。[1] 可见，虽然贵州民营经济取得长足发展，但是缺乏在全国具有竞争力和影响力的大企业支撑。

---

[1]　参见央视网 2018 年 8 月 29 日发布的《全国工商联发布 2018 中国民营企业 500 强名单》。

三、从经济布局看，区域发展有待进一步优化

1. 各市（州）民营经济增加值分布不平衡

从近年来各市（州）的民营经济增加值来看，贵阳市、遵义市、毕节市、六盘水市一直位列前 4 位，少数民族自治州地区排名比较靠后。2017年，贵阳市民营经济增加值达到 1927 亿元，遵义市为 1501.01 亿元，毕节市为 1049.71 亿元，六盘水市为 838.8 亿元，铜仁市为 676 亿元，黔南州为694 亿元，黔西南州为 587 亿元，安顺市为 538.05 亿元，黔东南州为 494.30亿元。排名第一的贵阳市是排名靠后的黔东南州的 3.9 倍。从增速来看，2017 年，增长最快的为黔西南州（增速 29.18%），增长最慢的为黔东南州（增速-3.27%），出现负增长，在贵州各市州中首次出现，值得关注，为此，黔东南州的总量排名下滑 2 位，名列末尾（见表 4-8）。

表 4-8　2014—2017 年贵州各市（州）民营经济的发展数据①

2014 年		
地区	本地区民营经济增加值（亿元）	比上年增长（%）	民营经济增加值占 GDP 比重（%）
贵阳市	1280	22	51.00
遵义市	954.84	19.84	50.94
六盘水市	549.23	24.62	52.67
安顺市	327.64	25.6	63.00
毕节市	625	22.5	49.41
铜仁市	379.18	29.9	56.00
黔东南州	370.85	16.1	52.80
黔南州	408	34.21	50.90
黔西南州	315.23	43.3	47.20

---

①　这些数据主要来源于贵州省各市（州）调研上报以及各市州对外公开的数据，故相加的总额与贵州省统计局统计的数据有差距。

2015 年			
地区	本地区民营经济增加值（亿元）	比上年增长（%）	民营经济增加值占 GDP 比重（%）
贵阳市	1370	20.2	52.50
遵义市	1113.66	16.68	51.36
六盘水市	660.97	20.34	55.03
安顺市	400.29	22.17	64.00
毕节市	780	24.8	51.48
铜仁市	512.5	35.16	59.00
黔东南州	437.62	14.1	53.90
黔南州	496.42	21.48	54.98
黔西南州	395.7	25.5	50.28

2016 年			
地区	本地区民营经济增加值（亿元）	比上年增长（%）	民营经济增加值占 GDP 比重（%）
贵阳市	1681.15	15	53.20
遵义市	1164.93	4.6	51.56
六盘水市	742.82	12.38	56.54
安顺市	483.91	18.85	68.99
毕节市	890	14.1	54.70
铜仁市	603	17.65	61.00
黔东南州	511.03	13.5	54.40
黔南州	582	17.2	56.87
黔西南州	454.4	8.9	52.20

2017 年			
地区	本地区民营经济增加值（亿元）	比上年增长（%）	民营经济增加值占 GDP 比重（%）
贵阳市	1927	14.21	54.50
遵义市	1501.01	28.85	56.00
毕节市	1049.71	17.94	57.00
六盘水市	838.8	12.9	57.40
黔南州	694	19.24	59.80

地区	2017 年		
	本地区民营经济增加值（亿元）	比上年增长（%）	民营经济增加值占 GDP 比重（%）
铜仁市	676	12.1	63.00
黔西南州	587	29.18	55.00
安顺市	538.05	11.19	65.50
黔东南州	494.30	-3.27	47.53

资料来源：根据第三章第二节数据整理而成。

贵州民营经济中，民营工业相对占比较大，在副食品加工、食品制造、化工产品、医药以及装备制造业方面都位列各地区之首。遵义在茶产业及饮料制品行业位居第一，具有较为显著优势的行业还有采掘业、食品加工和装备制造。毕节在装备制造业方面也有较为明显的优势。六盘水的重工业占比最大，即基本以重工业为主。六盘水、毕节、黔西南、黔南的民营经济均以重工业为主。[①]

贵阳市资金相对充足，劳动力素质高；六盘水自然矿产资源丰富，工业基础雄厚，人力成本低廉；遵义依托周边地区，贸易繁荣。遗憾的是，由于贵州缺乏规模经济的整体规划和协调配合，各个地区都各自为政，没有形成各区域中心城市的带动辐射效应。从总体上看，贵州民营经济区域发展差距明显、发展失衡，不利于全省民营经济综合实力的提升。[②]

2. 民营经济产业结构转向与当前国家产业导向不符

从贵州民营经济各产业的增加值总量来看，三个产业近十余年以来总体呈上升态势，第一产业从 2006 年的 86.20 亿元增加到 2017 年的 1150.26 亿元，第二产业从 2006 年的 322.81 亿元增加到 2017 年的 2920.34 亿元，第三产业从 2006 年的 314.62 亿元增加到 2017 年的 3131.42 亿元（见表 4-9）。

---

①② 杨静、吴大华：《贵州蓝皮书：贵州民营经济发展报告（2015）》，社会科学文献出版社 2016 年版，第 13-14 页。

表4-9　2006—2017年贵州省民营经济各产业增加值

年份	第一产业（亿元）	第二产业（亿元）	第三产业（亿元）
2006	86.20	322.81	314.62
2007	101.77	380.81	421.45
2008	134.80	472.35	545.27
2009	139.77	525.39	629.94
2010	165.63	647.31	770.82
2011	197.77	856.50	1049.71
2012	378.24	1128.85	1252.31
2013	508.27	1500.89	1484.36
2014	655.34	2010.34	1609.70
2015	939.38	2352.97	1953.84
2016	1057.51	2479.52	2583.16
2017	1150.26	2920.34	3131.42

资料来源：2006—2011年数据来源于《贵州统计年鉴2012》"23-1非公有制经济生产总值"；2012—2015年数据来源于《贵州统计年鉴2016》"24-1民营经济增加值"；2016—2017年数据来源于《全力促进贵州民营经济高质量发展》，载贵州省工业和信息化厅网，2018-11-27。

从贵州民营经济分产业增加值占该产业增加值比重来看，三个产业近十余年来总体呈上升态势，第一产业从2006年占比22.6%提高到2017年占比56.6%，提高34个百分点；第二产业从2006年占比33.4%提高到2017年占比53.8%，提高20.4个百分点；第三产业从2006年占比31.8%提高到2017年占比51.5%，提高19.7个百分点（见表4-10）。可见，这11年间，民营经济第一产业占比提高幅度最大，第三产业占比提高幅度最小。

表4-10　2006—2017年民营经济分产业增加值占该产业增加值比重

年份	第一产业占比（%）	第二产业占比（%）	第三产业占比（%）
2006	22.6	33.4	31.8
2007	22.8	33.9	32.1

年份	第一产业占比（％）	第二产业占比（％）	第三产业占比（％）
2008	25.0	34.5	33.0
2009	25.4	35.6	33.4
2010	26.5	37.5	35.4
2011	27.2	39.0	37.7
2012	42.4	42.1	38.2
2013	45.8	45.8	38.9
2014	52.1	52.1	39.0
2015	57.3	56.7	41.4
2016	56.8	53.1	49.3
2017	56.6	53.8	51.5

资料来源：产业占比＝贵州民营经济各产业增加值；贵州各产业产值、贵州民营经济各产业增加值数据来源见上表，贵州各产业产值，来源于：《贵州统计年鉴2012》《贵州统计年鉴2018》。

从贵州省民营经济增加值各产业占比来看，近10年间有两个不同的发展阶段。第一阶段为2006—2011年，第一产业和第二产业占民营经济增加值的比例呈逐年下降趋势，2006年三大产业占比为11.91：44.06：43.48，到2011年三大产业占比发展为9.4：40.71：49.89，这期间的变化符合国家政策关于大力发展第三产业转换的要求。第二阶段为2011—2015年，第一产业和第二产业占民营经济增加值的比例呈逐年上升趋势，2011年三大产业占比为9.4：40.71：49.89，到2015年三大产业占比发展为17.31：44.85：37.24（见表4-11）。这期间，第一产业占比上升的原因可能是，国家在2011年出台了很多支持农业农村发展的优惠政策，第三产业占民营经济总量的比例锐减了12.65个百分点，这一趋势不符合国家产业发展导向。到2017年，三大产业占比有所调整，为15.97：40.55：44.60，较2006年而言，第三产业占比变化不大，只是第二产业向第一产业做了转移。

表 4-11　2006—2017 年贵州省民营经济增加值各产业占比

年份	第一产业占比（％）	第二产业占比（％）	第三产业占比（％）
2006	11.91	44.06	43.48
2007	11.26	42.12	46.62
2008	11.7	40.99	47.42
2009	10.79	40.57	48.64
2010	10.45	40.87	48.67
2011	9.4	40.71	49.89
2012	13.71	40.91	45.38
2013	14.55	42.96	42.49
2014	15.33	47.02	37.65
2015	17.31	44.85	37.24
2016	17.34	40.67	42.37
2017	15.97	40.55	44.60

资料来源：根据表 4-9 相关数据整理而成。

3. 行业分布相对集中于传统行业，且产业链短，技术含量不高

从分布来看，贵州民营经济分布在采掘业，装备制造业，化学原料和化学制品制造业，酒、饮料和精制茶制造业，农副产品加工业，食品制造业，医药制造业，文教、工美、体育和娱乐品制造业，交通运输、仓储和邮政业，批发和零售业，住宿和餐饮业，建筑业和民办教育 13 个行业。总体来看，2011—2012 年，贵州民营经济发展的重点行业基本上都呈现爆发式增长，年均增速均达"两位数"以上。但是，进入 2013 年后，由于受国家经济下行的大环境影响，贵州民营经济发展呈现回落态势，且因行业而异。①从集中度来看，贵州民营企业很大程度上集中在矿产资源开采、能源、农产品资源、冶炼、农副产品加工、食品加工、房地产等传统产业，在医药、旅游商品、商贸流通、新材料、软件业、动漫产业、现代服务业等新兴产业中

---

① 杨静、吴大华：《贵州蓝皮书：贵州民营经济发展报告（2015）》，社会科学文献出版社 2016 年版，第 17-18 页。

虽有分布，但这些行业总体上还处于培育阶段。民营经济分布集中的行业存在产品技术含量低、产业链短，集群优势不突出，产业优势不突出，缺乏行业支撑等问题，特别体现在配套不完善，科研开发投入和创新能力不足，企业集团化和产业集群化程度不高等方面。[①]

四、从体制机制看，市场经济体制不完善

1. 民营经济发展有赖于市场经济体制的完善

中国经济体制改革的目标是建立社会主义市场经济体制。市场经济体制的优势在于，它以理性经济人作为出发点，具有内生的激励机制和持续发展的动力。以此为核心的经济制度，能够有效地配置社会资源，并通过"看不见的手"把个人利益"加总"为社会利益，实现社会福利最大化。尤其是它能够通过市场机制的自发作用，发现交易对象，形成价格、传递信息，从而节约交易费用，大大提高制度运行效率。[②]

民营经济是社会主义市场经济中最活跃的部分，它与市场经济有一种天然的内在联系。一方面，民营经济发展有利于完善市场经济体制。它既是经济与效益增长的主要推动力量，又是市场经济的先行者，其发展推动了生产要素的市场化，对经济效率的提高起到了积极作用。另一方面，市场经济体制又反过来促进了民营经济发展。在计划经济体制下，资源配置主要依靠行政手段调配，产品价格通过政府定价来完成，国有经济一家独大，民营经济失去生存的土壤和空间。一个国家或地区，如果不承认市场经济，就不会有民营经济的存在和发展，民营经济与市场经济的发展程度呈正相关关系。

2. 贵州市场经济体制不完善的表现

2017年，贵州民营经济增加值占贵州省经济总量的比重为53.2%，相比之下，河北民营经济增加值占全省生产总值的比重由"十一五"末的61.8%提高到67.9%，浙江民营经济增加值占全省生产总值的比重已超过64%。在

---

① 杨静、吴大华：《贵州蓝皮书：贵州民营经济发展报告（2015）》，社会科学文献出版社2016年版，第17—18页。

② 许崇正等：《民营经济发展与环境制度》，中国经济出版社2008年版，第49页。

完善的社会主义市场经济体系中，国有经济主要集中在关系国计民生、国家经济命脉的非竞争性领域，大量的竞争性领域要由民营经济来发挥主导作用。政府强调要增强国有经济的活力、控制力、影响力，但这"三力"的增强，主要不是靠垄断。2017 年，贵州民间固定资产投资 5382.0 亿元占比35.18%，这一数据，并不能证明贵州省国有经济很强大，而恰恰证明贵州民营经济还很弱，说明贵州社会主义市场经济的基本框架还没有完善起来，催生民营经济蓬勃发展的土壤、气候、环境还没有形成，民营经济自身先天不足、后天发育不良。①

贵州的经济结构，相对东部省市而言，国有经济依然处于主导地位，资源垄断、政企联姻导致自身改革创新不足；行政管理"越位""错位""缺位"还时有发生；民营经济在夹缝中生存，地位不高，空间不大，风险大，创业艰难；传统文化习俗思想观念深深影响着每一个行为主体，官本位思想，"长官"经济，封闭保守，法治不完善，信用不足，对新生事物新生力量排斥。②

贵州促进民营经济发展的市场经济体制不完善还体现在：一是民营经济主体的市场观念还比较淡薄。企业生产的产品品种较为单一、品质科技含量低、品牌知晓度不高，开拓和占有市场的意识不强、能力不足。例如，大多数旅游商品同质化严重，许多景区销售的产品都是从江浙一带批发过来的；天然饮用水产品绝大多数属于纯净水和泉水，能生产和销售高附加值矿泉水的企业并不多，在省外的市场几乎为零。二是民营经济高速发展依赖于政府政策引导以及财政资金支持。改革开放以来，特别是"十二五"以来，贵州民营经济保持了 26%左右的高位增长，主要得益于省委、省政府出台了系列扶持政策，得益于三次全省民营经济发展大会的召开，得益于每年数亿元的中小企业专项资金扶持。三是民营经济主体在市场中地位不平等。一些干部不同程度地存在着惧私、疑私、防私的观念，不能实实在在地支持民营经济发展，对民营经济在全省经济社会发展中的重要作用认识不足，在政治地

---

①② 参见栗战书在 2011 年 3 月 28 日召开的加快贵州民营经济发展大会上的讲话。

位、社会地位和经济地位上不能给予公平待遇。虽然通过商事改革，民营经济在市场准入方面已消除壁垒和障碍，但是在投资领域，民营企业要进入教育、医疗、基础设施和电力等领域，仍十分困难，"玻璃门""弹簧门"依旧存在。另外，民营企业在享受金融服务和政府招投标方面，依然存在"隐形障碍"。

五、从管理制度看，对现代企业制度不重视

现代企业制度是指以市场经济为基础，以企业法人制度为主体，以公司制度为核心，以产权清晰、权责明确、政企分开、管理科学为条件的新型企业制度。建立健全现代企业制度有利于企业的长远发展和稳定经营，是当前和未来民营企业发展的必然趋势。

1. 家族式管理模式较为普遍

美国经济学家钱德勒对家族式企业的定义是："企业创始者及其最亲密的合伙人（和家族）一直享有大部分股权。他们与经理人员维持紧密的私人关系，且保留高阶层管理的主要决策权，特别是在有关财务政策，资源分配和高级人员的选拔方面。"[①] 民营企业广泛采取家族式管理并不是决策者主观设计的结果，而是社会文化自然选择的结果。据统计，全球 65%～80% 的私人企业是家族企业，我国民营企业中 90% 以上是家族企业。贵州也不例外，贵州民营企业中家族企业的比例可能比全国平均水平还要高。家族式管理在民营企业成长初期具有一定的优势，可以提高企业的管理效率，降低企业的管理成本，节约交易费用。但是，当家族式企业完成了资本的原始积累，企业开始发展壮大后，家族式管理模式的弊端便开始暴露出来。[②] 这突出表现在：一是权力过于集中。家族式企业的管理权力往往集中在企业主手中，企业主既是资产所有者，又是资产的经营者，企业的经营管理、重大决策主要由企业主决定，不能充分发挥民主、集思广益。二是任人唯亲现象严重。家

---

① ［美］小艾尔弗曼·D. 钱德勒：《看得见的手——美国企业的管理革命》，重武译，商务印书馆 1987 年版，第 4 页。

② 李国荣、彭建松：《民营经济概论》，北京大学出版社 2008 年版，第 136 页。

族式企业在处理人际关系时往往按亲疏远近而非德才兼备，久而久之形成"近亲繁殖"，因此在组织内产生"自己人"和"外来人"两大派别。一些具有专业技术水平和管理经验的人才得不到提拔和任用，从而造成企业人才的流失和匮乏。三是管理制度缺失。家族式企业过分重视人情、对员工的管理等，而不是依赖于制度约束。①

2. 产权关系不清晰阻碍建立规范的治理结构

公司法规定："公司是企业法人，有独立的法人财产，享有法人财产权。"其中的"法人财产权"是什么呢？可以参照物权法第六十八条规定："企业法人对其不动产和动产依照法律、行政法规以及章程享有占有、使用、收益和处分的权利。"这一规定表明，公司应该拥有所有者的完整权利。② 企业产权是以财产所有权为基础，反映投资主体对其财产权益、义务的法律形式。一般情况下，产权往往与经营性资产相联系，相对于投资主体向企业注入的资本金，就在法律上拥有该企业相应的产权。③ 现代企业管理的核心是建立职业经理人制度，实现所有权和经营权的分离。其前提是，必须要以权、责、利为基础的落实为契机，明确产权边界。当前，贵州民营企业由于受家族式管理的影响，在产权关系上一直十分含糊，企业主既是企业财产的所有者，也是财产的经营者，更有甚者，将企业的财产与个人财产混淆，导致债权债务关系不清。

第二节　贵州民营经济外部环境方面存在的问题

近年来，贵州省民营经济发展局建立了民营经济发展环境评价体系，并委托贵州贵统社情民意调查中心，每年对9个市（州）和贵安新区的民营经济发展环境指数定期进行监测、调查、汇总、计算、评价。《2018年贵州省

---

① 丁兆庆：《经济新常态下民营经济发展环境研究》，经济科学出版社2015年版，第46页。
② 吴宣恭：《清晰界定公司的产权关系》，《人民日报》2008年4月21日。
③ 参见百度百科关于"企业产权"的解读（更新于2017年5月31日）。

民营经济发展环境指数调查报告》显示，贵阳市、毕节市、黔西南州环境指数列前三位，指数值相对较低的为黔东南州（见表4-12）。

表4-12 2018年分地区民营经济发展环境指数

行政区划	排位	总指数	市场准入环境指数	融资环境指数	政策落地环境指数	审批环境指数	盈利环境指数	用工环境指数	创业环境指数	市场主体增长环境指数
贵州省	—	83.14	85.19	79.02	85.05	85.98	84.13	78.05	83.24	85.15
贵阳市	1	85.83	87.58	83.20	86.98	87.77	86.48	80.71	87.18	86.80
毕节市	2	85.00	87.08	82.28	88.19	87.63	87.16	80.25	86.76	80.00
黔西南州	3	84.81	86.42	81.84	85.57	88.62	86.51	78.92	85.53	85.23
安顺市	4	84.33	87.61	80.44	86.87	88.76	84.84	78.02	85.45	81.59
铜仁市	5	83.20	85.66	78.03	87.93	86.09	83.63	77.82	82.65	84.39
遵义市	6	82.76	84.63	77.48	85.73	86.09	84.21	77.58	81.51	86.30
黔南州	7	82.29	84.14	77.98	85.77	85.89	83.53	76.87	78.53	86.16
六盘水市	8	81.36	84.28	77.77	83.12	83.92	81.77	76.13	79.34	84.24
贵安新区	9	81.01	80.63	76.15	80.11	80.23	80.20	76.70	78.57	100.0
黔东南州	10	80.28	82.10	74.02	76.47	83.63	80.13	75.67	84.51	89.59

资料来源：《贵州省民营经济发展环境指数调查报告》，载《贵州日报》2018-12-06。

对照习近平总书记在2016年全国两会上的讲话精神，民营企业遇到了"三座大山"（市场的冰山、融资的高山、转型的火山）、"五个问题"（融资难问题、市场准入问题、公共服务体系建设问题、培育大企业问题、简政放权降低成本问题）。这些问题在贵州民营经济发展中不同程度地存在，其中比较突出的问题有：

一、关于"融资难"的问题

民营企业融资贵、融资难几乎是全国乃至全世界共同面临的难题，并非贵州省独有。近年来，通过各方努力，贵州民企融资难问题虽然有所缓解，但仍在"七难"中排在前列,① 也是企业反映最强烈、破解难度最大的问题。《2018 年贵州省民营经济发展环境指数调查报告》显示,2018 年全省民营经济融资环境指数值为 79.02,低于民营经济发展环境指数 4.11,在 8 个一级指标中排倒数第 2 位。从具体分项指标看,对贷款抵押评价最低,指数值为 76.39。分地区看,相对最好的是贵阳市,指数值为 83.20;相对最差的是黔东南州,指数值为 74.02。2016 年,在贵州省民营经济发展局所召开的民营企业座谈会上,企业家们也普遍反映:"一是金融机构出于自身风险的考量,并未因相应政策措施而降低抵押担保等难以逾越的贷款门槛;二是贷款期限不匹配,长期款短期贷,手续烦琐,周转困难;三是民营企业与国有企业享受不公平待遇。银行业金融机构大都倾向于贷款给国有企业。"中国人民银行贵阳中心支行的统计数据显示,截至 2016 年 12 月末,虽然全省中小微型企业本外币贷款余额 6650.1 亿元,较年初增加 1214.8 亿元,同比增长 23.1%,但是较 2015 年 25%的增幅略有下降,全省中小微型企业贷款余额也只占全省金融机构贷款余额的 30%左右。

1. 金融机构数量偏少

2016 年,在黔银行省级分支机构及法人银行机构 150 家,许多外资银行和外省银行还没有进入贵州省。对贵州全省 88 个区县实现全覆盖的金融机构主要有:工商银行、建设银行、农业银行、中国银行,以及省内的贵州银行、贵阳银行和贵州农村信用社,在乡镇一级几乎只有农村信用社设有工作机构。民营企业可选择面还是较窄。同年,毗邻贵州的四川共有各类银行业机构 235 家、证券期货基金经营机构 414 家、保险机构 83 家、小额贷款公司 365 家、融资性担保公司 435 家、地方交易场所 12 家,远远多于贵州金融机构的数量。②

---

① 贵州开展民营企业服务年活动中,将民营经济面临的问题归类为"七难":"准入难""融资难""政策落地难""审批难""盈利难""用工难""创业难"。

② 《四川金融业以改革创新直面挑战——金融业总资产达 8 万亿元 金融机构数量中西部第一》,《四川日报》2016 年 10 月 27 日第 13 版。

2. 金融机构贷款门槛高

目前，金融机构贷款主要集中在基础设施建设领域和政府投资领域，资金流向实体经济特别是民营经济的渠道仍然不畅。金融机构为规避风险一般不愿主动给民企放贷，民企贷款难度远大于国企，只有不到30%的民企能够从银行获得贷款，民企贷款余额只占银行贷款余额的不到30%，与民营经济对经济社会的贡献不对等。银行对国有企业凭信用、汇票就可以发放大额贷款，对民营企业不仅控制放贷规模而且要求苛刻。部分民营企业专项资金项目，在获得国家支持的情况下，银行仍要求政府性平台公司出具回购担保承诺。贵州明黔农业发展有限公司负责人说："我们原来是叫明黔茶叶合作社，主要进行茶叶生产加工，因为银行对农民合作社贷款不放心，不得已才申请注册成公司向银行进行贷款融资。"①

3. 融资贷款成本高

调研显示，在金融机构，贵州全省仅有约三分之一的优质企业享受基准及基准以下利率，约三分之一的企业需要上浮10%～30%，约三分之一的企业则需要上浮50%，民营企业普遍只能享受到上浮利率贷款。②中小企业若不能提供足值担保财产时，除贷款利息外，还存在第三方收费、担保费和担保保证金等，导致企业融资贵。中小微企业贷款若要寻求与银行有特定关系的中间机构合作，徒增3%～5%的手续费，中小企业申贷成本有时达到12%～15%。

2018年4月发布的《贵州省促进民营经济发展新旧"38条"政策落实情况评估报告》中显示，银行贷款一般都较基础利率上浮70%～80%，此外对抵押物要求过于苛刻，甚至在具有符合条件的抵押物的情况下，银行仍然让借贷企业再找担保方。整个续贷手续大概需要两个月，而且目前个别银行将贷款周期缩短到了半年，即使企业还贷后银行及时续贷，一年中真正使用资金的时间也就8个月。在银行信贷得不到满足的情况下，企业只能通过民间借贷去弥补资金的短缺，有的发生民间借贷业务的企业，近3分的利息导

---

①② 参见2016年5月贵州省政府研究室撰写的《贵州省民营经济发展调研报告》。

致年融资成本高达 36%，远远超出了企业的生产利润。①

4. 信用卡融资和民间借贷风险大

民营企业要得到银行间接融资十分困难，直接融资也很困难，能够直接融资的民企不到 30%，民营企业只能通过信用卡、民间借贷甚至高利贷等方式融资。信用卡使用虽然较为方便快捷，但是年成本超过 120%，民间高利贷年利息超过 60%，资不抵债的民营企业根本无法偿还，银行及信用卡的违约金、罚金及滞纳金从月到年累计增高到 50%～100%，高利贷则利滚利无穷尽，加速民营企业的倒闭、破产。②

二、关于"政策落地难"的问题

民营企业对鼓励民营经济发展的相关政策存在知晓盲区，有些政策存在操作困难，并且有政策无资金落实等情况时有发生。2018 年 4 月，贵州省民营经济发展局委托中鼎资信评级服务公司中鼎信用研究院，就"贵州省促进民营经济发展新旧'38 条'文件落实情况"开展第三方现场评估。评估组分赴 9 个市（州）、贵安新区和 34 个省级政府部门，召开政府部门、民营企业等参加的座谈会 40 余场，对 1500 余户民营企业进行问卷调查，回收企业有效问卷 1167 份，重点考察政策执行主体（政府机构）的贯彻落实情况和政策落实主体（企业）的获得情况，并进行综合分析评估。《贵州省促进民营经济发展新旧"38 条"政策落实情况评估报告》显示：《中共贵州省委省政府关于进一步促进民营经济加快发展的若干意见》对推动民营经济结构转型升级、增强内生动力和扩大就业发挥了重要作用，总体落实评估值为71.9 分，评估为：良好，文件落实效果未达预期，整体情况呈现出政策实施初期，部门贯彻执行与企业获得存在一定差异的现象，政策的落实效果有待进一步监测与评估。其中存在的主要问题有：黔党发〔2016〕16 号文件，

---

① 参见贵州省中小企业网 2018 年 4 月 2 日发布的《贵州省促进民营经济发展新旧"38 条"政策落实情况评估报告》。

② 参见 2016 年 5 月贵州省政府研究室撰写的《贵州省民营经济发展调研报告》。

由于实施时间仅 1 年，民企对政策的知晓度不高，获得感不强，政策的执行力度不足；同时，融资难、融资贵，用工难、用工贵，土地房产办证难，拖欠工程款等具体问题仍然存在，亟待解决。①《2018 年贵州省民营经济发展环境指数调查报告》显示：被调查人员对政策知晓程度评价较低，全省总体指数值为 81.25，其中最低的为黔东南州，指数值为 72.81。

1. 政策知晓度低

一些扶持和优惠政策以及办事的具体程序，只在办公地点有公告，而通过民众使用最多的网络和广播电视渠道获取政策信息不便利。《2018 年贵州省民营经济发展环境指数调查报告》显示：通过电视、广播、报纸的渠道了解政府支持民营经济发展政策的占 54.98%；通过互联网了解的占 57.56%；通过政府部门（含政府网站）直接获得重要政策信息的占 32.34%。这反映出，电视、广播、报纸和互联网是了解民营经济政策的主要渠道。《贵州省促进民营经济发展新旧"38 条"政策落实情况评估报告》显示：政府制定的一些关于民营经济发展的政策措施，大多以文件形式下发到政府部门和国有企业，对社会公布大多采用在政府网站发布的方式。据调查统计，对于 2016 年黔党发〔2016〕16 号文件，有 37.2% 的企业不太了解，8.1% 的企业完全不了解。调查发现，一些企业家甚至是在填写调查问卷时，或者在座谈会上才首次接触本政策。

2. 部分政策可操性不强

有些政策在制定的过程中，过于照搬上级文件，或者照抄其他省市区的做法，没有进行充分的调研，结合贵州的实际情况不够，导致实施困难。例如，原扶持微企"3 个 15 万"政策申请程序复杂，限制条件多，贷款、税收奖励等配套政策难以落实，企业申报积极性低。还有的部分政策协调性不够，例如，有的项目备案核准权已经下放到县，但金融审贷、环评、部分产品生产许可证等未下放，政策对接不畅，影响项目建设和投产、达产。《贵

---

① 参见贵州省中小企业网 2018 年 4 月 2 日发布的《贵州省促进民营经济发展新旧"38 条"政策落实情况评估报告》。

州省促进民营经济发展新旧"38条"政策落实情况评估报告》还显示：26%的企业家认为政策办理过程烦琐，不愿主动去办理；22%的企业家认为政策没有吸引力，解决不到实际问题；21%的企业家认为门槛过高，享受不到。

3. 利好政策没有细化落地

当前民营经济发展遭遇政策多与政策缺失（如税率、社保费率高等）并存、惠企政策较好与政策知晓率落实度不高并存的怪象。[1] 有的在落实国家政策和省里支持民营经济的政策上短斤少两，实施政策不透明、不执行或者选择性执行，政策落地"最后一公里"问题突出。贵阳货车帮科技有限公司负责人说："国家对新能源汽车补贴标准为1∶1，但是贵州都是1∶0.5，优惠政策大打折扣。"贵州百事佳信息工程有限公司负责人曾说："国家对大数据产业上有17个点退税14个点的税收优惠，但2015年4月以来，贵阳市××区税务部门就以系统升级为由一直不落实。"[2]《贵州省促进民营经济发展新旧"38条"政策落实情况评估报告》显示：政策的执行能力不够，在已享受政策的企业中，21%的企业家反映，在某些行业、部门和地方，存在具体实施的配套措施不健全导致办事效率不高的问题；20%的企业家认为该政策没落地；16%的企业家在地方基层部门办理或咨询时得不到回应。

三、关于"审批难"的问题

贵州经过几年的简政放权，民营企业普遍反映办事程序规范了，"吃拿卡要"等现象基本没有了，但是整体的服务水平和办事效率有待进一步提高。贵州贵统社情民意调查中心发布的《2015年贵州省民营经济发展环境指数调查报告》显示：2015年下半年贵州全省审批环境指数总体得分73.59分，低于全省民营经济发展环境指数0.59分。调查反映，有些已经取消或调整的审批项目没有得到完全落实，审批监督不够，同时还存在一些许可或

---

[1]　参见湖北省人民政府网站2018年11月23日发布的《工信部促进民营经济发展工作座谈会在汉召开》。

[2]　参见2016年5月贵州省政府研究室撰写的《贵州省民营经济发展调研报告》。

审批互为前置。经过 3 年的整改，审批难问题得到一定程度的缓解，《2018年贵州省民营经济发展环境指数调查报告》显示：2018 年全省民营经济审批环境指数值为 85.98，在 8 个一级指标中排第 1 位。但是还存在这样一些问题：从 4 个分项指标看，对行政审批部门办事效率指数评价相对较低，指数值为 82.28；分地区看，审批环境指数最低的是贵安新区，指数值为80.23。另外，调研和座谈中，民营企业还反映存在以下问题：

1. 政府审批项目"减少"了，但中介审批却"增加"了

有的审批项目转移到与部门利益相关的中介部门去"审批"，有的翻新花样以大包小、套环节等形式"借壳"在其他审批事项下，实际审批环节并未减少，时间、资金等成本却增加了。特别是一些部门制定的评估、评审等中介机构垄断经营，收费高、效率低，有的甚至与行政审批人员形成利益链。贵阳首开龙泰房地产开发有限公司负责人说："北京市不核算企业建房规划指标，但贵阳市有要求，本应由市规划局核算的，却下放给下属事业单位信息中心进行收费核算。"房屋开建前有关部门要求缴纳"绿色保证金"等各种保证金，直到验收通过可以上市出售后才予以返还，流动资金被严重积压挤占。

2. 审批项目看似下放，实则继续互为前置

一些涉及多个部门的行政审批下放不同步，互为前置，这边放那边卡，这边松那边紧。有房地产开发公司反映，政府部门对民营企业，常常只设栏杆不解决问题。容积率指标规划局核算、住建局测量但互不相认，消防设施消防总队审图科审批、检验科验收但互不沟通，企业在中间左右为难，只能硬着头皮重新修建，大大增加了建设成本。贵州钓鱼台国宾酒业有限公司负责人说："我们有能力上新三板，却被有关部门卡死了。房产局不认住建局出具的正在完善土地手续的会议纪要，要求企业提供五年前建房时房梁钢筋照片等琐碎证明，房产证快一年多都没有办下来。"①

---

① 参见 2016 年 5 月贵州省政府研究室撰写的《贵州省民营经济发展调研报告》。

3. 审批不透明、效率低，层级衔接不畅

一些部门和地区权力没有摆在阳光下，办事不能做到公开、公平、公正。审批的条件和内容设置随意性大、自由裁量权大，直接导致了不公平现象。这既损害了政府信誉，也阻碍了经济发展。市、县一些行政服务大厅还没有全部发挥一站式服务的作用，审批窗口和办事机构存在不一次性告知、没有预约服务和进度公示等现象，企业反映效率低。例如，安顺市"方正黄果树"水企办理采矿权证两年未成。

简政放权和权力下放后，上面放不到要害、放不彻底，基层接不住、接不好，过渡期转移承接出现问题，形成一些服务"真空"地带。例如，固定资产投资项目的核准备案，由于工作人员不熟悉国家产业政策，导致违规核准、备案一些违反国家产业政策的项目。

四、关于"用工难"的问题

《2017 年贵州省民营经济发展环境指数调查报告》显示：随着贵州民营经济的快速发展，民营企业就业岗位在不断增加，却招不到人，尤其是一些专业人才。一些企业家反映：这些年社会平均工资增长过快，社保缴费基数不断提高，社保成本持续增加、熟手招收贵、新培养成本大、实际待遇和就业者期望值有落差，想进国企、机关事业单位的就业者居多，很多就业者对民营企业处于观望状态。贵州省近年人口红利减弱，外出务工人口较多，加之劳动力素质偏低，缺乏就业技能，高端人才又难引进，普通人才留不住。大量劳动密集型企业存在招工难的问题，例如，富士康、以晴光电、百丽鞋业等企业在 2016 年的用工缺口分别达到 6000 人、4000 人、1500 人。《2018 年贵州省民营经济发展环境指数调查报告》显示：2018 年全省民营企业用工环境指数值为 78.05，比全省民营经济发展环境指数低 5.09，在 8 个一级指标中排倒数第 1 位；从 5 个分项指标看，招收管理人才和招收技术人才评价较低，指数值分别为 73.75 和 73.61。

1. 缺少相应的基础设施建设

贵州民营企业在创业时期，基于资金困难和成本因素考虑，大多选择基础设施较为滞后的城市边角地带。贵安新区泰豪 e 时代一位负责人认为，"由于基础设施配套跟不上、招引政策不优惠，再加上企业自身接触面有限，还是很难引来名人、名企"。贵州贵安美高信息产业科技有限公司负责人说，"贵安新区基础设施建设配套不到位，企业工人居住地离工厂 17 公里，没有公交车，没有电视，没有网络，工人流失率达到 80%"。[①]

2. 未能给予人才应有的待遇

政府对民营企业经营管理人才培养不够重视，缺乏科学的评价标准和有效的激励机制，在民营企业工作的人才几乎不可能同等享有政府机关、事业单位、国有企业中的人才待遇，在人才补贴、培训和晋升方面差别巨大。朗玛信息技术股份有限公司负责人认为："发展大数据、大健康产业根本在人才，但相关政策文件却把人才放到最后作为配套措施而非主要任务来写。企业能引来优秀的企业创始人、团队带头人，但给不了人才头衔和荣誉称号，他们感受不到政府的重视。目前，政府还没有一个比较科学的民营企业经营管理人才评价标准。"[②]

3. 人工等生产成本不断攀升

据工信部中小企业局中小企业生产经营运行检测平台对全国 27 个省份及 5 个单列市 2.6 万户中小企业进行的问卷调查显示：2017 年 6 月，26.7% 的中小企业认为原材料购入价格上涨，较上年同期上升 11.2 个百分点，该比例连续 19 个月上升。2016 年 1—5 月，贵州规模以上中小工业企业主营业务成本同比增长 13.8%，高于主营业务收入 0.3 个百分点；每百元主营业务收入成本为 86.69 元，比上年同期提高 0.14 元。[③] 贵州本身属于西部欠发达地区，但是其物价水平一直高于周边的四川、重庆等地区，民营企业的生产成本自然拉高，市场竞争力优势锐减。2015 年，贵阳市民营企业人力成本同比增长 15% 以上。贵州永红食品有限公司负责人说："现在经济在下行，生产成本却在上行，企业原材料成本上升 1000 多万元、人工成本增加 1000 多

[①②] 参见 2016 年 5 月贵州省政府研究室撰写的《贵州省民营经济发展调研报告》。

[③] 参见工信部总工程师张峰 2017 年 8 月 9 日在全国中小企业座谈会上的讲话：《坚定信心 扎实工作 努力推动中小企业工作再上新台阶》。

万元，实行'营改增'后政府补贴的 1000 多万元也没有了。2016 年成本将比 2015 年增加 3000 多万元，企业成产经营更加困难。牛肉干属于快消品，但是贵州高速公路隧道和桥梁多，平均每公里过路费高达 8 角，广州仅为 4 角，物流成本相对较高。"① 据贵州省统计局通报，2016 年全省城镇私营单位就业人员年平均工资 39058 元，与 2015 年的 36044 元相比，增加了 3014 元，同比增长 8.4%；2017 年全省城镇私营单位就业人员年平均工资 41796 元，与 2016 年的 39058 元相比，增加了 2738 元，同比增长 7.0%。可见，用工成本逐年攀升。

---

① 参见 2016 年 5 月贵州省政府研究室撰写的《贵州省民营经济发展调研报告》。

第五章 省外民营经济发展的主要做法

"它山之石，可以攻玉。"为了有效解决贵州民营经济面临的问题，有必要借鉴、学习发达地区和周边省市的主要做法。本书选取民营经济增加值总量较大的广东省和山东省，民营经济增加值占比较大的河北省，东部沿海发达地区的浙江省，地处西部又毗邻贵州的重庆市作为对照，选取这些省市对于研究贵州民营经济具有很强的参考性。

第一节 广东省民营经济发展的主要做法

广东民营经济经过近 40 年发展，总体规模不断扩大，对国民经济的支撑作用日益凸显，特别是近几年民营经济发展势头迅猛，呈现出发展速度、质量水平、地位作用等明显优于其他经济成分的领先趋势。

一、近年来广东省民营经济发展情况①

1. 民营经济主体地位进一步巩固

"十二五"时期，广东省民营经济增加值年均增长 9.4%，比全省生产总值增速高 0.9 个百分点，2015 年全省民营经济实现增加值 38846 亿元，占

---

① 参见证券时报网 2017 年 2 月 7 日发布的《去年广东民营经济增加值超 4 万亿对 GDP 贡献率达 55.5%》。

GDP 比重达 53.4%，对全省经济增长的贡献率达 53.8%，分别比 2010 年提高 10.3 个和 1.6 个百分点。①

2016 年，广东民营经济增加值突破 4 万亿元，全年实现民营经济增加值 42578.76 亿元，增长 7.8%，增幅高于同期 GDP 0.3 个百分点；民营经济占 GDP 的比重为 53.6%，比上年提高 0.2 个百分点，比 2010 年提高 3.9 个百分点，占比逐步提高；对 GDP 增长贡献率为 55.5%，提高 1.7 个百分点，拉动 GDP 增速达 4.2 个百分点。

2017 年，广东民营经济实现增加值 48339.14 亿元，按可比价计算，同比增长 8.1%，增幅高于同期全省地区生产总值 0.6 个百分点。其中，第一产业民营经济增加值 3727.94 亿元，增长 3.5%；第二产业民营经济增加值 20020.96 亿元，增长 9.8%，增幅比同期全省地区生产总值第二产业高 3.1 个百分点；第三产业民营经济增加值 24590.24 亿元，增长 7.3%（见表 5-1、图 5-1）。②

表 5-1 2013—2017 年广东省民营经济增加值及占比

年份	民营经济增加值（亿元）	增速（%）	占比（%）	对 GDP 贡献率（%）
2013	32058.76	8.8	51	53.39
2014	35070③	8.3	51.7	55.05
2015	38846	8.4	53.4	53.8
2016	42578.76	7.8	53.6	55.5
2017	48339.14	8.1	53.8	57.5

资料来源：根据广东统计信息网上公布的历年广东省民营经济增加值，整理而成。

① 参见 2016 年 3 月 28 日原广东省省长朱小丹在广东省民营经济工作座谈会上的讲话。

② 参见广东省统计局网站 2018 年 2 月 12 日发布的《2017 年广东民营经济增加值占比 53.8%》。

③ 参见广东省人民政府网站 2015 年 3 月 24 日发布的《去年粤民企对外投资猛涨 民营经济单位数增速创新高》。

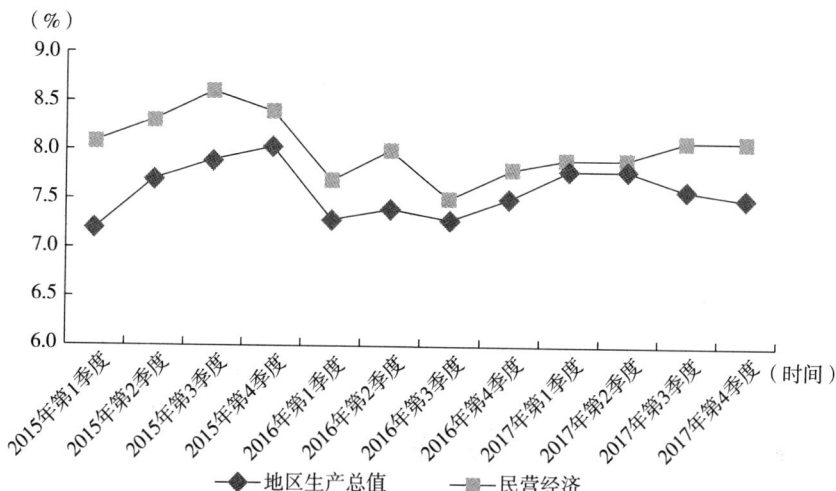

图5-1　2015—2017年广东省民营经济季度累计增速对比

资料来源：《2017年广东民营经济增加值占比53.8%》，载广东统计信息网，2018-02-12。

2. 民间固定资产投资保持高速增长

2015年，广东民间固定资产投资完成18052.95亿元，同比增长19.9%，比全省固定资产投资高4.1个百分点，占全省投资的比重为60.11%，占比同比提高0.9个百分点，对全省固定资产投资的贡献率为73.0%，拉动全省投资增长11.5个百分点（见表5-2）。从民间投资行业情况看，高技术制造业、先进制造业增长速度明显加快，占全省同行业的比重显著提高。2015年，民营高技术制造业、先进制造业完成固定资产投资760.75亿元和2280.75亿元，同比分别增长53.5%和36.3%。[①]

2016年，广东省民间固定资产投资完成20504.39亿元，增长13.5%，高于同期固定资产投资增速3.5个百分点，比全国民间投资增速高10.3个百分点，占整体投资比重达62.12%，比上年提高2个百分点，对整体投资增长的贡献率为73.0%（见表5-2）。

---

① 参见广东省统计局网站2016年4月11日发布的《2015年广东民营经济发展情况分析》。

表 5-2　2013—2017 年广东省民间固定资产投资及占比

年份	全社会固定资产投资 （亿元）及增速（%）		民间固定资产投资 （亿元）及增速（%）		占比（%）
2013	22858.53	18.3	12780.32	25.5	55.91
2014	25928.09①	15.9	15065.02	20.3	58.10
2015	30031.20	15.8	18052.95	19.9	60.11
2016	33008.86	10.0	20504.39	13.5	62.12
2017	37477.96	13.5	23158.46	12.9	61.79

资料来源：广东省统计局、国家统计局广东调查总队发布 2013—2017 年《广东国民经济和社会发展统计公报》。

　　2017 年，广东民间投资共完成 23158.46 亿元，同比增长 12.9%，增幅同比回落 0.6 个百分点（见表 5-2）。民间投资增速较快的行业有：信息传输、软件和信息技术服务业增长 69.9%，卫生和社会工作增长 49.2%，科学研究和技术发展增长 48.2%。②

　　3. 民营进出口份额大幅提高

　　2015 年，在全球经济复苏缓慢、外部需求严重不足的情况下，广东民营企业积极开拓市场，特别是注重加强与丝绸之路经济带和 21 世纪海上丝绸之路沿线国家的经贸合作，外贸出口增速显著回升，占全省出口总额比重大幅提高。2015 年，广东民营出口 2604.42 亿美元，同比增长 8.6%，增速同比提高 3.6 个百分点，比全省出口增速高 9.0 个百分点，民营出口占全省的 40.5%，占比同比提高 3.4 个百分点。③ 2016 年，广东省民营经济完成进出口 27391.54 亿元，增长 10.4%，比全省进出口增速高 11.2 个百分点。其中，民营经济出口额 17468.54 亿元，增长 8.1%，比全省出口增速高 9.4 个百分点，占全省出口总额的比重为 44.3%。

————————

　　① 参见广东省人民政府网站 2015 年 3 月 24 日发布的《去年粤民企对外投资猛涨　民营经济单位数增速创新高》。

　　② 参见广东省统计局网站 2018 年 1 月 25 日发布的《2017 年广东固定资产投资增长 13.5%》。

　　③ 参见广东省统计局网站 2016 年 4 月 11 日发布的《2015 年广东民营经济发展情况分析》。

4. 民营经济贡献进一步增强

近年来，随着国家行政审批制度改革的不断深入，大众创业环境日益宽松，创业热情进一步激发，民营单位数不断增加。2015 年末，广东民营单位数 756.78 万户，同比增长 15.1%。其中，私营企业 248.12 万户，增长 27.4%；个体工商户 492.99 万户，增长 10.4%。从户均注册资本金看，2015 年，广东私营企业、个体户户均注册资本金分别为 505.16 万元和 3.22 万元，同比增长 29.4% 和 13.0%；亿元以上私营企业有 17402 户，增长 64.6%，私营企业集团 1550 户，增长 7.6%。[①]2015 年，广东民营税收收入 8612.13 亿元，同比增长 9.9%，占全省税收的比重为 47.3%。其中，私营企业税收收入 1576.32 亿元，增长 15.9%，增速同比提高 4.2 个百分点；个体户税收收入 768.13 亿元，下降 3.6%，增速同比回落 12.0 个百分点。[②]

2016 年，广东省民营经济单位数达到 858.34 万户，增长 15.82%；从业人员 3637.8 万人，增长 20.44%，占全社会从业人员的比重超过 50%，是就业人数最多的经济类型；民营经济税收收入 9455.09 亿元，增长 9.8%，占全省税收收入的比重为 48.7%（见表 5-3）。

表 5-3　2013—2016 年广东省民营经济主体及从业人员

年份	民营经济主体（万户）及增速（%）		从业人员（万人）及增速（%）	
2013	567.18[③]	12.95	3009.71	—
2014	657.44[④]	15.9	3117	3.6
2015	741.11	12.73	3020.4	−3.1
2016	858.34[⑤]	15.82	3637.8	20.44

资料来源：根据广东省统计局发布相关数据计算而成。

---

①② 参见广东省统计局网站 2016 年 4 月 11 日发布的《2015 年广东民营经济发展情况分析》。

③ 参见广东省统计局网站 2014 年 6 月 20 日发布的《充分发挥潜力　加快转型升级提高民营经济发展水平——2008—2013 年广东民营经济发展情况分析》。

④ 参见广东省人民政府网站 2015 年 3 月 24 日发布的《去年粤民企对外投资猛涨　民营经济单位数增速创新高》。

⑤ 参见广东省市场监督管理局网站 2017 年 1 月 19 日发布的《2016 年广东省市场主体发展情况及分析》。

5. 民营经济结构持续优化发展

2015 年，从广东民营经济三大产业看，第一产业完成增加值 3287.95 亿元，增长 3.3%，增速与上年同期持平；第二产业增加值 15862.28 亿元，增长 9.4%，比上年同期下降 0.7 个百分点；第三产业增加值 19696.01 亿元，增长 8.2%，比上年同期提高 1.0 个百分点。2015 年，广东民营经济第一、二、三产业增加值占比分别为 8.5%、40.8%、50.7%，其中，第一、二产业占比同比下降 0.1 个和 0.7 个百分点，第三产业占比同比提高 0.8 个百分点，民营经济三大产业结构进一步优化。①

2016 年，广东民营经济三大产业结构为 8.5∶40.7∶50.8，第三产业比重比上年提高 0.4 个百分点，占比持续上升。三大产业民营经济增加值占对应全部经济类型增加值的比重分别为 98.3%、50.3%和 52.2%，其中，民营二产占比同比提高 1.4 个百分点，撑起第二产业半边天。从企业结构看，广东民营骨干企业数量快速增长，2016 年广东入围全国 500 强的民营企业达 50 家，较 2015 年增加 10 家，首次进入全国前三，全省新增超百亿民营大型骨干企业 16 家，总数达 96 家，远超预定目标。

2017 年，广东民营经济分产业看，三大产业结构为 7.7∶41.4∶50.9，第二产业比重比上年提高 0.7 个百分点，占比持续上升。三大产业民营增加值占全省对应产业增加值的比重分别为 98.3%、51.9%和 51.8%，其中，民营二产占比同比提高 1.5 个百分点（见表 5-4）。民营经济在农林牧渔、住宿餐饮、批发零售、房地产等行业内部仍然占据主要地位。2017 年，广东民营经济占全省地区生产总值比重较大的行业有农林牧渔业、住宿餐饮业、批发零售业和房地产业，分别为 98.2%、85.8%、71.7%和 67.0%，比重与上年相比变化不大，仍维持传统行业集聚的特点。②

---

① 参见广东省统计局网站 2016 年 4 月 11 日发布的《2015 年广东民营经济发展情况分析》。
② 参见广东省统计局网站 2018 年 1 月 25 日发布的《2017 年广东固定资产投资增长 13.5%》。

表 5-4　2015—2017 年广东省民营经济产业结构

年份	一产：二产：三产
2015	8.5：40.8：50.7
2016	8.5：40.7：50.8
2017	7.7：41.4：50.9

资料来源：根据广东统计信息网发布的历年广东省民营经济产业结构情况整理而成。

二、广东省民营经济发展的主要做法

近年来，广东省主要从优化民营企业发展环境、着力解决突出难题、不断完善公共服务体系等方面来促进民营经济发展。

1. 不断优化民营企业发展环境

2016 年 3 月 28 日，广东省委、省政府在广州召开全省民营经济工作座谈会。6 月 28 日，广东省政府又在佛山召开民营经济工作现场会。两次会议的召开，提振了全省民营企业的发展信心，凝聚了全省各地各部门促进民营经济发展的合力。8~9 月，广东省政府督查组对各地市促进民营经济大发展政策的落实情况开展了专项督查。同时，"关于进一步完善我省民营经济发展环境，全力推进民营经济大提升大发展"系列提案被列为广东省政协主席督办重点提案，推动促进民营经济发展政策落实落地。

2. 进一步完善民营经济发展政策

"十二五"以来，广东省政府出台了一系列促进民营经济、中小企业发展的政策措施。例如，2015 年 1 月，广东省政府办公厅出台了《关于促进小微企业上规模的指导意见》，通过加强政策引导、分类指导和公共服务，大力提升小微企业发展质量和效益，力争到 2017 年底前，实现全省 10000 家小微企业转型升级为规模以上企业。又如，2015 年 7 月，广东省政府办公厅出台了《广东省支持小微企业稳定发展的若干政策措施》，提出了 15 条具体措施，进一步激发了大众创业、万众创新的活力，有力地促进了全省小微型企业健康稳定发展。再如，2016 年 6 月，广东省政府办公厅出台了《广东省促进民营经济大发展若干政策措施》，围绕缓解民营企业融资难融资贵、进一步放宽和规范市场准入、完善公共服务体系、扶持民营企业做大做强、优化政府服务 5 个方面提出了 25 条具体措施。

3. 着力解决民营企业融资难融资贵的问题

重点贯彻落实广东省政府《关于创新完善中小微企业投融资机制若干意见》。支持设立中小微企业风险补偿资金，截至 2016 年底，已有 21 个地市及 20 个县（区）设立了信贷风险补偿资金，中小企业信贷风险补偿机制在广东省各地级市以上已实现全覆盖，各级财政共计投入资金约 30 亿元，累计支持 4100 多家中小微企业获得贷款总额超过 300 亿元。加快中小微企业政策性融资担保和再担保机构建设，截至 2016 年底，广东省已设立或正在筹建的地市政策性融资（再）担保机构共 26 家，共计投入资本金超过 80 亿元。加大对中小微企业票据贴现支持力度，遴选并支持 3 家银行设立"广东省中小微企业小额票据贴现中心"，推动各商业银行加大对中小企业小额票据贴现力度。设立省中小微企业发展基金，重点支持符合广东省产业发展方向、成长或创新性强、掌握核心技术或资源的战略性新兴产业、现代服务业、先进制造业领域的中小微企业。

4. 不断完善中小微企业公共服务体系

打造大众创业、万众创新的新局面，推动江门、深圳 2 家国家级和广州、汕头等 6 家省级小微企业创业创新基地城市示范建设。研究制定《广东省小型微型企业创业创新示范基地建设管理办法》，新增 6 家国家小型微型企业创业创新示范基地，总数达 11 家，居全国首位。建设广东省中小企业公共服务平台网络，2016 年底入库服务机构 7718 家，服务产品 8830 项，入库咨询专家有 420 多位，均居全国前列。同时，不断完善平台网络功能，开通 968115 免费律师咨询服务热线，提供在线免费法律咨询及法律文书审核；开通管理咨询服务内容，上传咨询机构 500 家、服务产品和服务内容 500 项。实施民营企业"十百千万"培训工程，2016 年组织开展领军人才、民营企业境外等培训 90 个班次，培训人数超 1.5 万人次。积极推进小微企业上规模工作，在粤东西北地区 12 个市和惠州、江门、肇庆共 15 个市，各遴选一个促进小微企业上规模示范县，给予财政奖励，以点带面，促进小微企业上规模。

5. 务实推进中小企业对外交流合作

2016年，广东成功举办了第十三届中国国际中小企业博览会，包括中国在内的31个国家和地区的2700家企业参展，展览面积10万平方米，展位总数4510个；有来自48个国家和地区的18.5万人次进场参观、洽谈和采购，其中客商4.6万人次；同期举办了34场次论坛和对接、推介及赛事活动。大力推进中小企业合作区建设，重点支持江门市创建中欧中小企业国际合作区、揭阳市创建中德中小企业合作区、广州市创建中小企业先进制造业中外合作区。实施粤意中小企业高管培训合作项目（GIT2），2016年，在广东省征集环保、服装等领域的意向合作企业达78家，组织部分企业赴意大利培训。

三、"十三五"时期广东省民营经济发展的目标和方向

广东省委、省政府提出的"十三五"时期的奋斗目标如下：全省生产总值年均增长7%，确保到2018年在全国率先全面建成小康社会，到2020年全省地区生产总值达11亿元、人均地区生产总值达10万元。这将为民营经济发展带来新的更加广阔的空间。据综合推算，"十三五"时期，广东省民营经济年均增速将超过8%，到2020年民营经济占比将超过56%，全省新增50家左右营业收入超100亿元的民营大型骨干企业。① 具体的发展举措有：

1. 积极适应经济发展新常态，深入践行新发展理念

认识新常态、适应新常态、引领新常态是当前和今后一个时期我国经济发展的大逻辑，也是民营经济大发展大提高的前提和基础。要真正适应和引领经济发展新常态，更好地适应速度换挡、结构调整、转换动力等发展阶段的特征，最重要的就是践行创新、协调、绿色、开放、共享的新发展理念。民营企业要把握大逻辑，认准大方向，加强对新发展理念的学习、理解和把

---

① 参见2016年3月28日原广东省省长朱小丹在广东省民营经济工作座谈会上的讲话。

握，切实运用到企业改革发展各项具体工作中去，进一步转变观念、调整结构、转换动力，促进民营经济走上创新、协调、绿色、开放、共享发展之路。①

2. 持续推进转型升级，加快由产业链中低端向中高端攀升

转型升级是企业改革发展永恒的主题。当前，广东省仍处于转型升级爬坡越坎的关键阶段，民营企业要积极参与正在推进的工业转型升级攻坚战三年行动计划、新一轮工业技术改造、智能制造、工业化和信息化"两化融合"等工作中，用好各方面的政策，加快调整结构、优化存量。一是积极促进产业链向上下游延伸、向中高端跃升，特别是要充分利用"互联网+"，大力发展新技术、新产业、新业态，加快形成民营经济新增长点。二是推动转型升级，关键在于创新驱动发展。民营企业要充分发挥技术创新主体作用，加强产学研对接和协同创新，积极运用技术创新成果，全面推进技术创新、管理创新、商业模式创新，不断提高全要素生产率，提高产品和服务供给质量，加快由要素驱动发展向创新驱动发展转变。②

3. 培育和壮大大型民营骨干企业

大型骨干企业代表产业的先进水平，一定程度上决定了民营经济的整体竞争力。继续大力实施大型骨干企业培育工程，鼓励民营企业通过技术升级、主业扩张、兼并重组等方式加快成长壮大，培育更多像华为、美的、腾讯这样的大型民营骨干企业，力争"十三五"时期主营业务收入过百亿、超千亿的大型民营企业和进入中国500强的民营企业数量大幅增加。统筹用好支持性政策和资源，在用地专项保障、财税资源支持、能源资源倾斜、减负强企扶持等方面加大对民营企业的支持力度，形成支持民营企业成长壮大的一揽子政策体系。充分发挥民营骨干企业的引领带动作用，通过产业纽带、上下游配套、分工协作等方式带动中小微民营企业集聚发展。③

4. 加快完善公共服务体系

民营企业绝大多数是中小微企业，必须充分发挥各类公共服务机构、服

①②③ 参见2016年3月28日原广东省省长朱小丹在广东省民营经济工作座谈会上的讲话。

务平台质量，形成政府扶持平台、平台服务企业的有效机制。加大中小微企业公共服务体系建设的支持力度，推动中小微企业服务中心实现全覆盖。加强建设多元化的省市县互联互通的共享服务资源库，建立针对服务机构的绩效评价和激励机制，引导更多服务机构为中小微企业提供线上线下协同服务。支持银行、证券、信托、融资等专业服务机构和行业协会、商会运用大数据为民营企业提供更高效、更精准的服务。完善法律服务公共平台，支持各地成立小微企业律师服务团等公益性组织，为民营企业特别是中小微企业提供质优价廉的法律培训、咨询、指导和维权等服务。①

5. 深入推进开放合作，不断拓展企业发展空间

对外开放是广东省的最大优势，也是广东省民营企业最大的优势。随着经济全球化趋势的深入发展，我国越来越紧密地融入世界经济，企业"走出去"步伐逐渐加快。民营企业要积极践行开放发展理念，充分发挥自身机制灵活的优势，不断扩大对外合作，提升合作层次；争当"走出去"排头兵，到境外开展投资、重组、并购等业务，特别是加强与欧美日等发达国家和地区的企业合作，打造具有全球竞争力的民营跨国企业。着重以广东自由贸易试验区和"一带一路"为战略载体，全面拓展与世界各地的经贸合作，谋划一批重点项目，搭建一批合作平台。②

6. 加强企业科学管理，走内涵式发展道路

"物竞天择，适者生存。"提升内在素质，是民营企业在激烈的市场竞争中生存发展的必然要求，也是广大民营企业持续发展的根本选择，民营企业要注重科学经营管理，提升内在素质，做强做精，加快建立产权清晰、管理科学、运作规范的现代企业制度，走内涵式发展道路。尤其是发展到一定规模的民营企业，要进一步完善企业法人治理结构，通过发展混合所有制、引进战略投资者、员工持股等方式加快股份制改革步伐，建立开放多元、清晰合理的产权组织结构。要积极实行信息化管理，建立风险管理体系，通过经

---

① 参见 2016 年 3 月 28 日原广东省省长朱小丹在广东省民营经济工作座谈会上的讲话。

② 参见 2016 年 3 月 28 日原中央政治局委员、中共广东省委书记胡春华在广东省民营经济工作座谈会上的讲话。

营管理水平的提升进一步推动企业发展提质增效。①

第二节　山东省民营经济发展的主要做法

近年来，山东省认真贯彻中央重大战略部署，全面落实促进民营经济发展的一系列方针政策，深入推进大众创业、万众创新，主动适应、引领经济新常态，大力推动创新发展、转型升级、提质增效，打造经济发展新动能。山东省民营经济总体发展势头良好，呈现稳中有进、稳中向好的发展态势。

一、近年来山东省民营经济发展情况

1. 民营经济总量持续扩大

2015 年，山东省民营经济增加值达到 32070.0 亿元，占 GDP 比重为50.9%；规模以上民营工业增加值增长了 10.4%，民营固定资产投资增长了18.1%，限额以上民营单位消费品零售额增长了 11.1%。2016 年，山东非公有经济增加值 39040.9 亿元，比上年增长 7.7%；占 GDP 比重为 58.3%，比上年提高 0.1 个百分点。其中，山东民营经济增加值 34258.6 亿元，增长8%；占 GDP 的比重为 51.1%，提高 0.2 个百分点。② 2017 年，山东非公有经济增加值 42141.2 亿元，增长 7.3%。其中，山东民营经济增加值 36896.0亿元，增长 7.2%（见表 5-5）。③

表 5-5　2013—2017 年山东省民营经济增加值及占比

年份	全省生产总值（亿元）及增速（%）		民营经济增加值（亿元）及增速（%）		占比（%）
2013	54684.3	9.6	24500	—	44.8

---

① 参见 2016 年 3 月 28 日原广东省省长朱小丹在广东省民营经济工作座谈会上的讲话。
② 参见山东省统计局 2017 年 2 月 28 日发布的《2016 年山东省国民经济和社会发展统计公报》。
③ 参见山东省统计局 2018 年 2 月 27 日发布的《2017 年山东省国民经济和社会发展统计公报》。

年份	全省生产总值 （亿元）及增速（%）		民营经济增加值 （亿元）及增速（%）		占比（%）
2014	59426.6	8.7	26935.8	9.3	45.3
2015	63002.3	8.0	32070.0	17	50.9
2016	67008.2	7.6	34258.6	8	58.3
2017	72678.2	7.4	36896.0	7.2	50.77

资料来源：山东省统计局发布的《2014 年山东省国民经济和社会发展公报》《2015 年山东省国民经济和社会发展公报》《2016 年山东省国民经济和社会发展公报》《2017 年山东省国民经济和社会发展公报》。

2. 民营经济市场主体数量快速增加

"十二五"以来，山东不断深化商事制度改革，加大"放管服"推进力度，极大地激发了大众创业、万众创新的热情，中小企业数量呈"井喷式"增加。"十二五"时期，山东省民营经济市场主体户数及注册资本（金）年均增长率分别为 15.2% 和 33.9%。截至 2015 年底，山东省实有民营经济市场主体为 587.4 万户，比 2010 年底增长了 97.62%。[①]

2016 年，山东省实有民营经济市场主体 676.71 万户，注册资本（金）8.7 万亿元，同比增长 15.2% 和 47.9%，占各类市场主体总量的 95.31% 和 70.3%，提高 0.3 个和 4.5 个百分点，其中实有私营企业 174.95 万户、个体工商户 501.76 万户，同比增长 30.2%、10.8%。山东省个体私营企业累计安置从业人员 2372.6 万人，同比增长 16.2%，约占全省就业人员总数的 35.2%，提高 4.7 个百分点。[②]

2017 年，山东省实有民营经济市场主体 771.5 万户，占市场主体的 95.62%，同比增长 14.01%，其中私营企业 209.7 万户、个体工商户 561.8 万户，同比增长 19.9%、12%，个体工商户数量仅次于广东，居全国第二位。2017 年全年山东省个体私营企业累计安置从业人员 2719.2 万人，同比增长

---

① 参见山东省发改委 2017 年 3 月 29 日发布的《山东省"十三五"民营经济发展规划》。
② 参见齐鲁网 2017 年 2 月 23 日发布的《山东市场主体总量 2016 年突破 700 万户》。

14.6%，约占全省就业人员总数的 40.9%，提高 5.1 个百分点（见表5-6）。

表 5-6 2013—2017 年山东省民营经济市场主体及从业人员①

年份	市场主体（万户）	民营经济市场主体（万户）		民营经济从业人员（万人）	
2013	412.67	387.55	私营企业 75.34	150.24	私营企业 792.6
			个体工商户 312.21		个体工商户 709.8
2014	525.5	497.09	私营企业 99.66	1757.7	公营企业 926.1
			个体工商户 397.43		个体工商户 831.3
2015	618.2	587.38	私营企业 134.34	2042.4	私营企业 1083.7
			个体工商户 453.04		个体工商户 958.7
2016	710.0	676.71	私营企业 174.95	2372.6	私营企业 1298.2
			个体工商户 501.76		个体工商户 1074.4
2017	806.8	771.5	私营企业 209.7	2719.2	私营企业 1499.6
			个体工商户 561.8		个体工商户 1219.6

资料来源：山东省统计局、国家统计局山东调查队编：《山东统计年鉴》（2014—2018 年）。

3. 创新动力显著增强

山东省民营经济在电子信息、生物工程、新医药、新材料等领域涌现出了一批具有自主知识产权和领先技术水平的高新技术企业，极大地促进了区域创新能力的提升，涌现出了东岳集团、软控股份、圣泉集团、歌尔声学等一批掌握核心技术、行业地位显著的民营企业，在国内乃至国际市场竞争中掌握着一定的主动权。② 2016 年，山东省"专精特新"企业达到 2205 家，高新技术企业、战略性新兴产业市场竞争优势明显。山东省民间制造业投资 21747 亿元，同比增长 11.3%，占全部民间投资的 52.8%；工业投资中 57.7%投向高端装备、信息通信等产业的技改；装备制造业增加值增长

① 山东政府职能部门将民营经济市场主体统计为：私营企业+个体工商户+农民专业合作社。本书统一修正为：民营经济市场主体=私营企业+个体工商户。民营经济从业人员沿用山东省相关职能部门公布的数据，未减去农村专业合作社从业人员的数量。

② 参见山东省发改委 2017 年 3 月 29 日发布的《山东省"十三五"民营经济发展规划》。

7.6%，占规模以上工业比重的 29.4%，达到历史最高水平；山东省高新技术企业达到 4692 家，高新技术产业增加值增长 7.8%，高新技术产业占规模以上工业总产值比重超过三分之一。

4. 新兴业态蓬勃发展

移动互联、物联网、云计算、大数据等新一代信息技术在山东广泛应用，山东电子商务、智能制造、个性定制、分享经济等新产品、新技术、新业态、新模式方兴未艾，新经济、新动能成为山东中小企业发展的新亮点。2016 年，山东省电商交易额 2.65 万亿元，增长 31.1%；网络零售额 3007 亿元，增长 33.7%；互联网和相关服务营业收入增长 17.0%；淘宝村发展到 108 个，比上年增加 44 个。山东省 7 家企业入选工信部 2016 年智能制造试点示范项目名单。[①]

5. 产业结构不断优化

山东省民营经济结构调整和方式转变迈出了坚实步伐，产业发展由劳动密集、加工配套等科技含量较低的领域加快向先进制造业、现代服务业和新兴产业领域拓展，在信息技术、文化娱乐等行业，民营经济占比快速上升。2015 年，山东民营经济市场主体三大产业实有户数比重为 5.1∶10.4∶84.5，资金比重为 9.3∶29.4∶61.3。山东民营经济集聚发展水平进一步提升，形成了一批规模大、带动能力强的优势产业集群。[②] 山东现代服务业、新兴服务业、生产性服务业呈现快速发展态势，第三产业成为拉动经济发展的新的增长点。2016 年，山东新增的中小企业中第三产业户数超过 76%，教育、科研及服务、金融业登记户数分别增长 121%、54.3%、51.6%，服务业增加值占比达到 47.7%，服务业贸易增长 18%。2016 年，山东省三大产业比例为 7.3∶45.4∶47.3，首次实现了由"二三一"向"三二一"的转变。

---

① 参见聊城市中小企业公共服务中心网站 2017 年 5 月 12 日发布的《王兆春在全省中小企业运营工作会议上的讲话》。

② 参见山东省发改委 2017 年 3 月 29 日发布的《山东省"十三五"民营经济发展规划》。

二、山东省民营经济发展的主要做法

1. 着力抓好创业兴业，在打造新动能上实现新突破

坚持把抓好大众创业、万众创新，当作摆脱依赖资源加工路径、创立发展新优势的关键环节，多方推动，持续发力。一是广泛宣传发动。山东省经信委会同团委、工会、妇联、教育、人社、科技、财政、商务、工商等省直部门，召开了全省中小企业创业兴业大会，举办了"创业创富项目博览会""中小企业双创周"等专项活动。山东省在广播电台开办了《山东中小企业之声》，在报纸、网络、电视等开辟专栏、专版，多形式宣传创业兴业政策，营造浓厚的创业氛围。山东开设了中小企业直播间，广泛传播中小企业工作。此外，山东还制定出台了《关于推进全省中小企业创业兴业工作的意见》，明确了目标任务和工作措施。山东省促进中小企业发展领导小组制定了《山东省小微企业发展考核办法》，重点考核各市小微企业财税政策落实、创业创新活力、公共服务平台建设、新增市场主体等指标，以打造良好的创业环境。二是建设创业载体。按照梯次培育、多级打造、重点提升的原则，开展国家、省、市创业辅导基地建设。山东省经信委与省财政厅确定从 2016年起，连续 3 年支持培育 30 个创业辅导基地。推广创客空间、创业咖啡、创新工场等新型孵化模式，形成市场主导、风投参与、企业孵化的创业生态系统。2016 年底，山东省市级以上创业辅导基地超过 600 家，其中，省级创辅基地 254 家，省级创客空间 33 家，国家级小微企业双创示范基地 11 家，济南、青岛是国家示范城市。建立创业辅导师队伍，聘请企业高管、工商、财税、金融等政府部门人员为小微企业创业提供辅导咨询。2016 年，山东省市两级创业辅导师达到 688 名，其中省级创业辅导师 182 名。三是培育创业主体。山东省经信委与工商、教育、人社部门密切配合，鼓励高校毕业生、农民工、退役士兵、妇女等群体大胆创业，在企业税费减免、创业场所租赁、融资担保等方面给予扶持。对首次领取小微企业营业执照、正常经营满12 个月的创业者，给予不低于 1.2 万元的一次性创业补贴，自首次注册登记之日起 3 年内免收各类行政事业性收费。2016 年，山东高校毕业生到企业就

业占比为 89.53%，其中民营企业占 80.74%，民营企业成为就业主渠道。四是共建双创学院。政府职能部门与山东省内大专院校共建山东省创业创新学院，加强创业创新人才培养和辅导，建设高水平应用型、创业型、创新型人才队伍。目前，山东已与潍坊科技学院、山东理工大学、山东外国语职业学院、山东理工职业学院等高校共建了 4 所省级创业创新学院，威海、滨州等地也正在筹建。

2. 着力抓好"互联网+"，在中小企业智能制造上实现新突破

2014 年起，山东每年确定一个推进主题，全省上下联动，步步深入推进，三年迈出了三步。一是开展电子商务推进年活动。2014 年，山东召开了全省中小企业电子商务推进大会，确定 2015 年为全省中小企业电商推进年，实施电商村、电商园区、电商市场、电商专精特新企业、电商特色服务业、电商平台六项示范培育计划，共推出项目 2212 个。同时，山东还连续举办中国（山东）网络商品博览会、中小企业"互联网+"创新论坛，启动中小企业电商培育工程，举办"山东中小企业电商之路"培训系列活动，从城市到乡村开展"扫盲式"电商知识普及培训，全省三年累计培训 30 多万人。电商普及率由 2014 年的 24% 扩展到 80% 以上。搭建"好采山东"平台，引进联想、用友、联通等信息化硬件生产商、软件服务商、电信运营商的服务和产品，为中小企业开展电子商务提供一站式服务。2016 年，山东省有淘宝村 108 个、淘宝镇 12 个。二是实施"互联网+"示范培育行动。2015 年，山东召开了全省中小企业"互联网+"推进会议，深入贯彻国务院《关于积极推进"互联网+"行动的指导意见》和工信部《信息化和工业化融合发展规划（2016—2020 年）》，举办了山东省中小企业"互联网+"高峰论坛等活动，会上推出 110 家"互联网+"典型。在山东全省实施"互联网+制造""互联网+服务""互联网+集群""互联网+平台"四项示范培育计划，遴选208 个制造业企业、101 个服务业企业、65 个产业集群、59 个平台列入全省中小企业"互联网+"示范培育计划，推动中小企业"互联网+"向纵深发展。三是推进智能制造示范引领。为实施工信部《智能制造发展规划（2016—2020 年）》，山东选择制造业基础和互联网融合条件好的行业、企

业，开展离散型智能制造、流程型智能制造、网络化协同制造、大规模个性化定制、远程运维服务五个方面的试点示范。通过开展"机器换人"、智能装备改造、智能制造平台建设、专业人才队伍培育等措施，创建一批智能车间、智能工厂，引导中小企业利用新一代信息技术与制造全生命周期各环节的深度融合。

3. 着力抓好创新驱动，在转型升级提质增效上实现新突破

针对民营企业的特点，围绕"专、特"进行个性化创新。一是开展"一企一技术"创新工程。借鉴日本"一社一技术"的做法，在山东全省开展"一企一技术"创新工程，倡导每个企业掌握一项专有技术或独门绝活。通过税收减免、专项投入等政策措施，鼓励民营企业创建"一企一技术"研发中心，加大专有技术研发投入力度。山东全省中小企业"一企一技术"创新工程写入了省委全委会工作报告和省政府工作报告，受到省委、省政府领导的高度重视。截至 2016 年，山东省级"一企一技术"研发中心 964 家、创新企业 1026 家，平均每个研发中心和企业拥有专利 13 项。为发挥示范作用，2016 年，在"专精特新"和"一企一技术"创新企业中，选择增长较快的优胜企业重点培育，首批公布了 211 家。二是培育"专精特新"企业。落实工信部关于促进中小企业"专精特新"发展的指导意见，以提升创新能力、信息化水平、专业化水平、管理水平、培育自主品牌为主要内容，引导中小企业技术、管理、经营和服务模式创新。开展"工匠精神山东制造——开放的山东"全媒体采访活动，大力弘扬精益求精、追求卓越的工匠精神，培养企业走精益质量创新发展之路。目前，形成了一批行业细分领域的"隐形冠军"。2016 年，山东 12 家企业入选工信部制造业单项冠军示范企业，9 家企业入选制造业单项冠军培育企业。三是推动企业制度创新。2016 年 3 月，山东召开了全省中小企业规范化公司制改制工作会议，制定了"改制工作五年行动计划"，发动企业完善公司治理结构，建立现代企业制度，对接多元资本市场，重点对规模以上中小工业企业、限额以上批零住餐等中小服务企业、重点商贸物流中小企业改制提供精准指导服务。2016 年，山东省新改制中小企业 6101 家，已累计完成改制企业 10278 家；新三板挂牌企业达

到 570 家，齐鲁股权交易中心挂牌企业达到 1811 家，蓝海股权交易中心挂牌企业达到 570 家。

4. 着力抓好对外合作，在中小企业"一带一路"建设上实现新突破

山东认真落实工信部《促进中小企业国际化发展五年行动计划（2016—2020 年）》，把支持中小企业开拓国际市场、寻求国际合作，作为抢抓"一带一路"机遇的重要切入点。一是建立对外合作政策机制。山东省委、省政府高度重视中小企业走出去，省委外事工作领导小组会议确定建立中小企业对外合作交流机制，并从财政资金上给予支持，管理上将中小企业组团出国由省外事办单列计划、快速审批，赋予省中小企业局处级以下干部出国审批权。山东省委、省政府领导重要出访活动，优先安排中小企业。山东省财政设立了中小企业对外合作专项资金，确保参与重大国际交流合作活动。二是搭建对外交流合作平台。山东省经信委联合省外事办搭建了民营企业对外交流合作平台，为民营企业提供境外信息发布、项目交流合作、扶持政策发布、出国手续审批、后勤服务保障、风险防范等免费专业服务，并在政策框架范围内简化审批手续、缩短审批周期，大幅度提升便利化水平。目前，平台累计发布外事信息 4000 余条，入驻中小企业 2100 多家。三是加大走出去、引进来力度。2014—2016 年，山东共组织 41 个中小企业考察团 700 多家企业赴越南、卡塔尔、德国、英国、阿根廷、巴西、墨西哥、俄罗斯等 30 多个国家和地区开展经贸交流，达成合作意向 400 多个。山东与立陶宛、德国慕尼黑及上巴伐利亚工商联合会、以色列 LR 集团签订了战略合作协议。山东还组织举办了山口县经贸洽谈会、阿联酋经贸交流会、以色列农业与水技术洽谈会、中俄中小企业合作圆桌会议、马来西亚经贸合作交流会、南澳洲经贸洽谈会、迪拜经贸推介会等多项活动，2600 多家企业参与对接洽谈。山东不断深化与台湾地区合作，共同举办海峡两岸创业创富博览会，有 100 多家台湾企业参展，同时在济阳县建设海峡两岸青年企业家创业创新基地。

5. 着力抓好产业集群，在民营企业发展形态上实现新突破

山东省委、省政府高度重视产业集群发展，把实施产业集群壮大工程和培育千亿级创新型产业集群写入省委全委会报告。一是加强规划引导。按照工信部工作部署，2016年，山东召开了全省产业集群工作会议，制定并发布了《山东省产业集群发展规划（2016—2020年）》，确定"十三五"时期实施产业集群"1362"工程，即培育壮大年营业收入过2000亿元的产业集群10个、1000亿~2000亿元的30个、500亿~1000亿元的60个、100亿~500亿元的200个，着重在产业链拓展、协同性创新、服务性配套、价值链提升、城镇化协调、规划性指引六个环节采取措施，培育七大新兴产业集群和十三大传统优势产业集群。2017年，山东在全省开展产业集群升级年活动，3月3日，省财政厅、省质监局等部门在枣庄滕州正式启动产业集群升级年，围绕六个关键环节，实施六个升级年专项行动，通过政府、市场、技术、管理等各方面的努力，汇聚创新力量、聚集服务资源，解决产业链短板和转型升级瓶颈，助力产业升级。二是加大财政支持。"十二五"时期，山东省财政安排1.5亿元支持了30个产业集群的108个项目，培育了一批百亿级以上的产业集群和一批特色产业镇。2017年，山东省财政会同发改、经信、科技、商务和中小企业局，出台了《关于支持开展产业集群转型升级示范工作的通知》，启动对产业集群新一轮的资金扶持。此后三年，山东省财政将集合专项资金10亿元，重点支持培育10个5000亿元级支柱产业集群、30个千亿元级主导产业集群和50个500亿元级特色产业集群。三是提高示范带动。山东选择协作配套能力强、产业链条完整、特色鲜明的创新型产业集群和特色产业镇进行重点培育。截至2017年3月，山东培育了省级重点产业集群121个、山东省特色产业镇200个，形成了博山中国泵业名城、滕州中国中小机床之都、蓬莱中国葡萄酒名城、寿光中国建筑防水之乡、文登中国工艺家纺名城、宁津中国实木家具之乡等近百个"国字号"的产业集群区域品牌。

6. 着力抓好公共服务，在中小企业服务体系上实现新突破

一是建立公共服务平台网络。在工信部的大力支持下，山东省在全国率先建成了中小企业公共服务平台网络。平台网络项目总投资2.1亿元，场地面积7.1万平方米，于2014年9月正式建成投入运行。2016年底，山东全省共有各类服务平台1765个，其中综合类145个、技术类879个、产业集群

类 141 个、创业基地 600 个，提供政策咨询、信息化、融资担保、技术创新等全生命周期的公共服务。平台网络聚集各类服务机构 2627 家，累计注册企业 15325 家，发布服务项目 11053 个，举办政策宣讲、创业辅导、管理咨询等服务活动 22215 次，年可服务企业 12 万家。二是创建中小企业服务商大会。为吸引国内外优秀服务机构向平台聚集，形成"政府支持中介、中介服务企业"的格局，2015 年，山东召开了首届中国（山东）中小企业服务商大会，同时举办了对接平台论坛，受到广泛认可，因此，山东又于 2016 年召开了第二届。前两届会议吸引了近千家服务机构参会，已成为国内规模最大、种类最全的服务商品牌盛会，吸引了大批优秀服务商落地山东。三是推进政府购买服务。2015 年，山东省中小企业局与省财政厅出台了《关于推进政府购买服务扶持中小企业的指导意见》，将大众创业万众创新、公共服务体系、公共技术服务以及中小企业管理部门履职所需辅助性事项等四大类 40 多项服务内容纳入了政府购买事项范围。山东省还采取委托服务的方式，组织各行业协会、技术机构为中小企业提供专项服务。山东省济南、济宁等市依托市级中小企业公共服务平台开展了政府购买服务事项，威海、日照等市发放了中小企业服务券，引导服务机构开展专项服务活动。

三、"十三五"时期山东省民营经济发展的目标和方向

《山东省"十三五"民营经济发展规划》明确了"十三五"时期民营经济发展的三个主要目标。一是规模实力壮大：力争到 2020 年底，民营经济增加值占全省 GDP 比重达到 55%；民间投资占全部投资比重达到 90%；民营经济市场主体达到 1000 万户，年均增长约 12%。二是经济结构优化：到 2020 年底，第一、二、三产业民营经济的市场主体户数比重调整为 9∶8∶83，注册资本（金）比重为 9∶28∶63。传统产业和资源依赖性产业大幅减少，现代服务业、高新技术产业与战略性新兴产业成为民营经济重要支撑。三是企业素质提升：民营企业的创新能力和产品竞争力显著增强，一定规模的民营企业基本建立现代企业制度。民营企业能源资源利用效率明显提高，民营经济发展更加绿色化。民营科技企业研发投入占销售收入的比重达到

5%。具体的措施有六个方面：

1. 加快转型升级

加强供给侧结构性改革，鼓励民营市场主体提高产品质量，减少无效和低端供给，扩大有效和中高端供给。加快淘汰落后产能行业，形成落后产能退出机制，重点淘汰冶炼、造纸、水泥、制革、化工、化纤、电镀等高耗能、高污染领域的中小企业。鼓励和引导民营企业加快产品服务升级，支持民营企业应用新技术、新工艺、新材料，加快产品升级换代、延长产业链条。大力发展循环经济，培育发展绿色产业，提升民营经济绿色发展水平。

2. 推动创新创业

激活创新创业主体，支持科技人员和大学生创新创业，鼓励网上创业，建设一批具有山东地方特色的电商镇、电商村。打造创新创业载体，以省级创业孵化示范基地和创业示范园区为龙头，以高新区、大学科技园和高校院所为依托，形成市场主导、风投参与、企业孵化的创业生态系统。加强创新创业服务，建立创新创业综合服务中心，为创新创业企业提供科技、融资、法律、财税、知识产权、人力资源等方面的政策咨询、行政审批、综合协调等服务，实现资源共享、协同服务。

3. 发展小微企业

建立支持小微企业发展的信息互联互通机制，建成并完善全省小微企业名录信息平台，集中公示各类扶持政策及企业享受的扶持政策信息，确保各项扶持政策落到实处。保障小微企业项目用地，降低用地成本。加大资金支持，整合政府部门、商业银行、小额贷款公司、互联网金融机构等各方资源力量，搭建小微金融综合服务平台。每年筛选一定数量的高成长性小微企业列入省级重点上市后备资源库，大力开展上市前培育辅导工作。

4. 培育大型企业

大力培育重点民营企业，设立重点企业数据库，实行"一企一策"，强化跟踪服务、精准服务。建立重点企业联系制度，及时协调解决重点企业遇到的困难和问题，保障生产要素需求。支持民营企业开展强强联合、上下游整合等多种形式的并购重组，扶持民营企业通过合资合作、资本运作和挂牌上市等方式扩大规模。鼓励大型企业与中小企业开展生产经营合作，支持建立本地大企业的民营配套企业。实施中小企业成长计划，建立骨干型中小企业名录，扶持一批经济效益与发展前景好的骨干型中小企业成长升级为大企业大集团。

5. 加强开放合作

鼓励民营企业积极参与"一带一路"、京津冀协同发展、长江经济带和自贸区战略，全面融入环渤海地区合作发展，形成开放型经济新优势。充分发挥山东毗邻日韩的地理区位优势，促进民营企业立足胶东半岛努力承接日韩高端产业转移，与韩企、日企对接。鼓励大型民营企业率先"走出去"，中小民营企业"抱团走出去"。提高民营企业"引进来"水平，支持国内外龙头企业在山东省设立企业总部、研发中心、结算中心、采购物流中心，鼓励与民营企业对接合作，扩大销售渠道。

6. 提升企业素质

建立现代企业制度体系，进一步改进家族式管理，推动企业产权与企业家或家族财产分离，实现产权结构由单一向多元的转变；引导发展到一定规模的民营企业，适当分离所有权和经营权。加强民营企业品牌建设，大力实施品牌强省战略，不断培育壮大民营经济产业产品的市场竞争新优势。加强民营企业标准化能力建设服务，指导民营企业开展企业标准自我声明公开，协助企业建立标准化组织架构和制度体系，建立完善企业标准体系。

第三节 浙江省民营经济发展的主要做法

近年来，面对严峻复杂的国内外宏观环境，浙江省坚持稳中求进的工作总基调，积极推进供给侧结构性改革，以提高发展质量和效益为中心，坚定不移打好转型升级系列组合拳，着力修复传统动能和培育新动能，民营经济呈现提质增效、稳中向好的态势。民营经济成为浙江经济发展的活力，成为转型升级的主力，成为社会发展的动力，为全省经济社会做出了重大贡献。

一、近年来浙江省民营经济发展情况

1. 民营经济总量不断扩大

2017 年，浙江民营经济增加值 33752 亿元，同比增长 11.26%，占全省 GDP 比重为 65.2%，虽然较 2000 年占比 69.2% 有所下降，但是均保持在 61% 以上，从全国范围来看，属于占比较高的省份（见表 5-7）。与此同时，民营经济增加值呈逐年上升趋势，2017 年民营经济增加值是 2010 年的 1.96 倍，超过同期福建、上海、安徽、辽宁等省市 GDP，与湖南省 GDP 基本持平。2017 年，浙江民营企业进出口总额 1.81 万亿元，占全省进出口总额比重为 70.8%。其中民营经济出口 14956 亿元，占全省出口的 76.9%。[1] 2017 年，浙江民营经济创造了 5726 亿元的税收，贡献了全省 55.6% 的税收。浙江省私营单位就业人员 1740.27 万人，占全省就业人员的 45.84%。[2]

表 5-7 浙江省 2000—2017 年民营经济增加值及其比重

年份	民营经济增加值（亿元）			民营经济占 GDP 比重（%）		
	总计	个私	集体	总计	个私	集体
2000	4250	2512	1738	69.2	40.9	28.3
2001	4712	3118	1594	68.3	45.2	23.1
2002	5346	3986	1361	66.8	49.8	17.0
2003	6415	5221	1194	66.1	53.8	12.3
2004	7629	6518	1111	65.5	56.0	9.5
2005	8682	7533	1148	64.7	56.1	8.6
2006	9887	8629	1257	62.9	54.9	8.0
2007	11552	10217	1319	61.6	54.5	7.0

---

[1] 参见央广网 2018 年 1 月 15 日发布的《杭州海关发布 2017 年浙江外贸成绩单》；参见浙江省统计局、国家统计局浙江调查总队 2018 年 2 月 27 日发布的《2017 年浙江省国民经济和社会发展统计公报》。

[2] 浙江省统计局、国家统计局浙江调查总队：《浙江统计年鉴 2018》，中国统计出版社 2018 年版。

年份	民营经济增加值（亿元）			民营经济占 GDP 比重（%）		
	总计	个私	集体	总计	个私	集体
2008	13121	11829	1292	61.1	55.1	6.0
2009	14301	12876	1425	62.2	56.0	6.2
2010	17210	15559	1651	62.1	56.1	6.0
2011	20381	18516	1865	63.1	57.3	5.8
2012	22111	20107	2004	63.8	58.0	5.8
2013	24315	22125	2190	64.4	58.6	5.8
2014	26113	23863	2250	65.0	59.4	5.6
2015	27833	25517	2316	64.9	59.5	5.4
2016	30335	28114	2221	65.2	60.5	4.7
2017	33752	31320	2432	65.2	60.5	4.7

资料来源：2000—2012 年的相关数据来源于百度文库《浙江民营经济发展情况及省际比较研究》。2013—2016 年数据来源于王钦敏主编：《中国民营经济发展报告》No. 13（2015—2016），中华工商联合出版社 2017 年版；王钦敏：《中国民营经济发展报告》No. 11（2013—2014），社会科学文献出版社 2014 年版。根据浙江省统计局 2018 年 11 月 23 日发布的《发挥体制机制优势，推动多种所有制经济共同发展》整理。

2. 市场主体数量逐年增多

2015 年末，浙江全省共有各类民营经济市场主体 448 万户，占全部市场主体的 95.12%，其中私营企业 129 万户，个体工商户 319 万户。2015 年，浙江全省工业生产值的 87.3%来自于民营企业；规模以上工业产值的 63.8%来自于民营企业。限额以上批发零售贸易业中，民营经济批发额占 70.0%，零售额占 80.0%。住宿餐饮业中，民营企业数占 82.3%，营业额占 40.2%；民营餐饮企业数占 97.8%；营业收入占全部的 62.3%。2016 年，浙江全省共有各类民营经济市场主体 505.6 万户，占全部市场主体的 95.65%，其中私营企业 152.6 万户，同比增长 18%，每千人拥有民营企业 28 家；个体户353 万户，同比增长 10.5%（见表 5-8）。

表 5-8　2010—2016 年浙江省民营经济市场主体及占比

年份 \ 类别	市场主体（万户）	民营经济市场主体（万户）		占比（%）
2010	293	276.1	私营企业 63.89	94.23
			个体工商户 212.21	
2011	322	301.89	私营企业 71.89	93.75
			个体工商户 230	
2012	344	323.5	私营企业 77.5	94.04
			个体工商户 246	
2013	372	353.6	私营企业 93.6	95.05
			个体工商户 260	
2014	420	396.2	私营企业 109.6	94.33
			个体工商户 286.6	
2015	471	448	私营企业 129	95.12
			个体工商户 319	
2016	528.6	505.6	私营企业 152.6	95.65
			个体工商户 353	

资料来源：根据原浙江省工商局网站发布的数据计算而来。

3. 民间投资占比波动较大

2015 年，浙江全社会固定资产投资总额 26665 亿元，比上年同期增长 13.2%，其中民营经济固定资产投资 16109 亿元，同比增长 9.2%；民间投资的比重从上年的 62.81% 下滑到 60.4%，减少 2.3 个百分点。浙江全省民营经济工业生产单位从 2014 年末的 93.53 万家减少到 2015 年末的 83.67 万家，下降 10.5%；民营工业生产总产值从 64830.49 亿元降到 63731.43 亿元，同比下降 10.0%。民营工业经济生产产值比重由原来的 91.5% 下滑到 87.3%，下降了 4.2 个百分点。2016 年，浙江省民间投资 16441 亿元，同比增长 2.1%，占全省固定资产投资总额的 55.6%，占比下降 3 个百分点。2017 年，浙江省全省固定资产投资 31126 亿元，其中民间投资 18152 亿元，占 58.3%，民间投资占比恢复到 2015 年水平（见表 5-9）。

表5-9　2010—2017年浙江省民间投资及占比

类别 年份	全省固定资产投资（亿元）	全省民间固定资产投资（亿元）	占比（%）
2010	12488	6566.72	52.58
2011	14290	8563	59.92
2012	17096	10579	61.9
2013	20194	12396	61.4
2014	23555	14782	62.8
2015	26665	16109	60.4
2016	29571	16441	55.6
2017	31126	18152	58.3

资料来源：根据浙江省统计局发布的2010—2017年浙江省国民经济和社会发展统计公报整理而成。

4. 产业转型升级步伐加快

2016年，以新产业、新业态、新模式为特点的民营经济发展迅猛。一是新产业加快增长。"八大产业"中，信息经济核心产业、高端装备、健康产业制造业增加值增长较快，全年信息经济核心产业增加值比上年增长12%以上，旅游业增加值增长10.6%。高新技术、装备制造、战略性新兴产业增加值分别占规模以上工业的40.1%、38.8%和22.9%，比重比上年提高2.0个、2.0个和0.5个百分点，对规模以上工业的增长贡献率分别达68.5%、65.0%和31.0%。规模以上服务业企业中，信息传输、软件和信息技术等行业持续保持强劲发展势头。二是新业态蓬勃发展。网络消费快速增长，2016年，网络零售额突破万亿元，达10307亿元，比上年增长35.4%；省内居民网络消费5252亿元，增长30.9%。限额以上批零业通过公共网络实现的商品零售额增长58.3%。跨境电商零售出口320亿元，增长41.6%。网络销售带动了信息消费和快递业务快速增长。服务贸易增长较快，全年服务贸易进出口额3173亿元，增长15.2%，其中出口增长17%，服务贸易总额占外贸总额的12.5%左右，比上年提高约1.2个百分点。三是新模式不断涌现。基于大数据、云计算、物联网的服务应用和创业创新日益活跃，创意设计、网络约车、在线医疗、远程教育、网上银行等新型服务模式对居民生活带来便利，进一步拓展了消费领域。集休闲、购物、餐饮、娱乐为一体的城市综合体快速发展，农家乐不断创新升级为民宿和乡俗旅游，成为农民增收的新途径。2016 年，全省农家乐经营村点达 3484 个，接待游客 2.8 亿人次。①

二、浙江省民营经济发展的主要做法

1. 以"小升规"为抓手，推进民营企业提升发展

从 2013 年开始推进"小升规"工作以来，经过三年的试点实践，成效显著。在总结"小升规"工作试点经验的基础上，浙江省继续组织实施小微企业三年成长计划，进一步深化"小升规"工作，明确制定三年一万家"小升规"企业的目标任务，其中工业企业"小升规"5000 家。按照早研究、早部署、早启动的原则，构建省、市、县（市、区）和乡镇（街道、园区）四级目标工作责任制，筛选确定重点培育对象企业，建立健全"小升规"企业培育库。同时聚焦政策资源，有针对性地加强对重点培育对象企业的跟踪指导、服务和政策扶持，促进重点培育的"小升规"对象企业顺利上规升级。

2. 加强民营经济运行监测分析和培训指导工作

围绕年度"小升规"企业培育目标任务及按一定比例建立重点培育对象企业库，加强对民营企业的运行监测和分析指导工作。及时组织、加强对民营企业的培训，提升民营企业的管理水平。加强对民营小微企业运行监测数据的开发和利用研究，按月编发监测分析报告，指导企业发展提升。制定实施干部队伍培训方案，加强对乡镇（街道、园区）从事民营经济（中小企业）工作的基层干部培训，提升系统基层管理干部的理论水平和业务能力，组织干部进著名高等学府集中学习理论知识，实地考察省外促进民营经济发展的成功经验和做法。

---

① 参见浙江树人大图书馆官网 2017 年 3 月 17 日发布的《2016 年浙江经济运行稳走向好》。

3. 扎实做好民营中小企业融资担保服务工作

出台《浙江省人民政府关于推进政策性融资担保体系建设的意见》，组织实施省级政府性担保机构的建设方案，加强对担保机构的事中事后监管。完善银行小企业贷款风险补偿政策，将风险补偿、金融机构评优与产品及服务创新、银担合作、信用贷款发放等挂钩，提升银行服务民营企业的积极性。组织举办2015浙江成长型中小企业投融资大会，推动民营企业与银行、投资机构、融资租赁机构对接融资。深化政府与银行业金融机构战略合作建立政银企合作平台，搭建市、县（市、区）级"助保贷"平台。加强民营企业信用评级工作，将评级信息纳入小微企业评级信息库并及时将评级结果向工行、农行、建行等金融机构推荐，落实授信额度、贷款利率、担保物选择等方面的优惠政策。

4. 完善民营经济发展公共服务体系

构建互联互通、资源共享的省、市、县（市、区）三级中小企业公共服务平台网络，形成全省以"96871"为统一标志标识的中小企业公共服务品牌。将96871网络和省政务服务网的资源进行整合，在省政务服务网开设了"小企业服务"平台，组织了全省范围的民营中小企业"服务日"活动。推进小企业创业基地建设，并加大力度支持民营企业创建省级和国家级小企业创业创新示范基地。搭建平台促进民营经济国际合作与交流。组织企业赴美国、加拿大、澳大利亚等数十个国家及地区对接，开展信息经济、智能制造、高效节能电机、新墙材的应用、通信和信息安全等领域的合作交流活动。

5. 营造工作氛围，加大民营企业扶持政策宣贯力度

组织全省各地开展"小微企业政策宣传服务月"活动，加强政策的专项对接服务，扩大民营企业扶持政策的知晓度，提振企业信心，营造良好发展氛围。组织各地推荐评选确定"小升规"工作重点县（市、区）和重点乡镇（街道、园区）。组织开展成长型中小企业评选活动，评选认定"创业之星"和"成长之星"。组织力量，对一批科技含量高、创新性强、成长性好的成长型中小企业，进行深度挖掘并撰写典型案例。加强与《浙江日报》等

主流媒体的合作，开设"中小企业之窗"栏目，专版宣传报道成长型中小企业的典型案例和各市、县（市、区）推进民营企业转型升级工作的成功做法与经验。省经信委牵头协调相关部门组织督查组督促各市、县（市、区）及时兑现国务院及浙江省委、省政府扶持中小企业（民营企业）发展的相关政策及推进"小升规"工作的优惠措施，落实好各市、县（市、区）出台的各项激励举措。

第四节　河北省民营经济发展的主要做法

近年来，河北省委、省政府高度重视民营经济发展，不断在强化服务、重点帮扶、深化改革、优化环境等方面加大力度，推动全省民营经济规模总量不断扩大、结构调整不断深化、总体效益不断提高、发展活力不断提升，民营经济对全省经济社会发展起到了重要支撑作用。[①]

一、"十二五"时期河北省民营经济发展情况[②]

1. 经济总量规模不断扩大

"十二五"时期，河北省民营经济实现平稳较快增长。增加值年均增长9.9%，占全省生产总值比重由"十一五"末的61.8%提高到67.7%；实缴税金年均增长9.6%，占全省全部税收收入的比重由"十一五"末的52.4%上升到72.4%，对全省经济社会发展的支撑作用更明显。

2. 企业规模实现大幅增长

"十二五"时期，河北省民营企业由"十一五"末的21.8万家增加到35万家，平均年营业收入由"十一五"末的1423万元/家提高到1955万元/家。2015年，河北规模以上民营工业企业达到13588家，增加值年均增长

---

① 参见河北新闻网2017年8月20日发布的《河北省推进民营经济发展综述：培育新动能　激发新活力》。

② 王成果：《总量规模扩大　投资活力增强》，《河北日报》2016年7月21日。

666 亿元，已成为拉动民营经济发展的主要力量。

3. 产业转型升级效果明显

"十二五"时期，河北省民营经济全面完成钢铁、水泥、平板玻璃产能压减任务。民营企业在现代物流、电子商务等新兴产业领域发展活跃，增加值中第三产业比重大幅提高。民营企业实施工业技改项目 5266 项，总投资达 13055 亿元。全省科技型中小企业数量达 2.9 万家，高新技术企业中民营企业占到 90% 以上。民营企业创省中小企业名牌产品 761 项、省名牌产品 1092 项。

4. 民间投资活力有效激发

基础设施、基础产业、公用事业等领域固定资产投资准入政策有效实施，进一步激发民间投资活力，民营企业投资规模进入快速发展期。"十二五"时期，民营经济固定资产投资年均增长 20.7%，2015 年达 17498.9 亿元，占全社会总投资比重达 59.4%，新建项目、技改项目成为拉动民营经济增长的强劲动力。

5. 产业集群实力日益壮大

2015 年，河北省年营业收入 5 亿元以上的产业集群 375 个，比"十一五"末增加 67 个，其中 100 亿元以上的产业集群 78 个，比"十一五"末增加 49 个；省级示范产业集群 51 个。2015 年，产业集群完成增加值 6686 亿元，占全省 GDP 比重达到 22.43%。产业集群创新能力显著增强，依托 192 个省级中小企业公共技术服务平台，开发新产品 13500 项、推广新技术 4245 项、改进工艺 5874 项、获专利 1325 项、制定标准 5460 项；创建特色产业名县（市、区）56 个、名镇（乡）67 个。

6. 促就业增收入作用增强

到"十二五"末，河北省民营经济从业人员达 2132.4 万人，年均增速 3.8%，占二、三产业从业人员的四分之三以上，成为社会劳动力就业主渠道。民营企业劳动者报酬年均递增速度达 7.1%，2015 年人均工资达到 28571 元，成为城乡居民可支配收入的主要来源。

7. 公共服务能力显著提升

"十二五"时期，新培育省级中小企业公共服务示范平台139个，创建国家级示范平台18个。建成各类中小企业创业辅导基地402个，吸纳入驻企业总数达9408家。全省融资性担保机构法人单位达480家，融资性担保责任余额847.4亿元。实施"适用人才聚集""重点人才培养"和"全员素质提高"三大工程，年均完成各级各类培训200万人次以上（含企业自主培训）。积极开展金色阳光法律服务活动，法律服务基地总数达34个，年均援助企业3000余家。大力推进中小企业公共服务平台网络建设，省枢纽平台和39个窗口平台实现互联互通，年均服务企业3万家。

二、2016—2017年河北省民营经济发展情况

2016年，河北省各级各部门努力推动民营经济应对经济下行和污染治理压力，积极适应经济发展新常态规律，深入开展扶助中小微专项行动，着力优化营商环境、激发"双创"活力、提升人才素质、扩宽融资渠道、完善服务体系，民营经济总体呈稳中有进、稳中向好的发展态势，实现了"十三五"良好开局。据统计，河北省民营经济市场主体达287.1万个，同比增加11.5万个；从业人员2181.1万人，同比增长2.3%；累计完成增加值21583.1亿元，同比增长7.2%，占全省GDP比重为67.8%，比上年提高0.1个百分点；上缴税金2666.2亿元，同比增长10.7%，占全部财政收入比重61%，比上年提高1.5个百分点；营业收入107054.2亿元，同比增长6.4%；实现利润总额7542.1亿元，同比增长4.9%；完成固定资产投资18799.4亿元，同比增长7.4%，占全省全社会固定资产投资的59.2%，比上年下降0.2个百分点。

2017年，河北省民营经济稳步发展，实现增加值24406.4亿元，增长7.0%，比同期全省生产总值增速快0.3个百分点；占全省生产总值的比重为67.9%，比上年提高0.1个百分点（见表5-10）。产业方面，第三产业民营经济发展速度最快。第一产业民营经济增加值345.2亿元，增长3.9%；第二产业民营经济增加值14105.2亿元，增长3.9%；第三产业民营经济增加

值 9956.0 亿元，增长 11.4%。出口方面，河北省民营经济完成出口总值 266.2 亿美元，比上年增长 1.6%。税收方面，河北省民营经济实缴税金 3125.9 亿元，比上年增长 17.2%，所有类型民营经济实缴税金均呈增长态势。营业收入、利润总额保持稳定增长。效益方面，河北省民营经济实现营业收入 112867.3 亿元，比上年增长 8.2%；实现利润总额 8299.6 亿元，增长 9.7%。从业方面，河北省民营经济单位吸纳从业人员 2204.2 万人，比上年同期增长 1.5%；2017 年，支付工资总额 5727.0 亿元，增长 6.3%（见表 5-11、表 5-12）。

表 5-10　2010—2017 年河北省民营经济增加值及占比

年份	全省生产总值（亿元）及增速（%）		民营经济增加值（亿元）及增速（%）		占比（%）
2010	20197.1	12.2	11976.9	26.74	59.3
2011	24228.2	11.3	15276.03	12.8	63.05
2012	26575.0	9.6	17232	12.3	64.8
2013	28301.4	8.2	18680.2	9.5	66.0
2014	29421.2	6.5	19894.4	7.5	67.62
2015	29806.1	6.8	20186.4	7.3	67.7
2016	31827.9	6.8	21583.1	7.2	67.8
2017	35964.0	6.7	24406.4	7.0	67.9

资料来源：河北省统计局发布的《河北省国民经济和社会发展统计公报》（2010—2017 年）。

表 5-11　2010—2017 年河北省民营经济市场主体及从业人员

年份	民营经济市场主体（万户）	民营经济从业人员（万人）	民营经济税收（亿元）
2010	216.2	1629.1	1389.7
2011	235.95	1804.6	1978.3
2012	247.4	1938.1	2342.5
2013	256.5	2135.4	2554.6
2014	261.7	2131.9	2713.4

年份	民营经济市场主体（万户）	民营经济从业人员（万人）	民营经济税收（亿元）
2015	275.6	2132.4	2409.4
2016	287.1	2181.1	2666.2
2017	458.36①	2204.2	3125.9

资料来源：河北省统计局发布的《河北省国民经济和社会发展统计公报》（2010—2017 年）；原河北省工商局网站公布数据整理而成。

表 5-12　2010—2017 年河北省民间投资及占比

年份	全省固定资产投资（亿元）及增速（%）		全省民间投资（亿元）及增速（%）		占比（%）
2010	15082.5	22.9	8556.8	—	56.73
2011	16404.3	24.3	11568.8	35.2	70.52
2012	19661.3	20.0	14717.2	27.5	74.85
2013	23194.2	18.0	17760.0	20.7	76.57
2014	26671.9	15	20975.7	18	78.64
2015	29448.3	10.4	22769.4	8.5	77.32
2016	31750.0	7.8	24034.7	5.6	75.70
2017	33406.8	5.2	25577.0	6.4	76.56

资料来源：河北省统计局发布的《河北省国民经济和社会发展统计公报》（2010—2017 年）。

三、河北省发展民营经济的主要做法

1. 持续优化民营经济发展环境

一是政策体系更趋完善。2017 年，河北省先后出台了《河北省优化营商环境条例》《关于构建亲清新型政商关系的意见》《关于支持工业设计发展的若干政策措施》。2018 年 5 月，河北省委、省政府出台《关于营造企业家健康成长环境弘扬优秀企业家精神更好发挥企业家作用的实施意见》。

---

① 《快马加鞭！河北民营经济驰骋在高质量发展跑道上》，《河北日报》2018 年 6 月 26 日。

2018年6月，河北省委常委会议审议并原则通过《中共河北省委河北省人民政府关于大力发展民营经济的意见》，将发展民营经济摆在更加突出的位置，深入推进"放管服"改革，开展"双创双服"活动。[①]河北省民营办印发《河北省民营经济"十三五"发展规划》，为全省民营经济发展绘制宏伟蓝图。二是简政放权更趋深入。2016年，河北衔接国务院取消13项行政许可事项、取消152项中央指定地方实施行政审批事项、清理规范192项国务院部门行政审批中介服务等事项，取消下放行政权力事项122项、行政许可中介服务事项8项。三是商事改革更趋加快。深入实施"先照后证""多证合一"改革，2016年，工商设立登记前置审批事项由226项减少到34项。实行名称便利化改革，推行企业名称电子化登记。河北省全面实施企业简易注销改革。积极推行"双随机"抽查工作机制。河北省持续深化"多证合一"改革，大幅精简涉企证照，从实行"八证合一"到"二十三证合一"，再到2018年4月1日实行的"四十三证合一"，不断推进企业名称登记便利化、企业登记电子化改革。在全省推行"最多跑一次"改革，推动一般事项"不见面"，复杂事项一次办。[②]四是企业减负更趋明显。进一步完善河北省涉企收费清单和政府性基金目录清单，修订省级政府定价涉企经营服务性收费目录清单。认真执行"营改增"政策，积极落实企业税收减免政策，2016年为民营企业减税101.1亿元。全面清理6项、停征2项涉企行政事业性收费项目，停征、合并了一批政府性基金，可为企业减轻缴费负担近10亿元。五是舆论宣传更趋广泛。河北省委、省政府召开全省民营经济发展大会，选树百强民营企业、优秀民营企业家、创业功臣等先进典型并给予奖励，组织新闻媒体开展系列宣传活动。省民营办通过开辟专栏、微信H5页面等形式，全方位、多角度开展民营经济宣传，2016年在《河北日报》《河北经济日报》，河北电台、河北新闻网等刊发、播发和发布报道达500多篇，同时编制了《河北省民营经济政策指南》，首期印发1万册。

---

① ② 《快马加鞭！河北民营经济驰骋在高质量发展跑道上》，《河北日报》2018年6月26日。

2. 不断提升民营经济"双创"实力

一是在双创载体建设方面，2016年新增创业辅导基地31个，河北省拥有各类创业辅导基地399个，入驻小微企业8000余家，吸纳20余万人就业。清河羊绒等3家基地、唐山市分别入选第二批国家小微企业创业创新示范基地、示范城市，石家庄、保定、秦皇岛被列为省级小微企业创业创新示范城市。加强省级民营经济人才培训基地建设，河北省民营经济人才培训基地达到204家。二是在创业支持方面，2016年，启动实施"创业就业三年行动计划"，加强政策和资金扶持，全年共向民营个体创业者发放创业担保贷款14.77亿元。安排1亿元以上省级创业专项扶持资金，设立8000万元省级高校毕业生创业就业引导基金，对创业项目进行支持。安排3000万元资金以奖补形式支持16家省级创业就业众创空间，指导各县建立农民工等人员返乡创业园，对62个贫困县分别给予40万元的资金支持。全年新登记民营市场主体101.1万户，占河北省新登记市场主体总量的98.72%，全省民营市场主体户数达到395.11万户，占全部市场主体的比重达97.36%。三是在科技型中小企业培育方面，2016年，实施科技型中小企业成长计划，河北省科技小巨人企业达到2162家，已认定科技型中小企业4.2万家，占全省中小企业比重达到11%，拥有河北省著名商标、专利为2304项、4万件，分别占全省著名商标、专利总数的77%、20%。支持高新技术企业发展，河北省有效期内高新技术企业超过2000家，其中民营高新技术企业达到70%以上，涌现出一批行业龙头企业。推动"专精特新"企业发展，首批培育"专精特新"中小企业105家，每家企业奖补20万元。印发《河北省"专精特新"中小企业提升实施方案》，组织召开"专精特新"企业对接活动，推动企业创新发展。四是在科技研发平台建设方面，2016年，河北省省级以上科技企业孵化器达89家，其中国家级22家。在民营企业中已建立了国家级重点实验室8家、省级2家，省级产业技术研究院22家，省级工程技术研究中心174家。五是在推动产业集群发展方面，印发《关于加快推进"互联网+"产业集群建设的实施意见》，推进互联网技术与产业集群融合发展。选择安国中药等4个产业集群作为试点，开展智慧集群建设工作。加强创新型产业集群建设，2016 年，建成省级 14 家，国家级 3 家。大力培育产业集群区域品牌，定兴食品、宁晋电缆、隆尧食品、辛集皮革 4 个产业集群列入工信部产业集群区域品牌建设试点，每个试点给予 100 万元奖励资金。组织开展特色产业名县名镇、特色产业园区创建和示范集群评定工作，新增特色名县名镇 12 个、复核 20 个。六是在推动企业转型发展方面，印发《河北省万家中小工业企业转型升级行动实施方案（2016—2020 年）》，推动企业转型升级。指导大厂县开展民营经济综合改革试点工作，组织民营企业建立现代企业制度试点工作，为民营经济创新转型探索可复制可推广的成功经验。组织小微企业和创客参加 2016 年"创客中国"创业创新大赛，清新张家口能源科技有限公司研发的框架圆风力发电机组型风光互补路灯项目荣获"创客中国"小微企业组三等奖。

3. **高度重视民营经济人才培育**

一是实施重点人才培养工程。2016 年，依托清华大学、上海交通大学等知名高校优势资源，组织 650 名中小企业经营管理领军人才、高层管理者和民营企业家后备人才等参加长期和短期培训。以提升中小微企业经营管理人员的整体素质为重点，在河北省以大讲堂的形式举办 12 场名家讲坛，分行业、分专题举办各类业务培训和巡讲 60 期。二是实施实用人才聚集工程。2016 年，组织开展民营企业招聘周、中小企业网上百日招聘高校毕业生活动、中小企业高校毕业生人才招聘会等活动，引进 2.8 万多人到中小微企业就业。发挥以职业院校为主的百家省级民营经济人才培训基地作用，为民营企业输送各类人才近万人。三是实施全员素质提升工程。依托省民营经济人才培训基地，开展"四个一"帮扶活动，强化民营经济人才培训。大力开展职业技能培训，2016 年，河北省技能培训达 23.66 万人。加大"河北中小企业远程学堂"建设力度，依托时代光华在线学习平台等优质教学资源，扶助中小微企业开展自主培训，河北省完成各级各类培训 200 万人次（含企业自主培训）。

4. **积极破解民营经济融资难**

一是落实企业信贷政策。引导和鼓励银行业金融机构创新产品，加大对小微企业融资支持力度。2016 年底，河北省小微企业贷款余额达 8626.80 亿元，占全部企业贷款余额的 40.14%，比年初增加 1592.76 亿元。河北省 24 家小额票据贴现分中心，累计办理 300 万元以下小额票据贴现业务贴现金融 217.77 亿元，受益企业 12000 多家。二是推动企业上市融资。支持民营企业赴境内外多层次资本市场挂牌上市，2016 年河北省新增境内外多层次资本市场挂牌上市企业 260 家，新增直接融资 2000.5 亿元。2017 年，河北省民营经济领导小组办公室印发《2017 年民营经济工作要点》，提出将加大民营企业上市培育力度，支持企业到境内外多层次资本市场挂牌上市。三是推进担保体系建设。着力做大省级、做强市级、做实县级担保机构，2016 年，河北省融资性担保机构 355 家，资本金总额达 581 亿元。大力开展融资担保机构风险补偿，全年共给予符合条件的融资担保机构和银行金融机构风险补偿 2305 万元。河北省再担保公司注册资本增加至 10 亿元，进一步增强再担保服务能力。四是开展"政银企保"对接。2016 年，河北省针对小微企业开展银企保对接活动 592 次，推荐项目 9876 个，落实贷款 1284 亿元，与 20 家金融机构签署合作协议，全年完成中小微企业融资 9708.98 亿元。五是积极拉动民间投资。出台《关于进一步促进全省民间投资的实施意见》，激发民间投资潜力和创新活力。大力推广 PPP 模式，分三批向国家 PPP 项目库和社会推荐项目 153 个，引入社会资本 93.5 亿元。

5. 大力提升民营经济服务水平

一是服务体系更加完善。加大平台网络建设和服务力度，省平台和 39 个窗口平台实现互联互通，2016 年聚集带动服务机构 3200 多个，服务小微企业 3.4 万家。建设小微企业名录系统，为小微企业搭建起跨部门、跨领域、多功能的服务平台。二是服务活动更加有效。2016 年，组织 40 余名专家学者赴河间、冀州等 13 个县 300 家企业开展"专家学者企业行"活动，提出了一批技术解决方案。针对企业共性问题，开展 36 场次的"订单式服务"活动，服务企业 4200 多家。组织"金色阳光"法律服务行动 8 场，为 1100 多家中小微企业提供法律咨询服务。组织中小企业服务大篷车邯郸行、山海关行等活动，为中小企业提供"看得见、找得到、用得起"的服务。三是民企入冀活动成效显著。2016 年，组织小团组精准对接活动 89 场，进行大规模集中推介 9 场，在北京、上海、深圳、厦门等地举办投资说明会，全省共签约亿元以上项目 1129 项，总投资 16550.23 亿元。四是经贸展洽活动效果明显。2016 年，举办经洽会新兴产业展、京津冀通航产业成果展等经贸展洽活动，组织河北省企业参加西博会、工博会、信博会、软博会、新博会、中博会等国内大型经贸展洽活动，共达成各类贸易成交协议和意向金额达 70.47 亿元。五是企业出口稳步增长。2016 年，利用中央资金 7770 万元，对 120 家企业外贸转型升级项目给予支持，提升企业外贸竞争新优势。鼓励企业投保出口信用保险，扩大出口信用保险的渗透率和覆盖面。河北省民营企业出口额 1326.9 亿元，同比增长 6.1%，占全省出口额的比重达 65.9%。

第五节 重庆市民营经济发展的主要做法

近年来，重庆市民营经济从小到大、从弱到强，在经济社会发展中扮演着越来越重要的角色。在当前复杂严峻的经济形势下，重庆市民营企业积极适应经济发展新常态，更加注重科技进步和全面创新，更加注重新业态、新模式的培育和利用，转型升级、提质增效，助推全市经济健康平稳发展。

一、近年来重庆市民营经济发展情况[①]

1. 民营经济占比再创新高

2016 年，重庆民营经济实现增加值 8760.5 亿元，增长 12.1%，高出全市 GDP 增速 1.4 个百分点；民营经济增加值占 GDP 比重 49.9%，比上年提高 0.2 个百分点，再创直辖以来新高。民营经济对全市经济增长的贡献率达 59.2%，较 2015 年提高 3.5 个百分点；带动经济增长 6.3 个百分点，较 2015 年提高 0.2 个百分点，稳增长作用持续增强。2017 年，民营经济实现增加值

---

① 《2016 年重庆民营经济亮点纷呈》，《中华工商时报》2017 年 5 月 22 日第 8 版。

9832.61 亿元,增长 9.9%,占全市经济的 50.5%。(见表 5-13)

表 5-13 2011—2017 年重庆民营经济发展情况

年份	经济总量			增长速度	
	全市(亿元)	民营经济(亿元)	占比(%)	全市(%)	民营经济(%)
2011	10011.4	4896	48.9	16.4	18.3
2012	11459.0	5623	49.1	13.6	14.2
2013	12783.0	6202	49.0	12.3	14.5
2014	14263.0	6998	49.0	10.9	11.4
2015	15719.7	7809	49.7	11.0	12.2
2016	17558.5	8760.5	49.9	10.7	12.1
2017	19500.27	9832.61	50.5	9.3	9.9

资料来源:孙琼英:《重庆民营经济贡献大 占 GDP 比重过半》,《重庆商报》2018 年 7 月 28 日。

2. 民营经济市场主体持续增长

截至 2016 年底,重庆民营经济市场主体达 207.2 万户,同比增长 10.9%,占全市市场主体的 96.6%。其中,私营企业达到 62.8 万户,增长 15.4%;个体工商户达到 144.4 万户,增长 9%。重庆市私营企业实现大幅增长,增速从 2011 年起连续 6 年领先个体工商户,占全市民营经济市场主体的比重也从 2011 年的 21.2% 提升到 2016 年的 30.3%,市场主体结构进一步优化。截至 2016 年底,重庆民营经济注册资本金达到 22709.7 亿元,增长 34.7%。其中,私营企业注册资金达 21820.1 亿元,增长 35.5%;个体工商户注册资金 889.6 亿元,增长 17.5%。2010—2016 年,重庆私营注册资本年均增长 96%。2017 年,重庆民营经济市场主体 232.6 万户,增速 12.26%。

3. 民间投资平稳增长

2016 年,重庆民间固定资产投资完成 8858.5 亿元,占全市固定资产投资总量的 51%;全市民间固定资产投资同比增长 11%,略低于全市固定资产投资增速。从投资领域看,2016 年重庆市民间投资中三大产业结构比例为 4.2∶45.7∶50.1,第三产业仍是民间投资的重头,比上年增长 9.4%;第二产业民间投资较 2015 年增长 22.9%，民营企业对制造业发展的信心不断增强。2017 年，重庆市民间投资 9522.88 亿元，增长 13.5%，占全市固定资产投资的比重为 54.6%。

4. 民营企业竞争力快速提升

2017 年，在重庆市科技型企业中，民营企业占到了 96.7%；全市民营企业累计建立 20 家院士专家工作站，1200 余家民营经济成立科研机制；全市民营中小企业建立市级技术研发中心 353 个，有效发明专利 8000 多件，占全市总量近八成。

二、"十二五"以来重庆市民营经济发展的主要做法

"十二五"以来，重庆市重点围绕培育强化技术创新、提升传统产业、新兴产业、开展本地配套采购、实施供给侧结构性改革、降低企业成本等领域，加快转变发展方式，推动产业结构优化，民营工业转型升级成效明显。

1. 强化企业技术创新，促进发展动力转换

一是鼓励民营企业建立技术中心。搭建以国家级企业技术中心为龙头、市级企业技术中心为骨干、区县级企业技术中心为基础的三级企业技术创新体系，推动民营企业研发中心建设。二是支持民营企业开展研发模式创新。推进以企业为主体，股权结构多元化、市场化运作的新型研发机构建设，帮助企业整合全社会创新资源，不断孵化形成新的创新成果和新经济增长点。2016 年，已推动建立再升科技、中力优力、柳江医药等 10 余家企业建立新型研发机构。三是改善研发环境。出台了《促进企业技术创新办法》《关于鼓励企业加大研发投入推动产业转型升级发展的通知》等文件，特别是市委四届九次全委会对创新驱动进行全面部署，出台了 45 条含金量较高的政策，建立了研发准备金和重大新产品研发成本补助等制度，设立了产业技术创新引导基金，滚动实施工业研发千亿投资计划，促进民营企业加大科研投入，推动新产品研发，引导全市民营工业研发投入年均增长 20% 以上。四是推动技术创新。深入实施"30 项战略性新兴产业关键核心技术攻关计划"，重点对民营企业十大新兴产业所涉及的基础材料、基础零部件、基础工艺、基础

技术等进行攻关，京东方"超薄低功耗显示模组"等 25 项技术达到国际领先水平，天然气制乙炔、MDI 一体化制备等技术水平全国一流。

2. 改造提升传统产业，助推民营经济稳步增长

推进信息技术与传统产业深度融合，实施智能制造、技术改造、工业强基、质量品牌、服务型制造、绿色制造六大工程，推进民营企业稳增长、调结构、促转型，加快传统产业提档升级。紧紧抓住全球产业转移趋势、顺应市场消费潮流，按照"整机+配套""成品+原材料"等垂直整合模式，推动民营企业产业链上中下游垂直整合、同类企业集聚共生，制造业和服务业融合发展，推动传统产业集群朝高端化、高质化和高新化方向发展。汽车产业形成"1+12+1000"产业集群，2016 年实现产值 5391 亿元，产销汽车超 316 万辆，占全国八分之一，成为全国最大的汽车产业基地。电子智能终端产业构建起"5+6+860"产业集群，产值 4999 亿元，笔电产量占全球 1/3。民营汽车、电子等行业产值、产量占全市一半以上。重庆市已形成民营企业占主体，汽车、电子双轮驱动，装备、化医、材料、消费品、能源行业等多点支撑的"6+1"的支柱产业体系。

3. 大力培育新兴产业，推动民营经济接续发展

结合全球产业变革趋势，立足重庆资源、技术和市场条件，引导民营企业布局发展电子核心部件、物联网、机器人及智能装备、新材料、高端交通装备、新能源汽车及智能汽车、MDI 及化工新材料、页岩气、生物医药、环保十大战略性新兴产业。围绕产业链薄弱和缺失环节，聚焦项目引进、开工、续建、投产、达产关键环节，加快推进重点项目建设。民营企业积极推动战略新兴产业发展，促进 2016 年十大战略新兴产业共完成投资 1124 亿元，占全市工业投资的 20%；完成产值 2700 亿元，增长 50%。

4. 加大民企产品采购，提高市场竞争力

一是修订及推广重点采购目录。修订出台和推广应用《重庆市重点鼓励采购产品指导目录（2016 版）》《重点医药品种目录（2016 年版）》，鼓励同等条件下优先采购重点采购目录产品。二是建立项目库。已建立龙头企业配套产品项目库，包含 158 户工业龙头企业、1135 个配套产品，其中 90%以

上工业龙头企业属于民营企业。三是开展对接活动。2016年分行业、分专题组织了10场次有52户民营工业龙头企业、210户民营中小微企业参加的采购对接活动，达成配套采购金额15亿元。四是给予配套奖励。对龙头企业采购市内中小微企业配套产品年累计在1亿元及以上的按新增采购额的0.5%给予奖励。

5. 综合施策去产能，努力提高供给有效性

近年来，重庆严控煤炭、钢铁等传统过剩产能规模，不跟风发展光伏、风电等新兴产能过剩行业，化解过剩产能和淘汰落后产能的压力相对较小。中央提出着力推进供给侧结构性改革，推动经济持续健康发展战略部署以来，重庆着力加强供给侧结构性改革，认真做好"加减乘除"四篇文章，增有效供给，去无效供给，加快培育发展新动力。建立"1+7"去产能工作体系，研究提出去产能工作奖补资金、职工安置、债务处置等关键环节的政策保障问题，稳步推进钢铁、煤炭、烟花爆竹、国有僵尸企业和空壳公司、民营僵尸企业和空壳公司、船舶、粮食库存7大行业去产能工作。2016年去除民营企业粗钢产能516.75万吨、生铁产能10.8万吨；去除煤炭产能2084万吨，52家烟花爆竹企业已全面停产、化解船舶过剩产能8万载重吨等，绝大多数为民营企业，为其他优质民营企业腾挪发展空间，优化资源有效配置，发展优势产业和新兴产业。

6. 抓好民营企业综合服务，确保工业经济平稳运行

围绕企业发展所需所盼，提高服务的针对性和有效性，为工业经济发展保驾护航。一是强化经济运行动态监测。建立"7+38+500"运行监测体系，健全重点项目跟踪推进机制和重点企业工作协调机制，及时协调解决民营企业项目建设、手续办理、市场拓展、运营管理、要素保障等问题，确保问题早发现、早应对、早解决。二是降低税费成本。全面贯彻落实国家一系列降低民营企业税费的政策措施。先后出台5批、188条减负目录，2016年为企业减负300多亿元。三是降低要素成本。全面推动国家一系列降低民营企业能源要素价格的政策落到实处，积极稳妥推进售电侧市场化改革试点，2016年降低用电成本20亿元。加大页岩气消纳协调力度，积极探索本地用气价格优惠机制，重点民营企业用气满足率保持100%，2016年节约用气成本2.4亿元。充分发挥渝新欧大通道作用，减少中间环节，降低民营企业运费，提高效率，运营成本比开通之初降低40%，运行周期由16天下降到13天。四是降低资金融资成本。设立民营经济发展、工业振兴等专项资金，"十二五"时期支持民营工业企业项目2398个，资金24.3亿元。牵头建立产融合作联席会议制度，搭建政银企合作平台，建立"三类企业、五类项目"清单名录库，入库企业358家和490个项目，积极推动银企对接，为民营企业提供了融资服务，平均利率约7%。实施"双百企业"稳产增效和"三有一困"企业融资贴息等政策。配合人行重庆营管部开展银行间债券市场发债融资专项行动，全市民营工业企业在银行间市场融资，平均利率仅在4%左右。五是开展民营企业帮扶解难工作。推进民营企业帮扶解难工作，在渝北等6个区开展试点，建立和运行重庆企业帮扶智能管理系统，健全完善民营企业帮扶解难长效工作机制，综合施策，有针对性地解决、化解民营企业在适应经济发展新常态中的实际困难。

第六章　贵州民营经济发展之展望

2016 年贵州印发的《省委、省政府关于进一步促进民营经济加快发展的若干意见》，明确了"十三五"时期贵州民营经济的发展目标：到 2020 年，全省民营经济增加值和民间投资均突破 10000 亿元，双双实现倍增，分别占全省地区生产总值和全省固定资产投资的比重达 60% 和 50% 以上，进一步提升民营经济发展规模、占比和质量，切实为"十三五"时期全省经济持续快速稳定增长、决战脱贫攻坚、决胜同步小康提供强有力支撑。

贵州民营经济要保质保量实现"十三五"的工作目标，就必须以生态文明理念为指引，以供给侧结构性改革为主线，坚持质量第一、效益优先，提高全要素生产率，着力构建市场机制有效、微观主体有活力、宏观调控有度的民营经济体制，[①] 优化产业布局，完善公共服务体系。

第一节　坚持以生态文明引领民营经济发展

从发展历程来看，生态文明思想和理念主要是由学界精英和社会组织率先关注并发起的，并被世界各国政府接受、倡导和推动，是典型的"精英治国"模式，经过近半个世纪的发展，目前已处于日渐成熟的阶段。在这种情况下，实现既定目标一方面需要在国家顶层设计中进行理念创新、制度创新

---

①　参见习近平总书记 2017 年 10 月 18 日在党的十九大上所作的报告：《决胜全面建成小康社会夺取新时代中国特色社会主义伟大胜利》。

和措施创新，以指引生态文明的建设方向，另一方面也需要国家、公民和社会组织的共同参与，需要社会和人民"自下而上"的自主实践。在生态文明建设的道路上，我们首先需要清楚地理解和认识生态文明发展的历史进程。

一、生态文明的提出和兴起

按照人类文明的发展规律和演化逻辑，迄今为止，人类文明已经经历了三种文明形态，即原始文明、农耕文明和工业文明，目前我们正处于工业文明向生态文明的过渡时期。虽然根据人类文明在不同时期所表现出来的特质可以将文明划分为不同的类型或阶段，但是人类文明的发展演化是一个连续统一的过程，其间有曲折却并无断裂。因此，透过人类文明的历史脉络，我们不仅能够发现不同时期文明的内涵，而且还能从中发现生态文明从萌芽到发育、成长的过程。

1. 原始文明

原始文明是人类文明的第一阶段。初期为"旧石器初期"，根据考古发掘和考古学家的研究，约在四五十万年前，生活在现在北京周口店山洞的"中国猿人"，开始制造粗糙的石器和骨器，他们选取砾石，加以打击使一边出现薄刃，或者将石英打击成有棱角的石片，当作工具使用。之后，进入"旧石器中期"，在河套等地方考古学家们发现了比较进步的石器和骨器，这些石器是一些尖状器和刮削器。此后，考古学家们又在周口店猿人洞穴的上顶洞穴中，发现了火石、石英、石核的刮削器和斧状器、尖状器、刃器等。此外，考古学家们还发现了兽骨制成的各种骨器，以骨针为主，历史学家们将这一时期称为"旧石器晚期"。山东济南附件龙山镇的城子崖等地，曾发现了更为进步的新石器、骨器和陶器，最精美的陶器是钟"黑陶"，漆黑发光，薄如蛋壳，而又坚硬。河南、山西、陕西、甘肃、青海等地的"仰韶文化"遗址中，同样发掘了许多新石器、骨器、陶器等手工制品。这就是"新石器时期"。[①]

---

① 童书业：《中国手工业商业发展史》，中华书局 2005 年版，第 1-2 页。

进入氏族社会以后，氏族成员以血缘关系为纽带联结在一起，他们依赖氏族生存，共同占有一定的土地和其他物品，共同劳作，共同消费，这一时期农业和畜牧业开始出现。[①] 同时，人类社会改造自然的劳动工具也出现了质的改变，由"原始物理性为主"转变为"主观能动性为主"，比如《易经·系辞下传》第二章记载："古者包羲氏之王天下也……作结绳而为网罟，以佃以渔，盖取诸离""包羲氏没，神农氏作，斫木为耜，揉木为耒，耒耨之利，以教天下，盖取诸益"。

可见，在原始社会，人类已经开启了认识自然的长途之旅，但人类过多的是从自然界直接获得食物，相对自然界的力量，人类是"渺小"的，原始文化过多地表现为对自然的崇拜和敬畏。由于生产工具的简陋和交往方式的狭窄，原始人的实践活动带有非常强的实用性目的，即获得生产资料是劳动的直接目的，而且获得生存资料占据了他们生活的大部分时间，成为日常生活的主题。尽管从文化分类学的角度来看，原始文明可以分为不同的区系，但是从物质活动的层面来说，仍然存在一些共同的现象，如早期以狩猎和采集为主，生产工具简单，使用石制的投枪、投掷棒、尖状器等。[②]

2. 农耕文明

原始文明只是人类文明的初始时期，并非人类文明的常态。人与自然的关系、人与人的关系都不会始终停留在一个固定状态，从原始文明过渡到农耕文明，就是人类文明发展史上的重大跨越。随着石器的发展，金属工具的出现，生产进一步发展，劳动生产率有了较大提高，这使人类从食物的采集者变为食物的生产者，是第一次生产力的飞跃。这为社会分工提供了物质基础，第一次出现了社会大分工，即畜牧业和农业的分工。

社会大分工出现以后，社会产品除了维持人们的生活必需以外，开始有了剩余。剩余产品的出现，一方面为一部分人摆脱繁重的体力劳动，专门从事社会管理和文化科学活动提供了可能，另一方面也为私有制的产生准备了

[①]　王振芳、王轶英：《中国古代经济制度史》，北岳文艺出版社 2012 年版，第 1 页。

[②]　刘湘溶等：《我国生态文明发展战略研究》，人民出版社 2012 年版，第 17-18 页。

条件。随着私有制的产生，社会上出现了剥削阶级和被剥削阶级，原始社会开始解体。人类社会进入农耕文明后，以土地为根据的竞争关系成为人类社会进化的主要动力。① 在农耕文明时代，人们利用土地和其他自然资源生产，维持人类生活必需，但又不能完全由自然提供的产品来满足，它标志着人类迈入了主动改造自然的决定性步骤，同时也推动了人类自身在各方面的进化，产生了以农业为主的农耕文化。②

农耕文明主要存在于奴隶社会和封建社会，尽管世界上不同的农耕文明显示出了各自的特色，但总是表现出一些共有的特色。首先，文明的发端和发展都表现为对自然环境的高度依赖。无论是尼罗河流域、底格里斯河流域和幼发拉底河流域的古代文明，还是印度河—恒河流域以及我国黄河流域的古代文明，其散布范围都是适合人类居住的场所，基本都濒临大江大河，自然界对人类都有较多馈赠。其次，文明的内涵、构成及特点都表现出与农业活动的一致性或协调性，生产方式和社会分工都较为简单，精神生活虽然较原始社会有较大进步，但是自然崇拜在农业社会仍很普遍。最后，在农耕文明阶段，由于开发利用自然的力度不断增强，人类与自然的矛盾已经初见端倪。③

3. 工业文明

从农耕文明向工业文明的转变并不是一蹴而就的。一是思想得到空前解放。文艺复兴、宗教改革与启蒙运动并称为西欧近代三大思想解放运动，通过这三大运动，使得人文主义得到了极大的张扬，人文主义精神的核心是提倡人性，反对神性，主张人生目的是追求现实生活中的幸福，倡导个性解放，反对愚昧迷信的神学思想。二是自然科学得到迅速发展。文艺复兴时期，天文学、物理学、化学、生物学等领域取得了重大突破，哥白尼是这一"科学革命"的伟大先驱，他深受人文主义影响，撰写出著名的《天体运行》，提出了影响深远的"日心说"。三是资产阶级革命取得胜利。新航路

① 参见百度百科关于"农耕文明""奴隶社会"的解读。
② 赵凌云等：《中国特色生态文明建设道路》，中国财政经济出版社 2014 年版，第 31 页。
③ 刘湘熔等：《我国生态文明发展战略研究》，人民出版社 2012 年版，第 17–18 页。

开辟以后，英国人利用有利的地理位置拓展对外贸易，制造业等工场手工业得到很大发展，由工场主、商人、银行家和农场主等组成的新兴资产阶级不断壮大。英国率先爆发了资产阶级革命，并席卷欧美各国，为工业文明扫除了政治障碍。

工业文明开始于18世纪60年代，通常认为它发源于英格兰中部地区，是资本主义工业化的早期历程，即资本主义生产完成了从工场手工业向机器大工业过渡的阶段。英国人瓦特改良蒸汽机之后，一系列技术革命引起了从手工劳动向动力机器生产转变的一场生产与科技革命，随后向英国乃至整个欧洲大陆传播，19世纪传至北美。一般认为，蒸汽机、煤、铁和钢是促成工业革命技术加速发展的四项主要因素。[①]工业文明时代的到来带来了崭新的文明图景，展现出了新的文明特质：

（1）生产工具发生了重大变化。生产工具日益朝着高功率、高自动化、高智能化的方向发展。在原始文明阶段，人类使用的工具大都属于天然的或者是稍加改造的石器；在农耕文明阶段，生产工具虽有较大改进，但是主要是以金属工具为主，同时依赖于牲畜进行生产；在工业文明阶段，生产工具无论是在结构上还是在功能上都发生了巨大变化。随着生产领域的细化，生产工具渐趋多样化，每一种生产工具都承担特定的功能。机械力代替自然力和牲畜力，不但延伸了人类的肢体而且强化了人类的智力，从而使人类的生产能力有了飞跃式提高。正如马克思、恩格斯所言："自然力的征服，机器的采用，化学在工业和农业中的应用，轮船的行驶，铁路的通行，电报的使用，整个大陆的开垦，河川的通航，仿佛用法术从地下呼唤出来的大量人口……"[②]

（2）大生产改变了劳动对象的性质。在原始文明和农耕文明阶段，人们的生产活动都是直接与自然界打交道，劳动对象都是天然的自然物，进入劳动过程的劳动对象相对比较简单，土地、草原、河流既是人们的劳动场所，也是人们直接的劳动对象。但是在工业文明阶段，劳动对象表现出多样性，

---

① 参见百度百科关于"工业革命"的解读（更新于2018年2月1日）。

② 刘湘熔等：《我国生态文明发展战略研究》，人民出版社2012年版，第33页。

既有直接加工的自然物，也有需要加工的物品，因而劳动对象变得越来越广泛和复杂。同时，劳动场所不仅是在自然环境下进行，而且大多在城市的工厂、车间里展开，劳动强度空前提高。物质生产方式的改变，在很大程度上改变了人与自然的关系，扭转了人在自然界的被动局面。[1]

（3）人与人之间的关系发生了重大变化。马克思、恩格斯在《共产党宣言》中指出：资产阶级在它已经取得了统治的地方把一切封建的、宗法的和田园诗般的关系都破坏了。它无情地斩断了把人们束缚于天然尊长的形形色色的封建羁绊，它使人和人之间除了赤裸裸的利害关系，除了冷酷无情的"现金交易"，就再也没有任何别的联系了。它把宗教虔诚、骑士热忱、小市民伤感这些情感的神圣发作，淹没在利己主义打算的冰水之中。它把人的尊严变成了交换价值，用一种没有良心的贸易自由代替了无数特许的和自力挣得的自由。资产阶级撕下了罩在家庭关系上的温情脉脉的面纱，把这种关系变成了纯粹的金钱关系。也就是说，由资产阶级主导的社会活动，大多被金钱和利益直接支配，他人利益、社会利益等往往受到践踏。个人在社会中处于一种被抛弃状态，人与人之间处于紧张对立状态，同时导致人与自然的矛盾关系。

总体而言，工业文明以大工业生产方式为主导，以物质财富的迅速积累为标志，它带有非常明显的"外向性"，相对于原始文明和农耕文明，更具有扩张性、侵略性、主动性、开放性等。

4. 生态文明

列宁曾经指出："辩证发展过程在资本主义范围内确实就包含着新社会的因素，包含着它的物质因素和精神因素。"同样，工业文明在自身的发展过程中也不断沉淀着生态文明的物质条件和精神条件。从这种视角来看，生态文明并不是在割断工业文明的基础上产生的一种独特文明，它是工业文明的转型和提升。

工业文明在几百年的发展历程里塑造了一种很明显的"外向性"或

---

[1]　刘湘熔等：《我国生态文明发展战略研究》，人民出版社 2012 年版，第 34 页。

"扩张性",虽然工业文明的铺展使人类生活方式发生了重大变化,原始文明和农耕文明时期的人类生活的封闭性、被动性、重复性等诸多特征都被洗涤掉了,人与人之间的关系、人与自然的关系都得到了较为充分的扩展和开发,但这种开发和扩展是以人与人之间的激烈对抗,以及人对自然的野蛮掠夺为前提的,而两重矛盾的发展、激化就成为推动工业文明解体、转型的重要力量。[1]

工业文明自诞生之日起就因其局限性和易造成生态危机而备受诟病和批判。恩格斯在《自然辩证法》中就深刻指出:"我们不要过分陶醉于我们对自然界的胜利,对于每一次这样的胜利,自然界都报复了我们……美索不达米亚、希腊、小亚细亚以及其他各地的居民,为了想得到耕地,把森林都砍完了,但是他们梦想不到,这些地方今天竟因此成为荒芜不毛之地,因为他们使这些地方失去了森林,也失去了积聚和贮存水分的中心……"[2]

至于生态文明这一概念究竟何时由何人首先提出来,目前很难考证。即使通过文献考证获得一定线索,其实质意义也并不大。普遍的共识是,随着环境污染事件频发、高发,特别是20世纪60年代以来,整个世界关于"生态文明"的话语表达日益活跃,社会生活的各个层面都逐渐形成了自己的"生态"语境,因而使得"生态文明"或"生态"的概念不断对外扩张。[3]其历史溯源如下:1866年,德国生物学家恩斯特·海克尔通过对胚胎、细胞等自然生物与其环境关系模式的研究,提出了"生态学"一词。1935年,英国生态学家阿瑟·乔治·坦斯利提出了生态系统的概念,开始从宏观的角度认识自然生态环境。1962年,美国生物学家雷切尔·卡逊出版了《寂寞的春天》,阐述了人类大量使用杀虫剂对人与环境产生的危害,敲响了环境危机的警钟。[4] 1965年,美国经济学家波尔丁提出了"宇宙飞船理论",认

① 刘湘熔等:《我国生态文明发展战略研究》,人民出版社2012年版,第39-40页。

② 中共中央 马克思恩格斯列宁斯大林著作编译局:《马克思恩格斯选集》(第4卷),人民出版社1995年版,第383-384页。

③ 刘湘熔等:《我国生态文明发展战略研究》,人民出版社2012年版,第53页。

④ 沈满洪、谢惠明、余冬筠:《生态文明建设从概念到行动》,中国环境出版社2014年版,第22页。

为地球就像太空中飞行的宇宙飞船一样，需要不断消耗自身有限的资源以获得生存，若人类经济活动超过了地球承载力，地球就会像宇宙飞船一样走向毁灭。1972 年，以丹尼斯·米都斯为代表的罗马俱乐部成员所著的《增长的极限》，开始对西方发达国家的传统发展方式提出质疑，从而引起世界各国广泛关注环境保护问题。[①] 1987 年，联合国世界环境与发展委员会提交的研究报告《我们的共同未来》，提出了可持续发展的概念，把环保和人类发展切实结合起来，实现了环境和发展的重要飞跃。1992 年，在里约热内卢召开的联合国环境与发展大会，通过了《里约环境与发展宣言》和《联合国可持续发展二十一世纪议程》两个纲领性文件，郑重宣告"促进可持续发展是我们的责任"。[②]

二、坚持生态文明理念引领的必要性分析

诺贝尔经济奖得主库兹涅茨提出了库兹涅茨曲线，用来解释收入分配不均衡随人均 GDP 变化的倒"U"形曲线，概括了收入分配不均衡性在经济发展早期比较低，随着人均 GDP 上升而增加，一直增长到当人均 GDP 达到一定临界值时达到顶点，然后转而下降的规律。20 世纪 90 年代，经济学家开始借用库兹涅茨曲线来描述环境污染与人均 GDP 的关系，其核心就是经济增长的不同阶段对应的环境质量状况；在经济发展初期，环境质量可能随着经济增长而不断下降和恶化，但到一定拐点时，环境质量又有可能随经济的进一步发展而逐步改善。对照环境库兹涅茨曲线图（见图 6-1），贵州当前的环境状况正处于库兹涅茨曲线倒"U"形曲线的左侧上方，环境污染处于关键时期，下一步采取何种经济发展方式，决定了未来"环境高山"的高度。[③] 实践证明，建设生态文明是破解经济社会发展难题、加快经济发展方式转变的重要举措。

---

① 邓翠华、陈墀成：《中国工业化进程中的生态文明建设》，社会科学文献出版社 2015 年版，第 11~15 页。

② 赵洗尘：《循环经济文献综述》，哈尔滨工业大学出版社 2010 年版，第 3 页。

③ 吴大华：《中国特色的循环经济发展研究》，科学出版社 2011 年版，第 19~20 页。

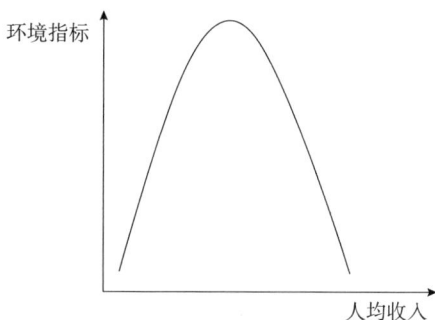

图 6-1　环境库兹涅茨曲线

资料来源：吴大华：《中国特色的循环经济发展研究》，科学出版社 2011 年版，第 20 页。

1. 可持续发展方式的持续演化

（1）经济活动的外部性。外部性或外部经济是经济学概念。简而言之，经济外部性是经济主体（包括厂商或个人）的经济活动对他人和社会造成的非市场化的影响。外部性分为正外部性和负外部性。[1] 英国"剑桥学派"的创始人马歇尔虽然没有直接明确地提出"外部性"这一概念，但这一概念却源于马歇尔在 1890 年发表的《经济学原理》中提出的"外部经济"的概念。1912 年，马歇尔的嫡传弟子庇古出版了《财富与福利》一书，首次用现代经济学的方法从福利经济学的角度系统地研究了外部性问题，提出了"外部不经济"的概念和内容，将外部性问题的研究视角从外部因素对企业的影响效果转向企业或居民对其他企业或居民的影响效果。此后，埃利斯和费尔纳将"外部不经济"与污染问题联系起来，更加注重对现实生活的考查。[2]

经济活动的负外部性在生活中时有发生。假设两家企业都位于一条河边，第一家从事造纸的企业位于上游，第二家经营水上养殖的企业靠近下游。尽管使用方式不一样，但两家企业都使用同一条河流。造纸厂把河流当作污水排放的地方，而养殖场依靠优质水资源发展鱼虾。如果这两者经营主体不同，就很难实现对水资源的有效利用。因为造纸厂直接选择排污成本

---

① 参见百度百科关于"经济外部性"的解读（更新于 2017 年 5 月 30 日）。

② 靳利华：《生态文明视域下的制度路径研究》，社会科学文献出版社 2013 年版，第 42 页。

低，但又不承担下游养殖场的损失。因此，初步判断，造纸厂会向河流倾倒更多的污水，进而导致水资源的无效配置和使用。

图 6-2 描绘了纸张市场，显示了这类外部成本对造纸行业的影响。纸张生产不可避免地在生产的同时造成污染。需求曲线 D 显示了人们对纸张的需求，MC_p 是生产纸张的私人边际成本曲线（不包含污染控制和污染损害）。因为社会既要考虑纸张生产成本，也要考虑污染的成本，社会边际成本函数（MC_s）包含了这两项成本。

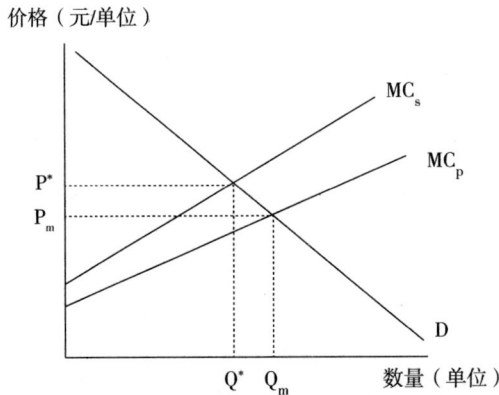

图 6-2　造纸厂产量与成本示意图

资料来源：汤姆·蒂坦伯格、琳恩·刘易斯：《环境与自然资源经济学》，王晓霞等译，中国人民大学出版社 2011 年版，第 66 页。

如果造纸厂不存在控制排放水平的管制要求，它的产量是 Q_m。在竞争的状况下，将会使生产者剩余最大化。但这显然不是有效的，因为净效应最大化发生在 Q^* 点而非 Q_m 点。根据图 6-2，可以得出许多结论，与存在污染外部性的商品市场配置有关：①产量过高。②产生了过多的污染。③导致污染的产品价格过低。④只要存在外部性成本，市场就不会产生寻求降低单位产出污染方法的激励。⑤由于污染物排入环境的成本如此之低，污染物回收和再利用缺乏激励。

由于存在这类商品的不完全市场，最终会影响原材料、劳动力等方面的需求。①

（2）生态文明激励。从全球范围看，工业革命以来，工业化进程成就了许多地区新的物质文明，并让这些区域暂时获得前所未有的经济喜悦。工业化前所未有地延展了人类开发与利用自然的能力、范围与形式，越来越多的自然资源离开自然系统，进入到经济社会系统之中，而后又以多样的废弃物形式回到自然界之中。奉献资源，承接废弃物，物质如此的一出一入，加上土地利用的转换，使自然生态系统面临着人类历史上最强的发展压力，也使人类的发展面临着史上最大的生态风险。②

自然界可以承受短期的生态超载，这种情况下只会表现出最低限度的损失迹象；但如果人类对生态系统的利用速率总是超过其再生速率，导致生态赤字持续存在，将产生重大的环境影响，包括自然资源退化，自然储备减少，生物多样性损失和生态系统崩溃等。一个国家对生态商品与服务的需求可能超过其生态系统的供应能力，进而造成生态赤字。各国可以通过下列三种方式应对生态赤字：消耗国内的生态资本存量；通过进口产品，利用其他国家的生物承载力；开发全球公共领域，如向大气层排放化石燃料燃烧产生的二氧化碳等。③

自20世纪70年代以来，全球进入生态超载状态，人类的生态足迹超过了地球的生物承载力。此后，生态超载情况已经达到了需要约1.5个地球才能满足人类的生物承载力需求的地步。如今，在地球的九大边界指标之中④，1/3的指标已超越安全界限，它们是：生物多样性损失、氮循环、气候变化。这三个指标无一不与生物承载力息息相关。⑤就中国而言，1978—2012年，中国GDP增长了23倍，相应地，施肥量增加了5.6倍，能源消费增长了

① ［美］汤姆·蒂坦伯格、琳恩·刘易斯：《环境与自然资源经济学》，王晓霞等译，中国人民大学出版社2011年版，第65—66页。

②③⑤ 世界自然基金会（WWF）、中国环境与发展国际合作委员会（CCICED）于2015年11月12日发布的《地球生命力报告·中国2015》。

④ 九大边界指标：生物多样性损失、氮磷循环、气候变化、化学污染、大气气溶胶负载、海洋酸化、平流层臭氧耗尽、全球淡水使用情况、土地使用变化情况。

5.3 倍，铜增长了 20.7 倍，铝增长了 44.4 倍，钢材增长了 26 倍，水泥增长了 35.3 倍，纸和纸板增长了 19.7 倍。改革开放后，尽管一些资源消费幅度看似比改革开放前小得多，但是由于基数巨大，资源消耗的规模效应十分惊人，对环境的影响则大得多。①

随着环境挑战日益严峻，自然资源面临的压力日益增大，世界各地已经开始向保护资源和可持续发展的方向转变，生态文明逐渐成为经济社会发展的重要指导思想。外部压力与内在动力形成了新的发展机制，将可持续发展转化为人类经济社会与生态环境长期、稳固、和谐、协调、全面发展的互利共生机制，促进可持续发展的内生化。②生态文明已成为经济社会发展的重要激励方式之一：

第一，生态可持续能力提升的自觉行动。进入 21 世纪以来，罗马俱乐部关于"环境恶化极限"的认识已经取得越来越多的组织与个人的认同。无论是全球的国际组织，还是国际行动，无论是企业组织，还是非营利机构和个人，已经把环境改善纳入到可持续发展的基本内容中，或者制度化，或者政策化，或者计划化，或者个体化，增强了低碳发展与绿色发展的新趋势。以此再现了近二三十年生态可持续性功能提升的自觉行动的重要成就。③

第二，经济社会生态化发展方式的普及与推广。科技创新、政策强制、环境税收、社会责任履行披露、排放指标交易、碳汇经济发展、利益团体的技术援助，生态权益分享等多方的驱动，导致经济社会向生态化方向发展，整个形态处于普及与推广之中。④

第三，生态发展红利的持续激励。发达国家以及发展中国家的"绿色新政"，固化了未来发展趋势的基本前景；各种资本与财富的保值增值，国民幸福指数的持续提高，全面、协调与可持续获取的成本降低，成为制度持久化与组织内生化博弈的基本动力，也是生态发展红利促使制度化、集团化与

---

① 中国科学院可持续发展战略研究组：《中国可持续发展战略报告——创新生态文明的制度体系》，科学出版社 2014 年版，第 91 页。

②③④ 栗战书：《文明激励与制度规范——生态可持续发展理论与实践研究》，社会科学文献出版社 2012 年版，第 138 页。

长久化重复博弈与演化的机理。尽管国家气候问题隐藏着政治倾向，但是从善治、善为的角度分析，生态发展红利的持续激励正在对其他短期发展方式进行替代。[1]

可持续发展的目标激励，既强化了不可持续发展方式的退出与终结，又通过生态可持续发展能力提升与建设开辟成为人类新的发展领域与绿色增长空间。在生态激励迅速扩张与传统经济不断紧缩约束的"双重驱动"下，人类社会发展模式正处于"新的转折点"。[2]

2. 民营经济市场主体在生态文明中的地位和责任

（1）民营经济主体是生态文明建设的重要参与者。长期以来，民营经济是经济持续健康发展的重要力量。到 2017 年底，全国共有民营经济市场主体 9305.7 万户，占全部市场主体的 94.81%；全国个体私营经济从业人员实有 34100 万人，占全国城镇就业人口的 80.31%；全国民间固定资产投资 381510 亿元，占固定资产投资的比重为 60.4%；民营经济对国民生产总值的贡献率达 60%；民营经济税收占全部税收总数的 52.5%。

作为社会主义市场经济重要组成部分的民营经济，在生态文明建设中与公有制经济同样处于十分重要的地位。1999 年 3 月，九届人大二次会议通过的宪法修正案以法律的形式确立了"私营经济是社会主义市场经济的重要部分"。2002 年，党的十六大报告提出毫不动摇地巩固和发展公有制经济的同时，做出了"必须毫不动摇地鼓励、支持和引导非公有制经济发展"的论断。党的十六大明确指出，"在社会变革中出现的民营科技企业的创业人员和技术人员、受聘于外资企业的管理技术人员、个体户、私营企业主、中介组织的从业人员、自由职业人员等社会阶层，都是中国特色社会主义事业的建设者"。2015 年，《中共中央　国务院关于加快推进生态文明建设的意见》专门强调："生态文明建设是中国特色社会主义事业的重要内容，关系人民

---

① 栗战书：《文明激励与制度规范——生态可持续发展理论与实践研究》，社会科学文献出版社 2012 年版，第 138 页。

② 栗战书：《文明激励与制度规范——生态可持续发展理论与实践研究》，社会科学文献出版社 2012 年版，第 139 页。

福祉，关乎民族未来。"可见，民营经济主体已经成为我国生态文明建设的参与者和建设者。

（2）民营经济主体是生态文明建设的重要责任者。民营经济快速发展壮大之际，在发展过程中也暴露出发展不科学的问题，特别是在发展与生态环境的关系上，由于受技术、管理水平以及盲目追求最高利润等因素的影响，民营经济虽然在不断转变增长方式，但是进展缓慢。国家关于生态文明建设的制度和措施对民营经济的影响比过去更深、更广，但由于绝大多数民营经济主体属于中小微企业，不但规模小，而且科技含量偏低，大多只能依靠粗放经营、劳动密集、资源消耗等为特征的生产发展，作为生存和扩大体量的主要方式。这也导致"恶性循环"和"恶性竞争"，技术创新能力弱，产品附加值低，资源利用率不高，由此带来资源的巨大浪费，环境污染的日益加重等问题。[①]

作为占据我国经济总量半壁江山的民营经济，可以说是否按照生态文明的理念实现可持续发展，对于我们直面环境恶化、资源枯竭的现实，影响深远和巨大。生态责任已成为民营经济主体社会责任的核心内容，民营企业在谋求利润最大化的同时，必须要肩负起保护生态环境和合理利用资源的基本义务，全面树立生态伦理观念和生态道德意识，把生态文明提升到生存、发展和竞争的高度。[②]

三、坚持生态文明指引贵州民营经济发展的路径

1. 强化生态文明意识和理念

（1）提高思想认识。建设生态文明，关键要理念先行。顺应经济一体化的发展趋势，民营企业要抢抓历史机遇，大胆创新发展理念。特别是当前，不仅要抓住全球产业结构大调整的历史机遇，更要抢抓全球发展低碳经济实现绿色工业革命的机遇，加快由制造向创造跨越，由要素投入型驱动向技术创新型驱动跨越。实践表明，现在许多民营企业之所以能持续稳步发展，不

---

①② 樊秋莹：《中国私营经济问题研究》，光明日报出版社 2013 年版，第 245-246 页。

是因为运气好，而是因为转型快；不是因为方法多，而是因为观念先。民营企业要在调整产业结构、转变发展方式上下功夫。要树立世界眼光和战略思维，善于抓住经济结构调整的机遇；要进一步加快企业自主创新和技术改造，推动企业进行产学研联合和资源整合，加快新技术、新工艺、新材料、新设备的更新换代；要以经济调整为契机，淘汰一批资源配置低、市场竞争能力弱的行业。特别是要坚决淘汰高耗能、高污染的落后行业。及时调整自身发展战略，尽早剥离缺乏竞争力的产业项目，集中精力做强主业，突出资源要素向优势领域、优势产业集中。①

（2）加强宣传引导。推进生态文明建设，需要舆论的正确引导和有力支持。要坚持正确舆论导向，加大宣传力度，真正让生态文明理念深入人心、转化为行动，形成人人、事事、时时崇尚生态文明的社会氛围。信息公开是加强舆论引导的重要基础，对国家和贵州省委、省政府等出台的关于生态文明的法律法规、政策，要及时公开便于大众查询。要加快建立健全环境信息公开制度，定期发布空气环境、水环境等生态指数，依法公开污染整治、重大环保项目建设、企业环境行为等重点信息，对重污染行业企业环境信息实行强制公开，保障公民的生态环境知情权和监督权。报刊、新闻媒体要积极宣传生态文明建设的重要意义和基本政策，总结、梳理一批生态环境保护具有典型意义的民营企业，持续曝光一批生态环境违法违规的民营企业，形成社会舆论关注焦点。②

（3）推行生态赔偿损害制度。党中央、国务院高度重视生态环境损害赔偿工作，党的十八届三中全会明确提出对造成生态环境损害的责任者严格实行赔偿制度，中共中央办公厅和国务院办公厅出台了《生态环境损害赔偿制度改革试点方案》。贵州各地各部门应按照方案的要求，从 2018 年开始试行生态环境损害赔偿制度，力争到 2020 年初步构建责任明确、途径畅通、技术规范、保障有力、赔偿到位、修复有效的生态环境损害赔偿制度。结合工

---

① 参见人民网 2009 年 12 月 3 日发布的《民营企业转型升级正当时》。

② 参见 2016 年 8 月 30 日时任中共贵州省委书记陈敏尔在贵州省委十一届七次全会第一次全体会议上的讲话：《坚持生态优先　推动绿色发展　加快建设国家生态文明实验区》。

作实际，可率先在发生较大突发环境事件，以及在国家和省级主体功能区规划中划定的重点生态功能区、禁止开发区发生环境污染、生态破坏事件中试行。生态环境损害发生后，赔偿权利人组织开展生态环境损害调查、鉴定评估、修复方案编制等工作，主动与赔偿义务人磋商。未经磋商或磋商未达成一致，赔偿权利人可依法提起诉讼。要体现环境资源生态功能价值，促使赔偿义务人对受损的生态环境进行修复。生态环境损害无法修复的，实施货币赔偿，用于替代修复。①

（4）强化环境绩效考核。当企业环保意识还未达到广泛自觉行动时，行政手段成为一种必不可少的保障措施，而绩效考核则是政府执行力和落实力的推动和评价机制。为了保住现有的职务并获得领导级别的提升，地方官员需要考虑两个问题：一是要以自己在政治和经济方面的业绩证明其成效；二是获得正面评价。此外，他们必须成功地执行项目，从而得到上级的关注和支持。② 2017 年 6 月，中央全面深化改革领导小组第三十六次会议审议通过了《国家生态文明试验区（贵州）实施方案》，这对贵州省全面统筹生态环境保护具有历史性意义，要对方案进行细化分解，做到定时间表、定工作量、定路线图、定责任人。建立健全督察督办、责任追究机制，对贵州省委、省政府的决策部署执行不力的，对自己管辖"一亩三分地"发生企业污染事件的，实行案件倒查，并根据责任认定结果，纳入绩效考核的内容。

2. 运用法治方式推动生态文明落地生根

民营经济生态文明建设的手段和途径虽然呈现多样化，但是实践证明，法治化最为有效。法治化既以科学严密的法律制度为前提，又有国家作为强制执行力的保障，其优势在于：避免人情因素干扰；降低工作执行的成本；保证体制机制运行的规范性和长久性；等等。《国家生态文明试验区（贵

---

① 参见 2015 年 12 月 3 日中共中央办公厅和国务院办公厅出台的《生态环境损害赔偿制度改革试点方案》。

② ［德］托马斯·海贝勒、安雅·森茨：《沟通、激励和监控对地方行为的影响》，冉小群等译，载［德］托马斯·海贝勒等主编《中国与德国的环境治理——比较的视角》，中央编译出版社 2012 年版，第 66 页。

州）实施方案》提出，要将贵州打造成生态文明法治建设示范区，加强涉及生态环境的地方性法规和政府规章的立改废释，推动省域环境资源保护司法机构全覆盖，加快构建与生态文明建设相适应的地方生态环境法规体系和环境资源司法保护体系。

（1）生态文明建设法治化，必须构建完善可行的法制体系。英国学者乔纳森·波里特认为，政府必须利用其所有可以获得的软硬兼施的政策主动介入，来消除我们面临的现存危机的根本原因而不是表面特征。通过立法、直接行动、税收制度的变革、补贴、资助、贷款、效率标准等，政府利用其权力来影响经济社会转型。皮特·班亚德和弗恩·摩根—格伦威尔在《绿色选择》中也提出，如果我们立即行动，通过游说得到地方议会和聚集社区中的支持，我们或许能够为我们自己和人类的其他成员拯救美丽的地域。① 当前，贵州应根据国家相关立法规定，结合实际需要，全面清理和修订地方性法规、政府规章和规范性文件中不符合绿色经济发展、生态文明建设的内容；适时修订《贵州省生态文明建设促进条例》《贵州省环境保护条例》，制定出台贵州省环境影响评价条例、水污染防治条例；充分利用贯彻落实新《中华人民共和国中小企业促进法》的契机，修改完善《贵州省中小企业促进条例》，并将生态文明保护的内容写进条例。通过构建地方特色绿色法规体系，将民营市场主体纳入生态文明建设的范畴，规范、引导其绿色生产发展。②

（2）生态文明建设法治化，必须严格生态环境执法。"徒法不足以自行"，法治的生命力在于执行。任何优良的制度，如果执行不到位、形同虚设，就难以达成预期效果。将生态文明建设纳入法治轨道，就必须对相关法律内化于心强化意识、外化于行强化落实和追责。要加强对责任主体履职情况的有效监督和严格考核，尤其不放松对负有领导之责的"关键少数"的监督；提升执法队伍的职业素养与执法能力，破除基于地方保护和利益考量的选择性执法，对有令不行、有禁不止、弄虚作假、失察失责、推诿扯皮及懵

---

① ［英］安德鲁·多布森：《绿色政治思想》，郇庆治译，山东大学出版社 2012 年版，第 130 页。

② 参见中共中央办公厅、国务院办公厅 2017 年 10 月 2 日发布的《国家生态文明试验区（贵州）实施方案》。

懒懈怠等不良现象，坚决实施零容忍的问责惩戒。① 按照《国家生态文明试验区（贵州）实施方案》的要求，探索建立严格监管所有污染物排放的环境保护管理制度，逐步实行环境保护工作由一个部门统一监管和行政执法，建立权威统一的环境执法体制。探索开展按流域设置环境监管和行政执法机构试点工作，实施跨区域、跨流域环境联合执法、交叉执法。开展省以下环保机构监测监察执法垂直管理试点，实现市县两级环保部门的环境监察职能上收，推动环境执法重心向市县下移。

（3）生态文明建设法治化，必须坚持公正严明司法。当前，在运用司法手段推进生态文明建设方面，需要各级人民法院和法官充分发挥审判作用，依法处理各类民营经济生产经营中破坏生态环境的案件，确保环境审批的法律效果和社会效果。贯彻落实《国家生态文明试验区（贵州）实施方案》的相关规定，实现全省各级法院环境资源审判机构全覆盖，深入推进环境资源案件集中管辖和归口管理，对涉及生态环境保护的刑事、民事、行政三类诉讼案件实行集中统一审理，推动环境资源案件专门化审判。完善打击、防范、保护三措并举，刑事、民事、行政三重保护，司法、行政、公众三方联动的"三三三"生态环境保护检察运行模式。健全检察院环境资源司法职能配置，深入推进检察机关提起公益诉讼工作，严格依法有序推进环境公益诉讼。探索生态恢复性司法机制，运用司法手段减轻或消除破坏资源、污染环境的状况。建立生态文明律师服务团，引导群众通过法律渠道解决环境纠纷。

在贵州全省范围内推行贵阳清镇环保法庭的成功做法和经验。清镇市生态法庭的前身是清镇市环境保护法庭，成立于 2007 年 11 月，是全国首家独立建制的环境保护法庭。该法庭承担贵阳、安顺和贵安新区生态保护案件的调查和审判工作，率先在全国开展了环境审判三审合一、集中专属管理的司法实践。截至 2016 年，清镇市生态法庭共受理各类环境保护案件 1067 件，已审结 1011 件，依法严惩了破坏和污染生态环境的行为。清镇市生态保护法庭始终坚持兼顾环境保护与经济发展双赢的司法理念。对造成环境污染的

---

① 张玉胜：《铺好生态文明建设法治化轨道》，《青海日报》2016 年 12 月 28 日第 2 版。

企业，法庭更多地通过司法的介入促其进行整改，解决存在的环境污染问题，做到达标排放、合法生产，而不是简单地让企业关停或承担巨额赔偿。通过司法实践和摸索，总结出了具有环境审判特色、符合环境审判规律的工作制度，解决了一些环境污染问题，促进了地方经济社会和谐发展。[①]

3. 优化发展路径，推进循环、低碳发展

坚持激励和约束并举，努力形成支持绿色发展、循环发展、低碳发展的利益导向机制。循环经济以资源的高效利用和循环利用为核心，将物质流动方式由传统的"资源—产品—废弃物"单项线性模式，转变为"资源—产品—废弃物—再生资源"闭合循环模式。循环经济是资源节约型经济的核心内容和主要表现形式。通过在生产和服务过程中贯彻"减量化（reduce）、再使用（reuse）、资源化（recyle）"（简称3R原则）的减物质化原则，实现资源利用的最大化和废弃物排放最小化，从而达到节约资源、改善生态环境的目的。[②] 低碳发展、清洁发展的主要特点是节能减排，依靠产业转型、技术进步等措施，大力发展低碳清洁型产业，实现低消耗、低排放、低污染，既为环境减负又给生态增值，让生态资源变成收益。

（1）支持民营经济循环式发展。当前，贵州能源、原材料产业等传统产业占比仍然比较大，产业结构单一、链条较短。这就要运用循环化的发展路径和模式，加快推进企业、产业、园区的绿色发展、循环发展，突出抓好原材料精深加工、绿色轻工、再生资源产业等，大力发展资源利用率高、废弃物最终处置量小的循环高效型产业。大力推进贵阳市、龙里县国家循环经济试点示范城市建设，推动六盘水市创建国家循环经济示范城市。推进产业废物综合利用和再制造产业化，发挥贵阳、遵义经济技术开发区国家园区循环化改造示范试点作用，加快全省园区循环化改造步伐。具体措施如下：

第一，要出台政策文件引领循环经济发展。发展循环经济是一项系统工程，亟须在充分发挥市场配置资源的基础作用的同时，强化政府在宏观政策

---

① 参见环球网2017年7月5日发布的《清镇市生态法庭九年审结环保案件逾千起》。
② 吴大华：《中国特色的循环经济发展研究》，科学出版社2011年版，第31~32页。

指导方面的作用。要把循环经济纳入生态文明建设和"五个布局"的组成部分，纳入各级政府业绩考核指标之中，纳入国民经济社会发展的总体规划中，并在财政预算中，安排一定的预算经费。要结合贵州当前的发展实际，出台支持贵州民营经济循环发展的产业政策、税收政策、金融政策和价格政策等。①

第二，推进企业循环经济技术创新。国际经验表明，循环经济同样需要以先进的科学技术为支撑，如果没有先进技术的输入，循环经济所追求的经济和环境目标将难以实现。循环经济支撑的技术体系主要由五类构成：减量化技术、再利用技术、资源化技术、系统化技术和物质流技术。其中，减量化技术：所有高效率利用资源和能源的技术都是减量化技术的组成部分；再利用技术：延长原料或产品的使用周期，通过多次反复使用来减少资源消耗的技术；资源化技术：将生产或消费过程中产生的废弃物再次变成有用的资源或产品的再生技术；系统化技术：多种技术的集成组合；物质流技术：物质流管理是清洁生产、环境审计、静脉产业布局等多方面的基础技术。②

第三，推进产业循环式组合。推动行业间循环链接，组织实施产业绿色融合专项，在冶金、化工、电力、建材等流程制造业间开展横向链接，③ 推动煤电磷、煤电铝、煤电钢、煤电化"四个一体化"发展。推动不同行业的民营企业以物质流、能量流为媒介进行链接共生，实现原料互供、资源共享，建立跨行业的循环经济产业链。打造主体企业明确、资源高度整合、要素优势明显、产业共生发展的产业链条，形成上下联动、相互融合的发展格局，实现资源就地就近转化和效益最大化。大力发展再生资源产业，开发利用"城市矿产"，加大大宗废弃物综合利用，实现再生资源规模化聚集和加工利用。

第四，推进园区循环式改造。园区是民营经济发展的重要平台，各地要制定政策鼓励民营企业进入园区。对园区建设，要按照循环经济的理念，推

① 吴大华：《中国特色的循环经济发展研究》，科学出版社 2011 年版，第 119~121 页。
② 吴大华：《中国特色的循环经济发展研究》，科学出版社 2011 年版，第 89 页。
③ 参见国家发改委网站 2017 年 5 月 4 日发布的《循环发展引领行动》。

动园区优化空间布局，调整产业结构，完善基础设施和公共服务。按照"产业结构最优化、产业链接循环化、资源利用高效化、污染治理集中化、基础设施绿色化"的要求，对园区制定循环经济发展专项规划或者在总体规划中设置循环经济篇章，构建循环经济产业链，实现企业、产业间的循环链接，提高产业关联度和循环化程度，增强能源资源等物质流管理和环境管理的精细化程度。对综合性开发区、重化工产业开发区、高新技术开发区等不同性质的园区，加强分类施策和指导，强化效果评估和工作考核。①

（2）突出节能减排发展。一要优化能源结构。能源产业转型发展是实现低碳清洁发展的关键。加强煤炭清洁利用，推进煤层气、页岩气、太阳能、地热能等开发利用，提高清洁能源比重，构建清洁低碳、安全高效的现代能源体系。大力发展新能源汽车，积极培育动力电池、充电设施等配套产业，形成新能源汽车、新能源设备产业集群。二要鼓励清洁化生产。支持民营企业研发推广低碳建筑材料和工艺技术，大力发展环保型建筑用材，鼓励民营企业生产绿色建材产品和绿色装饰材料。通过使用清洁能源和原料、采用先进工艺和设备、改进生产管理等措施，最大限度地减少污染物的产生和排放，实现源头清洁、过程清洁、产品清洁。三要提升节能环保服务。政府职能部门要推行合同能源管理、环境绩效合同服务模式，鼓励节能环保机构开展第三方服务。按照污染者付费、治理者收益的原则，加快推进城乡污水和垃圾处理产业化，支持拥有核心技术或优势产品的民营领头企业向环保服务领域拓展，打造综合性环境服务主体，实现投资主体多元化、运营主体市场化、运行管理市场化。

4. 构建民营经济生态文明指标评价体系

评价民营经济生态文明程度的指标设计可以有以下几种模型：一是总量和绝对总量比较，前提是数量单位一致；二是单位产值比较，可比性强，运用较多，如单位 GDP 碳排放量等；三是某一指标占另一指标的比例，如总

---

① 参见国家发改委网站 2017 年 5 月 4 日发布的《循环发展引领行动》。

量增速、环境质量综合指数等。①

（1）民营经济绿色生产总值（GDP）。传统经济学把环境看作经济体系的外生变量，把 GDP 作为衡量民营经济成就和经济增长的指标，忽略了民营经济与环境之间的相互作用，忽略了自然资源的稀缺性对民营经济可持续性发展构成的威胁，忽略了污染和其他人类活动所导致的环境质量的退化，以及这种退化对人类健康和福利产生的影响，同时，没有合理反映环境保护支出。因此，传统的民营经济核算体系至少应对环境支持系统的退化和破坏负部分责任。②

当前，学界基本形成共识，环境应被看作民营经济体系的内生变量。环境体统具有两个基本的经济性功能：向民营经济系统提供物质性资源与处理来自经济系统的废物（环境容量功能），即经济系统的绝大部分投入是来自环境系统，而经济系统产出的相当一部分最后要回到环境系统。

通过对传统民营经济核算体系的审视和反思，学者们逐渐以绿色民营经济生产总值核算方式取代了传统民营经济生产总值核算体系。绿色民营经济生产总值不但能反映经济增长的速度，更能反映经济增长的质量，还能科学地衡量一个国家和地区的民营经济可持续发展的能力和水平。它从政策导向上鼓励民营企业走向生态文明发展的正确之路。③

绿色民营经济生产总值是对民营经济生产总值指标的一种调整或修正，两者之间的关系可以表示为：

绿色民营经济生产总值＝民营经济生产总值－（环境资源成本＋环境资源保护服务费用）

（2）民营经济资源效率指标。④ 民营经济资源效率指标主要是根据绿色民营经济生产总值的理念延伸的系列指标，主要包括民营经济资源产出率、

---

① 国务院发展研究中心课题组：《生态文明建设科学评价考核体系研究》，中国发展出版社2014年版，第18-19页。

② 袁新、陈宝红：《谈绿色经济核算》，《合作经济与科技》2007年第16期。

③ 吴大华：《中国特色的循环经济发展研究》，科学出版社2011年版，第132-136页。

④ 吴大华：《中国特色的循环经济发展研究》，科学出版社2011年版，第148-149页。

民营经济资源消耗率等指标。

一是资源产出率指标：主要是指消耗一次资源（包括煤、石油、磷矿、硫矿等）所产出的民营经济生产总值。该项指标越高，表明自然资源利用效益越好。计算公式为：

$$民营经济资源产出率 = \frac{民营经济生产总值}{一次资源消耗总量}$$

二是资源消耗率指标：主要描述单位产品和创造单位产值所消耗的资源。该项指标反映了节约降耗，从源头上降低资源消耗的情况。其相关的公式有：

$$民营经济万元生产总值 = \frac{能源消耗总量}{民营经济生产总值}$$

$$民营经济万元工业增加值能耗 = \frac{工业能源消耗总量}{民营经济增加值}$$

$$民营经济单位产品耗能 = \frac{能源消耗量}{民营经济产品产量}$$

$$民营经济万元生产总值水耗 = \frac{总用水（新鲜水）量}{民营经济生产总值}$$

$$民营经济单位产品水耗 = \frac{用水（新鲜水）量}{民营经济产品产量}$$

（3）环境治理方面的相关指标。环境保护部等相继制定了《生物工程类制药工业水污染物排放标准（GB 21907—2008）》《发酵酒精和白酒工业水污染物排放标准（GB 27631—2011）》《石油炼制工业污染物排放标准（GB 31570—2015）》《铝工业污染物排放标准（GB 25465—2010）》等近 70 份涉及污染物排放和治理的文件，对相关指标做出了明确规定，虽然这些指标针对的是所有企业，但是在民营经济领域，民营企业应该主动细化和使用。结合国家相关法律和政策规定，重要指标的计算方式如下：

$$民营工业废水处理率 = \frac{民营工业废水处理量}{民营工业废水排放量}$$

$$民营工业废气处理率 = \frac{民营工业废气处理量}{民营工业废气排放量}$$

$$民营工业固定废弃物处理率=\frac{民营工业固定废弃物处理量}{民营工业固定废弃物排放量}$$

第二节　进一步建立健全市场经济体制

放眼世界各地，一般市场经济体制比较完善的地方，民营经济也很发达，就业机会也比较多，人们的生活水平也比较高，这说明完善的市场经济体制对民营经济具有推动和促进作用。民营经济充分发展的同时，又能促进市场经济体制的进一步完善，市场经济理论和体制构架为民营经济的发展提供了体制基础，而民营经济的发展又塑造和完善了市场经济体制。

一、健全市场规则，培育市场观念

在社会主义市场经济充分发展的今天，市场主体成千上万，交易内容日新月异、纷繁复杂，为了维护统一的市场秩序，国家机关、社会组织等依据交易习惯和公序良俗制定了若干统一适用的市场规则。良好的市场规则应该符合市场经济的基本发展规律，不仅能够平衡不同市场主体的利益需求，而且能为市场主体提供激励机制，还能促进整个社会公共利益的进步。市场规则的规范性可以有效减少市场经济交往活动中的不确定性，大大降低交易成本，增强信息共享的力度和经济效益。反之，如果市场规则不健全，则会导致整个区域市场的无序和失灵。

一般认为，市场规则虽然具有一定的历史变动性，但是在当下，至少包括以下内容：市场准入规则、市场竞争规则和市场交易规则。市场准入规则是市场主体和市场客体（即商品）进入或退出市场的行为准则与规范，其中，市场主体进出市场的规则又包括：市场主体进入市场的资格规范、市场主体的性质规范、市场主体退出市场的规范；市场客体进出市场的规则主要是指商品的质量、计量及包装等必须符合有关规定。市场竞争规则主要包括：禁止不正当竞争行为、禁止限制竞争行为、禁止垄断行为。市场交易规则是各市场主体在市场上进行交易活动所必须遵守的行为准则与规范，主要包括平等、自愿、公平、诚信、公序良俗等原则。

然而市场规则仅为应然层面的内容，没有得到市场主体的普遍遵守，市场规则如同一纸空文。必须深刻意识到，市场经济秩序既要有规则，同时还必须有与之相配套的市场观念和精神支撑，才能确保市场规则遵守的自觉性，减少执行的成本。市场观念是企业从事市场经营活动的基本指导思想和行为准则，包括经营管理者的立场、观点、信念以及思维方式等。任何企业的市场经营活动都是在一定的市场观念的支配下进行的，而市场观念是否正确直接关系到企业经营的成败。

二、完善民营经济产权制度

1. 产权是有效配置稀缺资源的前提

周其仁教授曾用一个生动的例子来说明产权的重要性：野生动物已经要靠人类保护了，那么厉害的猛兽，因为它无主，谁都可以下手，你不下手，别人下手。但是，家禽为什么数量越来越多？因为家禽是有主的，这个有主不光是有屋子罩着它，还有一套法律、规范、社会伦理保护它，不能随便碰。[①]

图 6-3 显示了未受产权保护野生动物捕猎的社会效益和成本。对于每一个捕猎活动水平，总收益等于野生动物的价格（假定不变）乘以捕猎的数量。因为随着捕猎努力程度的增加，野生动物的种群数量下降，所以边际效益曲线向下倾斜。野生动物的数量越少，付出的单位捕猎努力能捕获的数量也越少。

在这个模型中，捕猎活动的有效水平（E1）是边际效益曲线和边际成本曲线交点处对应的水平。在这一捕猎水平上，边际效益等于边际成本（假定不变），意味着净效益最大化。

在所有捕猎者完全不受限制地捕猎野牛的情况下，配置结果是不会有效

---

① 周其仁：《产权界定与中国的产权改革》，《科学发展》2017 年第 6 期。

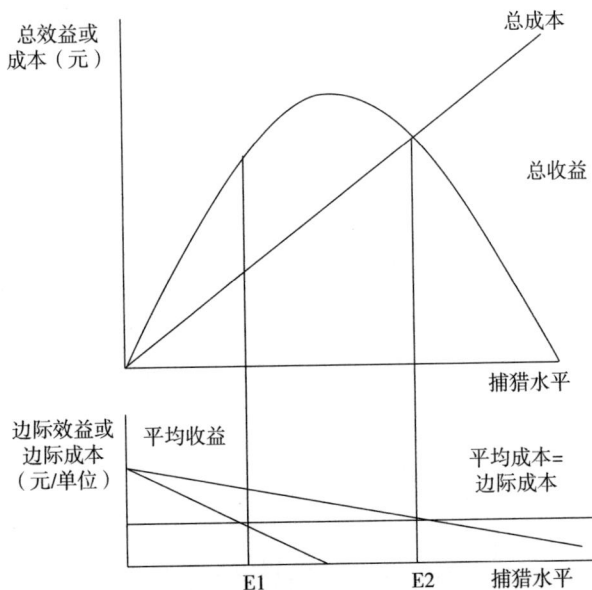

图 6-3　未受产权保护野生动物捕猎图

资料来源：[美]汤姆·蒂坦伯格、[美]琳恩·刘易斯：《环境与自然资源经济学》，王晓霞等译，中国人民大学出版社 2011 年版，第 69 页。

的。单个捕猎者没有动机通过限制自身的捕猎数量来保护稀缺租金。不具有排他权的单个捕猎者将不断地捕猎野生动物直到他的总效益等于总成本，这意味着捕猎活动水平为 E2。由于单个捕猎者不能占有稀缺租金，就会发生过度捕猎的情况，因此，他们就会忽略稀缺租金。通过排他性的产权可以避免过度捕猎带来的一种损失——过度捕猎的机会成本，拥有开放式资源的捕猎者在决策过程中不会考虑这一机会成本。[①]

这也印证了一个基本观点：当内在化的收益大于成本时，产权就会产生，将外部性内在化。[②] 收益大于成本，就会造就稀缺资源，人们趋利避害的天性就会促使其来争夺这些资源。要争资源，就要用各种规则和标准来判断其归属。亚当·斯密认为，市场的特征是分工和交换，而交换是以不同的

①　[美]汤姆·蒂坦伯格、琳恩·刘易斯：《环境与自然资源经济学》，王晓霞等译，中国人民大学出版社 2011 年版，第 68~69 页。

②　参见课后学习网 2017 年 11 月 22 日发布的文章《低碳经济的政治经济学》。

产权主体为前提的。马克思也曾深刻地指出："商品不能自己到市场上去，不能自己去交换。因此我们必须寻找他的监护人，商品所有者。"①

2. 产权是市场交易的基础

建立和完善产权制度，不仅是建设"寻利社会"（当产权与市场结合时就形成寻利的社会，产权与行政权结合时就形成寻租的社会）的基本前提，而且是维护市场秩序、确保市场公正的基本保证。②市场不能有效配置非排他性资源，排他性只不过是产权而已。政策主要关心创建、重新定义并重新分配产权的制度和法律。产权和排他性并不是商品或服务的固有特性。没有一种物品天生就是排他性的，也没有任何一个人天生就拥有产权，除非存在一种社会制度，使得这些物品具有排他性，并为他们分配产权。一个人拥有了一项产权，同时就给其他人强加了一种责任和义务，要求他们对这些产权予以尊重，进而确保市场秩序。③正如科斯所言："如果未在稀缺性资源中建立产权，就必然导致各种主体对稀缺性资源的争夺，出现秩序混乱。"④

3. 完善民营经济产权的路径

当代经济学家思拉恩·埃格特森区分了三种类型的产权：一是使用一项资产的权利——使用者权利，即规定某个人对资产的潜在使用是合法的，包括改变和销毁这份资产的权利。二是从资产中获取收入以及与其他人订立契约的权利。三是永久转让有关资产所有权的权利，即让渡或出卖一种资产。⑤当前，要根据《中共中央　国务院关于完善产权保护制度依法保护产权的意见》相关规定，研究出台贵州省关于保护民营经济市场主体产权的地方法规规章或其他规范性文件，形成归属清晰、权责明确、保护严格、流转顺畅的现代民营经济产权制度和产权保护体系，细化保护民营经济物权、债权、股权，以

---

① 李义平：《用市场经济的思维方式思考民营经济的发展》，载王忠明主编《新观察　中国民营经济发展规律探索》，中华工商联合出版社 2014 年版，第 24-25 页。

②④ 唐之享：《再论市场化》，中南大学学报（社会科学版）2003 年第 1 期。

③ ［美］赫尔曼·E. 戴利、乔舒亚·法力：《生态经济学原理和应用》，金志农、陈美球等译，中国人民大学出版社 2014 年第 2 版，第 388-389 页。

⑤ ［冰岛］思拉恩·埃格特森：《经济行为与制度》，吴经邦等译，商务印书馆 2004 年版，第 36 页。

及知识产权和其他各种无形财产权的措施和方法，进一步提高产权保护精准度，加快建立产权保护长效机制，激发各类民营经济主体的活力和创造力。

三、优化资源配置

市场决定资源配置本来就是市场经济的一般规律。[1] 众所周知，资源之所以称为资源，在于它有两个基本禀性：稀缺性和有用性。这就要求资源的支配主体应以合理的方式配置资源，将它用到最能发挥经济和社会效益的地方，进而达到消耗最少的资源产出最多的产品和劳务。无论是在资本主义国家还是社会主义国家，资源配置主要有两种方式：计划和市场。计划配置方式紧密依赖于政府的行政权力，政府制定经济社会发展计划，通过各地各部门的行政审批甚至行政强制统一保障资源配置。实践证明，这种配置资源的方式，在生产力落后、物质基础匮乏的时代，有利于从整体上统筹经济发展，集中一切有限的力量办大事。但是，当经济社会发展到一定阶段之后，其制约性日益凸显，政府无法对纷繁复杂、变幻莫测的经济活动做出精准判断，往往导致对资源的错配，从而容易出现资源闲置或浪费。[2] 然而市场配置方式通常能克服计划经济的一些通病。市场配置方式重在通过市场机制，充分发挥市场主体的能动作用。市场机制是指市场各主要因素，即市场供求、价格、成本与收益之间相互联系、相互制约、相互作用的过程和机理。

我们通过图6-4来解析不完全市场结构和完全市场结构对效率的影响。完全市场结构下，供给OB单位的商品可以实现有效配置，产生的净效益由三角形HIC代表。然而，在不完全市场结构或垄断情况下，生产和销售的产品数量是OA，此时，边际效益等于边际成本，价格为OF。在这一点上，生产者损失的面积为JDC的区域，但是他们得到了面积大得多的FEJG区域，同时，消费者变得更糟，因为他们失去了面积为FECJG的区域。其中，面积为FECJG的区域仅仅转移给垄断者，而三角形EDC成为社会纯损失，经济

---

[1] 参见2013年11月12日党的十八届三中全会通过的《中共中央关于全面深化改革若干重大问题的决定》。

[2] 王天义：《发挥市场在资源配置中的决定性作用》，《学习时报》2013年11月18日第4版。

学上亦称"无谓损失"。生产剩余虽然得到最大化，但显然是低效的。[①] 我们一直强调市场经济的重要性，主要是我国受"苏联模式"影响，中华人民共和国成立以来长期采取计划经济方式，造成了大量资源的闲置和浪费，打消了市场主体生产经营的积极性和主动性，实际上计划经济和市场经济之间并非完全排斥和对立，而是具有一定的互补性。

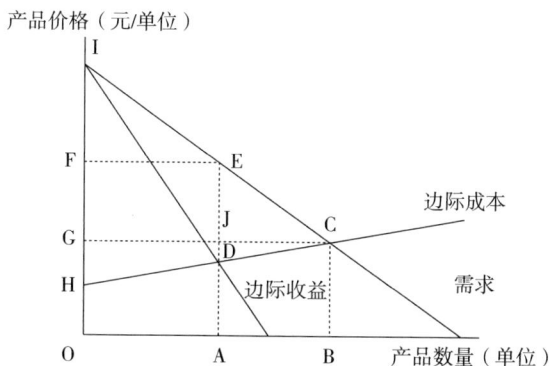

图6-4　市场与效率

资料来源：〔美〕汤姆·蒂坦伯格、琳恩·刘易斯：《环境与自然资源经济学》，王晓霞等译，中国人民大学出版社2011年版，第72-73页。

四、转变政府职能

关于市场和政府的关系，学术界大多关注两者之间的对立性，注意它们两者之间此消彼长的关系，而很少重视它们之间同消共长的关系。实际上，市场和政府都是稳定经济发展的两种手段，两者之间应该是互相弥补对方的不足，而不是相互之间排斥，只是功能与角色不同而已。经济的有效运转，有赖于政府的宏观调控和政策引导，以及服务体系建设，一些严重违反市场经济规则的行为，还要依靠政府强制执行予以惩戒。[②]

---

① 〔美〕汤姆·蒂坦伯格、琳恩·刘易斯：《环境与自然资源经济学》，王晓霞等译，中国人民大学出版社2011年版，第72-73页。

② 参见俞忠华2017年10月1日在经济学家圈发表的《政府和市场的三层关系》。

但是，必须理清政府在市场经济中的地位和界限。党的十八届四中全会通过的《中共中央关于全面推进依法治国若干重大问题的决定》明确要求，行政机关要坚持法定职责必须为、法无授权不可为，行政机关不得法外设定权力，没有法律法规依据不得做出减损公民、法人和其他组织合法权益或者增加其义务的决定。为此，各级行政机关必须以权力清单控制权力乱作为，以责任清单约束权力不作为，以负面清单促进市场主体大作为。政府职能的边界必须是明确的，政府权力必须是有限的，如果含糊不清，干预过多，就会阻碍市场经济的发展。实践也证明，凡是政府权力比较大、审批事项比较多的地方或领域，市场化进程就比较慢，市场化水平就比较低。由于我国成立之初几乎照搬苏联模式，实行完全计划经济，政府几乎包揽了一切经济活动。当前，要按照社会主义市场经济改革的路线图，遵循"先市场后政府，大市场小政府"的原则，依法推进发展方式转变、政府职能转变，以充分发挥市场在资源配置的基础性作用为前提，注重发挥政府宏观调控市场经济的作用，进而弥补市场经济不足，防止市场失灵。

本书认为，民营经济的发展和社会主义市场经济紧密相连。市场经济本身是在不断经历危机中完善和前进的。由于我们的市场经济还不发达，一旦发生风险和曲折，就去怀疑和抨击市场经济，必然会殃及民营经济的发展。[①]只有建立健全市场经济体制，才能优化资源配置，节约生产经营成本，满足消费者的需求，促进民营经济又好又快发展。诚然，正如大家所知道的，任何国家的市场经济都有存在"失灵"的可能性和潜在危险，这就需要政府作为宏观调控的角色出现，以弥补市场经济的不足。

第三节　优化民营经济产业布局

林毅夫先生认为："如果将给定的生产要素配置在附加价值高的产业部

---

① 李义平：《用市场经济的思维方式思考民营经济的发展》，载王忠明主编《新观察　中国民营经济发展规律探索》，中华工商联合出版社 2014 年版，第 26 页。

门，那么产值就高，所以经济增长还取决于经济中的产业结构。如果将生产要素从低附加值的产业部门转移到高附加值的产业部门，即使要素投入不增加，经济也可以实现增长。"① 优化贵州民营经济产业结构，要充分结合贵州的生态资源优势，认真践行五大新发展理念，全面落实"三去一降一补"五大任务，以提高经济发展质量和效益为中心，加快实现产业种类从价值链中低端向中高端转变、产品结构由单一低质低效向多样高质高效转变，形成品种丰、品质优、品牌强的贵州特色产品生产供给体系，促使全省民营经济发生质的结构性的重大变化。

一、按照发挥比较优势的原则，全面发展生态利用型产业

习近平同志曾指出："绿色低碳循环发展，是当今时代科技革命和产业变革的方向，是最具有前途的发展领域""要大幅提高经济绿色化程度，加快发展绿色产业，形成经济社会发展新的增长点"。② 绿色发展问题首先是绿色经济发展问题。发展绿色经济，既是守住发展与生态两条底线的有机结合点，又能够适应经济发展新常态，促进供给侧结构性改革。要充分利用贵州省生态资源优势，大力发展山上经济、水中经济、林下经济，把青山变成金山、绿水变银水、林地变宝地。

1. 加快发展现代山地特色高效农业

2014 年，贵州省委、省政府提出了"遵循山地经济规律，发展现代高效农业"的战略。在这一战略思想的指引下，2015 年，贵州又出台了《关于加快推进现代山地特色高效农业发展的意见》。文件指出，念好"山字经"，打好生态牌，加快发展现代山地特色高效农业等山地产业，就必须要围绕建设全国优质无公害绿色有机农产品供应基地，以调结构、上规模、创品牌为主线，迅速增强优质农产品供给能力。贵州省农产品品种多但规模小，特别是"三品一标"（无公害农产品、绿色产品、有机农产品和农产品

---

① 林毅夫：《解读中国经济》，北京大学出版社 2014 年增订版，第 28 页。
② 参见 2016 年 8 月 30 日时任中共贵州省委书记陈敏尔在贵州省委十一届七次全会第一次全体会议上的讲话：《坚持生态优先　推动绿色发展　加快建设国家生态文明实验区》。

地理标志）产地认证比例仅为 25%，低于全国平均水平的 48%，而且农产品加工率仅为 43%，低于 53% 的全国平均水平。贵州土壤质量好、立体气候特点突出，要利用生产优势和独特的地理、气候优势，大力发展夏秋蔬菜、早熟蔬菜、反季节蔬菜，构建"五区十九带"的农业发展格局。黔中丘原盆地都市农业区，重点建设优质水稻、油菜、马铃薯、蔬菜、畜产品产业带；黔北山原中山农—林—牧区，重点建设优质水稻、油菜、蔬菜、畜产品产业带；黔东低山丘陵林—农区，重点建设优质水稻、蔬菜、特色畜禽产业带；黔南丘原中山低山农—牧区，重点建设优质玉米、蔬菜、肉羊产业带；黔西高原山地农—牧区，重点建设优质玉米、马铃薯、蔬菜、畜产品产业带。①

2. 大力发展天然饮用水产业

贵州生态环境优良、森林覆盖面积大、降水量丰富，造就了品质优越的天然饮用水资源。目前，已探明并通过审评认证的矿泉水水点 95 个，其中达到饮用天然矿泉水标准的 52 个，流量达 1700 万立方米/年，矿泉水类型主要为含锶、偏硅酸的重碳酸钙镁型水。发展天然饮用水产业，要立足贵州资源禀赋和产业基础，以乌当、花溪、贵定、平坝、镇宁、织金、纳雍等为重点，打造"黔中天然饮用水产业群"；以绥阳、枫香、务川等为重点，打造"黔北天然饮用水产业群"；以江口、碧江、石阡、思南、沿河为重点，打造"环铜仁天然饮用水产业群"；支持黔西南、黔东南、黔南民族自治地区，建设"东南部天然饮用水产业群"。同时，要以"三品"工程为抓手，推动产业结构大调整。品牌方面，全力将"贵水"打造成国内外知名饮用水公共品牌，重点培育 1~2 个全国乃至世界级包装饮用水企业品牌。品种方面，着力优化产品结构调整，丰富品种数量，增加中高端品种、新技术品种和个性化品种。品质方面，大力支持贵州省水协会制定的"贵水"质量标准，实施"安全饮水"工程，依托工业产品质量追溯管理信息平台，进行全过程饮用水安全质量监控。

---

① 参见国家发改委 2014 年 6 月 5 日发布的《关于印发贵州省生态文明先行示范区建设实施方案的通知》。

先行先试典范——贵州北极熊实业有限公司

贵州北极熊实业有限公司成立于1997年1月，是由杨雷等共同投资组建的现代民营企业，注册资金2006万元，现有在册员工500人，其中中高级管理人员及技术人员65人。

该公司自创立以来紧抓市场机遇，重视质量管理，依靠科技进步，不断发展壮大。该公司所产纯净水、薄荷水、矿泉水、苏打水、树莓饮料等产品深受消费者欢迎，在贵州省内具有地方品牌优势。目前在贵阳地区的饮水机开户数近15万家，桶装饮用水市场占有率50%以上，在贵州全省各市州均设有办事处或经销商。除贵州本省外，产品远销四川、云南、重庆、广东（深圳）等省市。该公司拥有花溪生产基地、北极熊生态农业公司等。

该公司近年多次获全国及贵州省的多项荣誉：中华全国工商业联合会和国家质量监督检验总局"重质量、守信誉先进企业""全国食品行业科技进步优秀企业""全国食品行业质量效益型先进企业""贵州省食品工业优秀企业""贵阳市创新型试点企业"。北极熊系列饮用水荣获"贵州省名牌产品""中国食品工业协会推荐产品"。"北极熊"品牌获得"贵州省食品工业著名名牌""贵州省著名商标"。

该公司高度重视新产品的开发，每年用于科技转化的经费占企业销售收入的3%以上，拥有大专以上学历的各类专业技术人员65人，公司技术中心共有技术人员44人，其中从事技术开发工作的工程技术人员为11人，2007年已被认定为省级企业技术中心。

资料来源：本章"先行先试典范"案例均来源于2018年3月贵州全省民营经济发展座谈会会议交流材料。

3. 持续提升白酒产业

打造贵州酱香品牌方面。充分发挥赤水河流域"好生态酿好酒"的原产地和主产区资源优势，大力实施"基地品牌化、企业品牌化、产品品牌化"

战略。借助"国酒茅台"的品牌带动作用,加快建设仁怀市名优白酒产业示范基地,不断巩固和完善仁怀市全国酱香型白酒酿造产业知名品牌创建示范区的产区地位。优化产品结构方面。以市场需求为导向,引导和支持企业紧跟消费结构升级趋势,深度挖掘消费者的需求盲点,精细化开发品种,在个性化定制、柔性化服务、产品融合、用户体验、市场定位等方面进行改革创新,不断提高产品供给服务水平。坚持生态绿色发展方面。按照"产业生态化,生态产业化"的要求,加快产业转型升级,实现生态化、绿色化发展。加快推进白酒企业信息化、绿色化、服务化改造,推动白酒行业与大数据、大健康、大旅游等新兴产业融合发展。①

4. 强化茶叶精制加工产业

优化区域布局,打造以遵义凤冈、湄潭,铜仁梵净山,黔南都匀、贵定为首的贵州绿茶种植"金三角",建设黔北、黔中、黔东南、铜仁等区域的优质绿茶产业带。调整优化种植品种结构,以正安、石阡、贵定、湄潭、凤冈、瓮安等茶叶主产县为核心,采取改种换植或新建茶园的方式,推广白叶1号、黄金芽、中黄3号等优良特色品种以及石阡苔茶、贵定鸟王种、黔茶1号、黔茶8号等地方自育品种,适应规模化、多元化需要,实现茶区和茶企劳动力资源季节性均衡配置。确定主推品牌,以"贵州绿茶"引领,各市、县核心区域品牌整合,企业品牌跟进的方式,构建"省级公用品牌(母品牌)+核心区域品牌+企业品牌(子品牌)"的贵州茶品牌体系。严格质量安全监管,针对茶叶生产重点时段,重点在基地规模大、夏秋茶产量多的重要区域组织开展茶叶质量安全专项执法检查。全面查处使用催芽素、除草剂、水溶性农药等行为。建设第三方检测平台,加强检验检测,推动以质量安全云服务平台为重点的质量可追溯体系建设。②

---

① 参见贵州省人民政府办公厅 2016 年 9 月 26 日发布的《贵州省推动白酒行业供给侧结构性改革促进产业转型升级的实施意见》。

② 参见贵州省人民政府网站 2017 年 9 月 19 日发布的《贵州省发展茶产业助推脱贫攻坚三年行动方案(2017—2019 年)》。

先行先试典范——贵茶公司

一、当前的发展状况

生产规模方面。贵茶公司坚持标准化、规模化、智能化发展，2017年全年实现产能1850吨，其中大宗茶1200吨、红宝石300吨、绿宝石300吨、抹茶50吨，产值3.5亿元，产能产值同比增长20%。贵茶公司在贵州全省上游的企业达到61家，联盟企业向心力、凝聚力显著增强，集聚发展效益凸显。

产品质量方面。贵茶公司与国际权威检测机构欧陆分析、SGS建立全面战略合作关系，共建质量管理体系。贵茶还通过了国际茶叶道德合作联盟认证。贵茶始终坚持欧盟468项检测标准，坚持国内国外同标同质，坚持让天下人喝干净茶的理念。2017年，花溪久安7000多亩茶园获得欧盟、日本、美国三大有机认证。

拓展销售方面。2017年，贵茶公司全年实现销售收入2.29亿元，同比增长43%。国内市场不断拓展，渠道建设不断完善，目前贵茶公司产品覆盖北京、上海、深圳、广州、南京等全国30多个主要大中城市；酒茶融合成效显著，贵茶公司与茅台集团、洋河股份战略合作持续深化。国际市场巩固发展，贵茶公司与美国星巴克战略合作持续向好发展，订单量逐年增加，目前产品进入美国、德国、加拿大、澳大利亚等10多个国家及地区，2017年实现出口创汇3000多万元，根据贵州省出口检验检疫局数据，贵茶已经成为贵州省最大的出口茶企。品牌知名度、美誉度持续提升，2017年，贵茶中秋宣传片登陆美国纽约时代广场，入选中国茶业品牌50强及贵州省品牌价值30强。

二、公司未来发展规划

一是坚持做大规模。通过壮大"贵茶联盟"发展模式，实施产业分工，上游茶企进行初制，贵茶公司集中精制拼配。通过先进自动化生产线，实现加工升级，建立茶叶质量可追溯系统，完善质量检测流程，根据

《绿宝石专属茶园栽培技术规程》《绿宝石加工技术规程》，实现标准化、清洁化、智能化种植和生产。以"千企改造"工程为着力点，坚持茶叶生产与大数据深度融合，同时全年实现跨季节、跨品种、跨区域的数字化拼配，形成贵州最大的精制拼配中心。

二是坚持做强品牌。贵茶公司将全方位打造品牌，持续推进品牌战略。持续每年投入 4000 多万元用于品牌建设，通过央视、贵州卫视、北京卫视等电视媒体，微信、腾讯、网易、今日头条等网络媒体，《人民日报》《光明日报》《参考消息》等平面媒体投放广告，还将在高速公路、CBD 写字楼、航空地铁等地段宣传，实现多形式、多渠道品牌宣传，发挥品牌最大效益。

三是坚持深挖市场。通过继续深耕国内市场，大力开拓国际市场，形成国内国外市场并重发展。国内市场通过传统连锁、KA、电商、茶吧等渠道进行销售，全力推动"酒茶融合"渠道跨界发展。重点与北京吴裕泰、老舍茶馆、上茶集团汪裕泰、重庆紫云名茶、苏茶等深度合作，深化与茅台集团、洋河股份集团等战略合作。加强开拓西班牙、日本、斯里兰卡等国际市场，紧盯"一带一路"沿线国家消费习惯，开发适合当地饮用的茶产品。

四是坚持做实创新。依托贵州省农科院、茶科所和贵州大学宋宝安院士团队、浙江大学等技术力量，引进科技研发人才，全面助力创新发展。贵茶公司在现有业务基础上优化产品结构，以市场为导向，以客户为中心，布局茶叶深加工领域，在新产品研发上重点创新，提高茶叶下树率，提高产品附加值，提高茶农人均收入。

5. 全面发展农副食品产业

虽然其产业规模和产值不大，但是其发展空间巨大。农副食品产业要发挥大企业的示范效应，重点打造老干妈、茅贡米业、夜郎蜂蜜、安顺油脂、永红食品、御龙尊等骨干企业和品牌；围绕重点企业、品牌和优质产品，鼓励行业龙头企业通过协议合作等方式与行业内企业建立联盟，引导和推动企业兼并重组，组建大型龙头企业集团，实现资源高效利用、品牌整合、规模扩大、产业升级；丰富"贵+系列"产品。巩固黔中、黔北、黔南地区辣椒产品，黔中和黔南地区肉制品，黔西南、黔北、铜仁等地区的禽肉禽蛋、山野菜、粮油加工等产品体系，进一步壮大三穗千里香、湄潭茅贡米业、安顺油脂集团、赤水红赤水等企业。

先行先试典范——贵阳南明老干妈风味食品有限公司

在企业创始人陶华碧女士的带领下，经过二十多年的艰苦创业，贵州南明老干妈风味食品有限公司现已发展成为全国知名企业、国家级农业产业化经营重点龙头企业，2017年度企业完成销售收入共计44.47亿元，上缴各项税收6.17亿元。

目前老干妈已形成日产量超过300万瓶辣椒制品的生产能力，主要生产风味豆豉、油辣椒、水豆豉、腐乳、糟辣椒、火锅底料等20多个系列产品，拥有管理及生产员工超过5000人，是目前国内生产及销售量最大的辣椒制品生产企业。现企业的产品畅销全国各地，在国内北、上、广等65个大中城市建立了省级、市级代理机构。1997年以来，"老干妈"已出口欧盟、美国、澳大利亚、新西兰、日本、南非、韩国等超过80个国家和地区，于2014年实现了"有华人的地方就有'老干妈'"。

企业始终坚持以绿色生态发展为企业价值核心，以智能化、信息化、绿色化为企业转型升级发展的方向，于2016年着手在贵定昌明投资开展"老干妈油制辣椒产业园——贵定工厂一期建设项目"。一期占地约1000亩，项目总投资11亿元，建设生产车间4个，共计生产线16条，主要产品为油制辣椒，全部建成后最大日产能预估为4.2万件。

资料来源：本章"先行先试典范"案例均来源于2018年3月贵州全省民营经济发展座谈会会议交流材料。

6. 培育民族医药产业

优化产业布局方面，一是黔北、黔东北生产区。在遵义市、铜仁市，重点发展赤水金钗石斛、道真洛龙党参、道真玄参、正安白芨、绥阳金（山）银花、德江天麻、石阡丹参、江口及印江黄精等。二是黔西、黔西北生产区。在六盘水市、毕节市，重点发展大方天麻、威宁党参、赫章及大方半夏、织金头花蓼及续断、钟山灯盏细辛、盘州银杏及黄精等。三是黔西南、黔南生产区。在黔西南州、黔南州，重点发展兴义石斛与金（山）银花、安龙白芨与金（山）银花、兴仁薏苡、龙里及贵定刺梨、罗甸艾纳香、惠水皂角刺等。四是黔东南生产区。在黔东南州，重点发展施秉及黄平太子参、施秉何首乌及头花蓼、雷山淫羊藿及乌杆天麻、黎平茯苓、剑河钩藤等。五是黔中生产区。在贵阳市、安顺市，重点发展乌当天麻、修文丹参、关岭桔梗、西秀山药及黄檗、紫云薏苡等。[①]

品牌建设方面，着力打造"黔药""苗药"品牌和中药驰名商标，培育中药材及名牌中成药骨干企业。[②] 加快培育打造一批领军型、示范性的民族医药龙头企业，并围绕龙头企业做大产业集群、做强产业优势，促进贵州省民族医药产业实现跨越式发展。鼓励扩大以中药、苗药为主，培育扩张生物制品、化学药及医用辅料、医疗器械和医药包装配套等产业规模，大力突破医药衍生产业的具有贵州特色的医药产业体系。以大型医药流通企业为重点，推进跨地区跨行业兼并重组，加速医药流通领域的规模化、集约化发展，大力发展连锁经营、现代物流和电子商务，加速医药流通行业经营方式信息化。

7. 打造旅游商品产业

要紧紧抓住"大旅游"发展战略，充分利用各地工业园区，并结合城镇建设，重点以银饰银器、刺绣织锦、民族服饰、蜡染蜡画、石木竹雕、陶瓷

---

① 参见贵州省人民政府网站 2017 年 9 月 15 日发布的《贵州省发展中药材产业助推脱贫攻坚三年行动方案（2017—2019 年）》。

② 参见国家发改委 2014 年 6 月 5 日发布的《关于印发贵州省生态文明先行示范区建设实施方案的通知》。

泥塑、竹藤麻草编、漆器印染、剪刻绘印、民族乐器十大类为贵州民族民间工艺品产业发展重点，培育一批旅游商品开发（生产）基地，打造旅游商品聚集区；注重旅游商品品牌设计，组建高规格的设计团队和研发中心，紧扣市场需求变化，为旅游商品企业提供精准化的服务和指导，打造集设计、研发、加工、销售一体化的产业链。推进大专院校、科研单位与企业产学研合作，建设科研平台，形成一批企业技术创新基地。强化对技术人才、营销人才特别是设计师的培训，确保设计方案既符合生产工艺，又富有民族元素，还能满足市场需求；拓宽旅游商品销售渠道，对 182 家省内旅游景点、高速公路服务区、机场、高铁站、火车站等已挂牌设立的专销店进行统一布置、挂牌，以统一标识，形成质量保证、价格实惠的品牌效应。

先行先试典范——贵州黔粹行民族文化发展有限公司

"黔粹行"即贵州精粹汇聚之意，是一家集贵州民族特色产品设计、研发、生产、销售服务于一体的企业。公司始于 1989 年，最初是生产蜡染制品、服饰的作坊。公司所研发生产的真丝蜡染，在 1994 年"国际中小企业新产品新技术博览会"上荣获金奖。

在研发方面，整个经营的产品中，工艺品中 90% 的产品都是自主研发、生产的。公司与贵州省轻工学院达成合作，形成了黔粹行特色。2017 年，公司在广州建立了 2000 多平方米综合研发基地，所有的产品及营运模式将重新思考设计梳理。公司设计生产的苗银笔筒、马尾绣漆盘产品获得了全国旅游产品银奖和铜奖。

在生产方面，目前黔粹行组织加工生产经营的上万种产品，已相对实现了产品标准化、程序化和数字化式的 ERP 管理。在乡村建立的合作化加工基地近 200 个，培训及带动农妇增收就业近 10 万人。

在销售方面，参加北京"黔货出山"时，分别和北京王府井百货、五棵松集团达成了供货协议；在香港中博会上与台湾著名的郁名设计公司、香港裕华国华达成了供货协议；自主营销推动了天河潭"黔粹行"产品销售专卖店、"艺栈""度茶"两个体验式营销项目，综合面积达3000多平方米；在全国范围内的专柜专店共计30多个。

二、按照可持续发展的路径，培育发展新兴战略产业

战略性新兴产业代表新一轮科技革命和产业变革的方向，是培育发展新动能、获取未来竞争新优势的关键领域。新兴产业突出高端化、绿色化、集约化，以新要素新技术新模式创造新产业新业态新产品。

1. 以大数据为引领的战略新兴产业

围绕建设国家大数据（贵州）综合试验区的目标任务，发挥贵州省电子信息制造业发展的基础优势，着力推进研发创新、结构调整、产业升级。发展智能手机、平板电脑、服务器、教育多媒体机、智能车载设备、智能家居等智能终端产品。发展液晶面板及模组、新型电子元器件、智能器件、新型电子材料、光电显示器件等电子材料与元器件，提升智能终端产品的本地配套能力。积极完善贵州省高新技术产业发展基金、省科技成果转化基金运行机制。支持富士康、以晴、海信、振华、财富之舟等重点企业发展，壮大货车帮、白山云、数联铭品等标杆企业，打造以贵安新区、贵阳高科技园区、开发区以及遵义市为重点的产业聚集区。

先行先试典范——贵州以晴光电集团有限公司

2014年2月，以晴集团与遵义市政府签订了投资协议，3月开始动工建设新蒲园区，7月建成35万平方米厂房和配套设施，8月开始投产。2016年10月，习水园区动工建设，2017年5月投产。以晴集团是首家入驻新蒲的智能终端制造企业，还带动了几十家智能终端制造企业入驻新蒲。

以晴集团来到遵义的前3年，产品定位在中低端，主要销往东南亚、南亚、中东、非洲以及欧美等海外市场，从2017年初开始，产品陆续进入国内市场，集团与移动、电信、联通三大通信运营商合作，"以晴""华冠"和"加一度"品牌进入了三大通信运营商的销售渠道。

2016年，以晴集团和公安部第一研究所合作开发全国产化智能安全手机，首批安全手机在遵义政务系统试用，2017年推出新一代的4G智能安全手机，采用国密算法、双操作系统，安全性能更高，目前全国仅有3家企业的产品通过公安部警用安全标准测试，以晴集团是其中的一家。在党的十九大召开前夕，新疆公安部门配备以晴安全手机用于警务工作，这是公安部在新疆安全警务终端的试点，以晴智能安全手机还获得最高检察院在四川试点应用、最高法院在福建试点应用。2017年，以晴集团和百度合作开发人工智能翻译机，2018年初产品已经投放韩国、日本和欧美市场。

2. 高端装备制造业

围绕做精做强航空、航天、电子信息和航空发动机四大板块，以"技术同根、产品同源"为方向，面向全省军队装备和后勤部门、涉军企业，拓展"军转民""民参军"业务。大力实施工业化和信息化两大战略，推进生产过程智能化，培育新型生产方式，全面提升企业研发、生产、管理和服务的智能化水平。支持毕节载货汽车、遵义微型客车、贵阳客车及专用车等汽车生产基地加快发展，提升自主创新能力，拓展汽车中低端产品市场，逐步向高端产品发展。支持开发生产新型矿用设备、高端中小型特种矿山机械、环保节能型工程装备、大型架桥铺路装备等工程机械主机，支持自主研发和生产工程机械基础件、配套件、变速箱及其他关键零部件。支持发展电力器材及装备、船舶制造、包装机械、石材加工设备、农机、食品工业机械、医疗器械等产品。

先行先试典范——贵州航瑞科技有限公司

贵州航瑞科技有限公司成立于 2012 年 3 月，是专业研发、生产、销售航空航天高端紧固件等产品的现代技术型民参军企业。公司自主研发的"航空用钛合金抽芯铆钉"产品，已逐步配套在国内主要军用机型上，并已成为西飞和沈飞合格供方。

一、公司现已全部完成军工四证体系建设

1. 武器装备质量管理体系认证证书（GJB9001B-2009）

2. 三级保密资格单位证书（GZC13009）

3. 武器装备科研生产许可证（XK 国防-02-52-KS-2602）

4. 装备承制单位注册证书（17BYS03790）

5. 质量管理体系认证证书（GB/T 19001-2008/ISO9001：2008）

6. 职业健康安全管理体系认证证书（GB/T 28001-2011、OHSAS1800：2007）

7. 环境管理体系认证证书（GB/T 24001-2004/ISO14001：2400）

二、公司各项专利

公司自 2012 年成立以来，重点围绕钛合金抽芯铆钉等紧固件产品的研制、检测，累计获得专利 44 项，其中，发明专利 8 项，实用新型专利 32 项，外观专利 4 项。

三、钛合金抽芯铆钉研发历程

2012 年 3 月，已完成美国 CR 四大标准的翻译，形成了 Q/HR 钛合金铆钉标准。

2013 年 10 月，已完成钛合金铆钉 37 项工艺固化，并连续完成了多批次验证。

2014 年 9 月，完成了钛合金抽芯铆钉首次 301 所送检成功。

2015 年 1 月 15 日，完成钛合金抽芯铆钉 301 所 15 个大类的全部检测；完成钛合金抽芯铆钉西工大 11 个大类的全部检测。

2015年1月29日，完成钛合金抽芯铆钉技术评审工作（参会单位：中航工业一飞院、驻空军贵阳地区军事代表局、中航工业西飞公司、中航工业301所）。

2015年6月20日，完成钛合金抽芯铆钉在西飞公司的工艺处工艺验证。

2015年8月31日，完成钛合金抽芯铆钉装机评审工作（参会单位：中航工业一飞院、驻西飞公司军事代表室、驻315厂军事代表室、中航工业301所、中航工业成都所、中航工业西飞公司）。

2016年1月7日，完成钛合金抽芯铆钉疲劳试验（试验单位：成都飞机工业（集团）有限责任公司）。

2016年4月8日，本公司自研钛合金抽芯铆钉正式列入603所XX机型装机目录。

四、高端紧固件新研项规划

自公司完成钛合金抽芯铆钉研制以来，经过与中航工业一飞院、中航工业成都飞机工业公司等合作致力于高端紧固件的研发，力争每年新研制一个高端紧固件的国产化项目，以保证公司具有较强的可持续发展能力。

五、研发技术能力

自2017年以来公司继续引进和培养具有专业技术水平的科研、技术人员，并积极与各大院校开展广泛合作，多渠道尽快充实技术研发团队，特别是具有产品研发带头能力的人员。

六、高端设备的配备

自2018年以来公司投入立式、卧式加工中心，数控车床及数控车削中心，还配置专用自动化生产及检测设备，以提高生产率及产品稳定性。

3. 新型节能环保业

积极鼓励民营企业发展以节能环保低碳为主导的，集防火、抗震、环保、保温、防水、降噪、装饰等多种功能于一体的新型建筑墙体和屋面系统等材料及部品。着力发展安全环保型防火保温材料、节能环保型门窗和建筑墙体。发展太阳能光伏发电—建筑一体化屋面系统及太阳能光伏发电墙体，与屋顶绿化相关的屋面材料及部品。加强节能环保装备、配套材料等研发、制造和产业化，重点发展污水和垃圾处理、大气污染防治、污泥处置、建筑垃圾回收碎片、环保专用车辆等节能环保技术装备。节能环保装备制造业与现代服务业融合，形成集技术研发、装备制造、工程设计、运营管理于一体的产业链条。

4. 新材料产业

以特种金属功能材料、高性能结构材料、功能性高分子材料、特种无机非金属材料和先进复合材料为发展重点，加快研发先进熔炼、凝固成型、气相沉积、型材加工、高效合成等新材料制备关键技术和装备，加强基础研究和体系建设，突破产业化制备瓶颈。以贵阳国家级新材料基地和遵义国家级新材料产业化基地为核心，鼓励企业融入以贵阳市、遵义市为代表的新材料产业聚集区。

三、按照结构调整的目标，着力发展高端服务业

把现代服务业作为推进民营经济供给侧结构性改革的重要突破口，大力发展金融服务、现代物流、信息技术、健康养生、文化旅游等引领性服务业，注重生产性服务业向专业化和价值链高端延伸、生活性服务业向精细和高品质转变，催生新业态新产品。

1. 金融服务业

鼓励符合条件的民营企业发起设立企业财务公司。支持参与农村信用社、商业银行的改制发展，参与设立村镇银行、农村资金互助社等新型金融机构。支持发起或参股设立信托投资公司、金融租赁公司、期货公司、证券公司、保险公司等非银行金融机构，小额贷款公司、典当机构、投资公司等民间融资机构，以及产权交易所、担保公司、拍卖公司等金融中介服务机构。支持和引导相关机构搭建第三方支付机构、网络信贷、众筹融资、商业保理、互联网金融门户等互联网金融平台，引导广大民营企业适应互联网金

融的发展。

2. 现代化商贸物流业

鼓励支持传统仓储企业转型升级，向配送运营中心和专业化、规模化第三方物流发展，鼓励仓储、配送一体化，引导仓储企业规范开展担保存货第三方管理。加强冷链物流建设，鼓励生产资料物流企业充分利用新技术和新商业模式整合内外资源，延长产业链，跨行业、跨领域融合发展，增强信息、交易、加工、配送、融资、担保等一体化综合服务能力。支持生产资料生产、流通企业在中心城市、交通枢纽、经济开发区和工业园区有序建设大宗生产资料物流基地和物流园区，促进产业适度集聚。① 把贵阳建设成为服务全省的物流中心和区域性的重要物流节点城市，将遵义、六盘水、毕节等建设成省域重要物流中心，将兴义、都匀、凯里、铜仁、安顺等建设成为区域性重要物流中心。

先行先试典范——贵阳货车帮科技有限公司

一、货车帮平台的基本情况

贵阳货车帮科技有限公司成立于 2014 年 3 月，是中国公路物流产业互联网领军企业，致力于通过互联网、大数据应用技术助力传统物流行业转型升级。2018 年初，货车帮平台诚信注册会员车辆达 520 万辆，诚信注册货主会员达 125 万家，日发布货源信息超 500 万条。目前，货车帮已获得腾讯产业共赢基金、百度资本、世界银行金融公司（IFC）等机构累计投资 4.27 亿美元。

二、助力传统物流行业转型发展的主要举措

货车帮以建设公路物流信息基础设施为切入点，全力打造公路物流领域的产业公共服务核心共享平台。依托公路物流信息化网络，运用大数据、

---

① 参见商务部 2014 年 9 月 22 日发布的《商务部关于促进商贸物流发展的实施意见》。

云计算、移动互联网等现代数字信息技术手段，不断创新线上产品、线下产品和大数据产品，着力构建公路物流干线卡车的社会公共运力共享池，搭建公路物流中长途货运信息共享平台，为货主与车主提供最直接的沟通平台和精准的车货匹配服务。

（1）建设物流信息共享平台，强化线上物流信息服务。货车帮面向货源货主和货车司机推出了货车帮货主 APP 和货车帮司机 APP 两款应用软件，通过线上线下推广，实现了车与货的高效匹配，搭建了开放、透明、诚信的货运物流信息平台和社会"公共运力池"，有效降低了公路物流运输成本，提高了货运周转效率。

（2）建设智慧物流数字港，强化线下物流信息服务。利用线下 1000 多个网点进行全程车货双方的全程服务，秉承合作共赢的理念，通过信息技术和管理模式的输出，助力传统物流园区转型升级为"互联网+"时代的大数据"智慧物流数字港"。

（3）打造全国公路物流指数，拓展物流大数据业务。联合阿里云大数据团队共同打造的"全国公路物流指数"，可反映全国公路物流货物运输流向和车、货分布情况，极大地丰富了国内物流统计指标体系，增加了观察、预测、分析物流业运行发展趋势的视角。

3. 信息技术服务业

突出发展大数据服务、行业应用软件、软件技术服务和系统集成等，促进工业生产流程再造和优化。以新一代信息技术外包，软件研发外包等为承接重点，引进一批大型服务外包企业、信息服务龙头企业和高端人才，壮大本土服务企业和机构。推进大数据、云计算、物联网与传统产业的融合，拓宽信息服务新领域。

4. 健康服务业

积极开展"中医药+养生保健"服务、"中医药+特色康复"服务、"中医药+健康养老"服务、"中医药+数据信息"服务，充分发挥中医治未病、保健康复及"简、便、验、廉"的特色优势，鼓励发展中医预防保健服务，强化中医药在常见病、慢性病防治中的优势作用。大力开发中医药与养老服务结合的系列服务产品，支持中医医疗机构将中医药服务延伸至社区、家庭；运用大数据、云计算、"互联网+"等信息技术，发展自动化、智能化中医药健康信息服务，为居民提供融中医健康监测、咨询评估、养生调理、跟踪管理于一体的中医养生保健服务。

5. 文化旅游业

认真贯彻落实省政府《关于推进旅游业供给侧结构性改革的实施意见》，着力提高旅游服务水平，营造文明旅游环境，全面推进贵州全域旅游发展。构建"快旅慢游"的服务环境，探索"旅游+"融合发展的产业体系。鼓励开发以民族为特色的文化旅游资源，大力开发以山地为特色的文化资源。加大中高端旅游产品的有效供给，打造一批世界级山地旅游产品，加快构筑山地旅游产业集群，发展山地康体养生旅游，全域发展山地特色乡村旅游。积极鼓励民营企业发展与大旅游相关的餐饮酒店业，推进餐饮示范工程创建，提升全省旅游接待能力和服务质量。

第四节 完善公共服务体系

进一步完善公共服务体系是推动民营经济工作的重要抓手，这样既能弥补市场经济的不足，又能避免政府权力的不当干预。改革开放以来，虽然我国公共服务体系和制度建设不断推进，公共服务提供主体和提供方式逐步多样化，初步形成了政府主导、社会参与、公办民办并举的公共服务供给模式。[①] 但是，就贵州民营经济公共服务体系建设而言，有的领域还未覆盖，有的领域存在质量效率不高、服务功能不到位、服务机构不足等突出问题，

[①] 参见国务院办公厅 2013 年 9 月 26 日发布的《国务院办公厅关于政府向社会力量购买服务的指导意见》。

迫切需要政府进一步强化公共服务职能，全面动员社会力量，构建多层次、多方式的公共服务供给体系，不断完善更加方便、快捷、优质、高效的公共服务。

一、坚持政策指引民营经济发展

制度建设是促进民营经济发展的有利因素之一。经济学家曾提出这样一个观点：给定的投入要素、产业结构和技术水平的情况可以计算出一条生产可能性边界，即在理想状态下一个经济体可能取得的最大产出。但是，能否最大限度地贴近这条边界，能否在既定条件下取得最优结果，就取决于制度的安排。完善的制度能够充分调动劳动者的积极性，有效利用各种资源，选择适当的技术，获得最大产值。[①]

《2018年贵州省民营经济发展环境指数调查报告》显示，全省2137户调查对象中，超过60%的调查对象希望政府"制定出台更多的优惠扶持政策"，这体现了大多数企业家对出台扶持政策的渴望。2018年11月15日，贵州省长谌贻琴主持召开全省民营企业座谈会时也指出，要大力开展政策落实专项行动，加大对现有政策的梳理和落实，与时俱进出台新的支持措施，不断完善政策执行方式。[②]

1. 尽快修订《贵州省中小企业促进条例》

2017年9月1日，第十二届全国人大常委会第二十九次会议通过了新修订的《中华人民共和国中小企业促进法》，增加或修改的主要内容有：一是关于融资促进。从加强金融基础设施建设、推进普惠金融服务、构建专业化经营与差异化考核体系、创新金融服务和担保方式、建立社会化的信用评价体系等方面加强对中小企业的融资支持。二是关于权益保护和减轻企业负担。专设"权益保护"一章，规定保护中小企业依法平等使用生产要素、公平参与市场竞争和同等受到法律保护的权利。三是关于创业创新和市场开

---

① 林毅夫：《解读中国经济》，北京大学出版社2014年增订版，第28页。

② 参见贵州省人民政府网站2018年11月16日发布的《谌贻琴：开展六大专项行动全力推动民营经济大发展》。

拓。文件规定：要改善企业创业环境，优化审批流程；鼓励发展为小型微型企业创业提供服务的互联网平台；政府采购应当优先安排向中小企业购买商品或者服务，提高小型微型企业在政府采购中的份额。四是关于社会服务。文件规定：县级以上地方人民政府应当根据实际需要建立和完善中小企业公共服务机构，为中小企业提供公益性服务；国家鼓励各类社会专业服务机构为中小企业提供创业辅导、信息咨询、信用服务、投资融资、人才引进、法律咨询和维权服务等专业服务。为此，需要尽快启动《贵州省中小企业促进条例》的修订工作，进一步完善中小企业发展促进工作机制，健全融资服务体系，切实减轻企业负担，强化社会服务体系建设等。

2. **克服以往出台政策文件的不足之处**

通过梳理贵州民营经济发展路径可以发现，定期召开全省民营经济发展大会，同时出台系列支持民营经济发展的政策已成为一种行之有效的做法。2011 年 3 月，贵州省委、省政府召开了第一次全省民营经济发展大会，同时颁布了《中共贵州省委贵州省人民政府关于进一步加快全省民营经济发展的意见》。2014 年 7 月，贵州召开了第二次全省民营经济发展大会，推动出台了《贵州省鼓励民间资本投资重点领域清单（2014 年）》。2016 年 7 月，在全省第三次民营经济发展大会上，贵州印发了《中共贵州省委　贵州省人民政府关于进一步促进民营经济加快发展的若干意见》。2018 年 12 月，贵州出台了《关于进一步促进民营经济发展的政策措施》。这些文件极大地促进了贵州民营经济的快速发展，但是普遍存在以下不足：一是制定的过程，因为要考量和平衡各个省直部门的利益，一些好的有益做法无法写进去，特别是涉及资金支持方面，大都以本单位没有资金为由加以删除。二是缺少具体的贯彻落实机制，很多条款因为没有具体的完成时限、监督主体，相关规定大多停于纸面上。三是为了体现及时性和先进性，许多制度讲究以"快"为先，未能充分征求民营企业的意见，未能深入分析其可行性和科学性。四是政策之间的关系不清。一个新政策的出台，对以往的政策效力都未予以明确，在没有宣告失效的情况下，各地大多只注重新文件的落实，导致前期开展的许多工作没有连续性。

建议下一步出台新政策时，应该参照佛山市的做法，同时出台类似于《佛山市关于提振民营企业家信心促进创业创新的若干措施咨询联系表》的配套文件，明确具体落实措施、责任单位、责任人、联系电话；要广泛征求民营企业的意见，充分论证政策的可行性，还要注重理清与之前政策文件之间的关系。此外，需要特别关注的是，应根据新时代发展的需要，进一步修改《贵州省人民政府关于大力扶持微型企业发展的意见》，该意见因为对扶持微型企业的条件设置过高、流程办理复杂、缺少信息公开和监督投诉机制等，导致执行效果不理想，引发不少腐败案件等；为了推动生态利用型产业的发展，应根据产业优势，参照已出台的《贵州省促进天然饮用水产业加快发展的意见》的规定，推动出台《贵州省人民政府促进民族民间工艺品产业发展的若干意见》《贵州省人民政府支持特色食品产业发展的若干意见》等。

二、健全民营经济职能部门

2018 年，全国各地行政机构改革，对民营经济主管机构进行了撤销、合并或减少，之前好不容易成立的民营经济主管机构，在这一次改革中受到了严重削弱，几乎回到了起步阶段，这与习近平总书记关于民营经济重要性论述、与民营经济在国民经济社会中的地位和作用严重不符。

1. 民营经济职能部门在 2018 年机构改革中的削弱情形

一是陕西省撤销作为省政府直属机构的民营经济主管单位。根据《陕西省人民政府办公厅关于印发省中小企业促进局（省乡镇企业局）主要职责内设机构和人员编制规定的通知》（陕政办发〔2009〕129 号）文件规定，设立省中小企业促进局（省乡镇企业局）为省政府直属机构，设 9 个内设机构：办公室、政策法规处、人事处、发展规划处、企业经济运行处、县域工业处、非公经济发展处、创业与技术创新处、融资服务处。省中小企业促进局（省乡镇企业局）机关行政编制 50 名，其中：局长 1 名，副局长 3 名，总经济师 1 名（副厅级），处级领导职数 22 名。目前，根据 2018 年陕西省机构改革方案和陕西省委办公厅《关于调整陕西省工业和信息化厅职责机构编制的通知》（陕办字〔2019〕1 号）文件精神，陕西省中小企业促进局职能划入陕西省工业和信息化厅，不再保留省中小企业促进局。二是天津市撤销正厅级的民营经济主管机构。2018 年，行政机构改革之前，天津主管民营经济的机构为市中小企业发展促进局，级别为正厅级，内设 9 个处室，行政编制 40 人。2018 年，根据《天津市机构改革方案》规定，将市中小企业发展促进局拟订中小企业、非国有经济发展战略和中长期发展规划，加强中小企业、非国有经济服务体系建设有关职责划入市发展和改革委员会，组织协调中小企业招商引资、对外合作与交流有关职责划入市政府合作交流办公室、市商务局，指导推进中小企业、非国有经济产业产品结构调整和技术改造升级相关职责等划入市工业和信息化局。不再保留市中小企业发展促进局。三是山西省将副厅级民营经济主管机构变成省工信厅的部门管理机构。根据《中共山西省委、山西省人民政府关于印发〈山西省人民政府机构改革方案〉的通知》（晋发〔2009〕13 号），设立山西省中小企业局，副厅级建制，省中小企业局机关行政编制为 45 名，其中：局长 1 名，副局长 3 名，正副处级领导职数 19 名。2018 年 10 月，根据《山西省机构改革方案》，将省中小企业局更名为省小企业发展促进局，作为省工业和信息化厅的部门管理机构。

2. 坚持问题导向完善职能部门

2011 年 9 月，为了贯彻落实贵州第一次民营经济发展大会精神，成立省民营经济发展局、省中小企业局，级别为副厅级，并作为省经济和信息化委员会的管理机构。后来，贵州省民营经济发展局、省中小企业局降格为正处级，下属缩减为民营经济处、中小企业处 2 个处，编制人员为 10 人。2018年贵州省机构改革过程中，不再保留贵州省民营经济发展局、省中小企业局，与此同时，贵州省经济和信息化委员会更名为工业和信息化厅，内设机构不再保留民营经济处。从某种意义上来说，民营经济没有明确的主管部门，也没有专门单位对民营经济进行系统的调度、统计、检测、帮扶。结果可能造成，看似各个具有经济职能的部门都有管理民营经济的职责，但是"谁也不愿牵头、不愿承接"。对照各省历史上的做法，结合民营经济在全省中的地位和作用，建议将贵州省民营经济发展局（中小企业局）恢复建制，将其行政级别提高为副厅级，设立 5 个处室，分别为中小企业处、发展规划处、产业监测处、融资服务处、科技创新处。

三、推进中小企业服务中心和社会服务机构建设

1. 支持服务机构进一步完善服务职能

加大对各级民营企业服务机构扶持指导力度，把微型企业纳入服务范畴，在省内构建多层次、全覆盖的公共服务网络。培育一批市场信息、管理咨询、创业辅导、会计审计、检验检测、人才培训、法律咨询、融资担保等社会服务机构。提高民营企业服务体系的服务效率，丰富服务内容，完善服务功能。研究制定民营企业服务机构和平台的服务规范，加强小微企业创业创新基地、民营企业公共服务平台等载体能力建设，不断提高服务质量和水平。推动公共服务模式创新，探索"政府支持+社会投资+市场化运营"机制，建立和完善服务支撑和技术应用支持体系。①

2. 通过政府向社会力量购买服务的方式实现共赢

通过发挥市场机制作用，把政府直接向社会公众提供的一部分公共服务事项，按照一定的方式和程序，交由具备条件的社会力量承担，并由政府根据服务数量和质量向其支付费用。近年来，东部发达地区立足实际，积极开展向社会力量购买服务的探索，取得了良好效果，在政策指导、经费保障、工作机制等方面积累了不少好的做法和经验。贵州要按照公开、公平、公正原则，建立健全政府向社会力量购买服务机制，及时、充分地向社会公布购买的服务项目、内容，以及对承接主体的要求和绩效评价标准等信息，建立健全项目申报、预算编报、组织采购、项目监管、绩效评价的规范化流程。购买工作应按照政府采购法的有关规定，采用公开招标、邀请招标、竞争性谈判、单一来源、询价等方式确定承接主体。购买主体要按照合同管理要求，与承接主体签订合同，明确所购买服务的范围、标的、数量、质量要求，以及服务期限、资金支付方式、权利义务和违约责任等，按照合同要求

---

① 参见工业和信息化部 2016 年 6 月 28 日发布的《促进中小企业发展规划（2016—2020 年）》。

支付资金，并加强对服务提供全过程的跟踪监管和对服务成果的检查验收。①
结合贵州民营经济发展情况，可先在民营企业重点项目调度、省外及国外市场
开拓、人才培训、包装设计、知识产权保护、产品质量检测等领域试点先行。

四、继续完善中小企业公共服务平台网络建设

目前，按照工业和信息化部要求和"1+10+6"布局，贵州中小企业公
共服务平台网络实现了省平台与10个综合窗口平台和6个产业窗口服务平
台互联互通，完成了基于云上贵州平台并与工业云深度融合的在线服务系
统、呼叫服务系统、平台网络运维管理系统、数据资源共享中心、移动端应
用系统等的设计开发，相关配套软硬件设备设施的购置，服务场地的改造。
下一步，还需要完善以下工作：

1. 完善管理和考核办法

进一步完善平台网络运营管理办法，将省级平台、市（州）平台和产业
平台统一纳入"平台网络"进行管理，加强平台间的互联互通、资源共享建
设，明确各个平台的职能、工作任务、工作机制等。从服务能力、服务协
同、服务效果以及可持续发展能力四个指标维度对各平台进行年度考核和跟
踪评价，对经年度考核合格的按相关政策予以资金支持。

2. 完善平台网络功能

作为服务展示的窗口，中小企业服务产品的配送渠道，应不断完善和丰
富自身提供的服务产品。贵州中小企业公共服务平台网络将服务类别归类为
投融资服务、信息服务、技术创新与质量服务、管理咨询服务、法律服务、
市场开拓服务、人才与培训服务、创业服务、其他9类，但在服务类别层级
上只有一层，不便于民营企业的选择与操作。建议借鉴学习广东省中小企业
服务平台的做法，将分类层级细分为2~3层，并对第2层或第3层次的服务
项目予以说明，比如，第1层次法律服务，第2层次法律诉讼、法律援助、

---

① 参见国务院办公厅2013年9月26日发布的《国务院办公厅关于政府向社会力量购买服务的
指导意见》。

法律文件代理、公证服务、仲裁服务、调解服务、债务清偿、风险规避、其他法律服务，第 3 层次又对第 2 层次进行分类：法律援助细分为刑事辩护和刑事代理民事、行政诉讼代理、非诉讼法律事务代理、公证证明法律咨询、代拟法律文书、其他形式的法律服务等。

五、大力实施人才培训工程

1. 运用大数据建立"贵州民营企业培训应用中心"

培训应用中心以培训相关数据为支撑，建立一个数据库，作为全省民营经济相关培训的基础信息。其主要版块内容包括但不限于师资信息、历次培训课件和视频、已培训学员信息、每一期培训效果及学员网上评分、本年度培训计划及进度、各地各产业培训需求申报栏等。这样有利于各培训机构共享培训师资力量，有利于未能现场参加培训的人员远程学习，有利于对学员学习成效的跟踪，有利于对全省各地培训进行统一调度，避免重复培训、浪费资源。

2. 注重培训内容紧密结合产业发展需要

当前，贵州民营经济部分培训流于形式，培训承办单位倾向于选择一项简单而便于完成的内容予以实施，通过流于形式的培训获得政府的各种补助，因其脱离当地优势产业的发展需要，脱离企业人才知识的需求，耗时而无效果。这需要以"中小企业星光培训工程"为抓手，注重应届大学毕业生、返乡农民工、退伍军人、企业技术工人、职业经理人的培训，培训要紧密结合贵州省大扶贫、大数据、大旅游、大生态、大健康战略，围绕脱贫攻坚、农业产业化、政策宣贯、企业生产管理、质量管理、财务管理、知识产权申请和保护、市场营销等内容进行。根据各地企业需求，打造精准化、定制化、专业化人才培训服务。支持职业技工院校与民营企业开展校企合作，建立实训基地，共建重点专业。

先行先试典范——贵州景峰注射剂有限公司

贵州景峰于 2010 年正式成立，是一家主要从事大、小容量注射剂的研制、生产和销售，以及相关技术的进出口业务的医药企业。2017 年，公司工业总产值达 10 亿元，销售收入达 10.23 亿元，实现利润 1.56 亿元，上缴税收 2.07 亿元。公司主打产品"佰塞通"参芎葡萄糖注射液产品销售额已超 10 亿元，是贵州省乃至全国范围内为数不多的单品种销售收入达 10 亿元的大品种之一。

公司目前拥有 4 条 GMP 生产线，自 2016 年 10 月开始，在不到一年的时间内公司连续通过了三条生产线的 GMP 认证，为公司的持续发展奠定了坚实的基础。贵州景峰始终坚持"GMP 常态化"管理的工作目标，力争在企业管理及生产过程中更高效、更合规。2017 年，贵州景峰获贵州省"千企改造"龙头企业、贵州省工业企业"行业领跑者"梯队企业、"贵州企业 100 强"和"贵州民营 100 强企业"等荣誉表彰。

贵州景峰的成功之道在于始终重视技术人才的培育。贵州景峰成立了技术中心，主管产品研发，并将现有产品的再评价作为工作重点，继续深挖大产品的拓展空间，通过技术提升和临床研究为其赋予更强的市场竞争力。截至 2017 年 12 月，贵州景峰在册 926 人，比 2016 年增长 3%，其中 40% 为大专以上学历。贵州景峰员工平均年龄不到 32 岁，员工队伍趋于年轻化，更富活力。贵州景峰重视人才发展，始终认为"技术人才是企业发展的根本驱动力"，提出"以人才为本，崇尚技术"的人才理念。2017 年 10 月，贵州景峰正式启动"产学研计划"，联合高校，实施"理论+实践"的人才培养方针。一方面，学生在学习期间，可以到公司实习，公司专人重点培养，进行技术指导，增强在校生的实践操作能力，并将其中优秀的学生按照公司的人员及岗位能力需求，进行重点培养并帮助其进行职业规划设计。另一方面，公司专业人员到学校进行授课，解答实际运用问题。同时，公司员工可以申请到学校进行培训，以学习理论知识、提高学历、增强职业竞争力。

六、支持民营企业对外开放合作

充分借助中央外经贸发展专项资金和省级开放型经济发展专项资金，引导和鼓励贵州省民营外贸企业通过境外展会、境外市场考察、国际市场准入认证、信息化建设等多种渠道加快"走出去"步伐。定期组织具有产业优势的民营企业到欧、美、日等发达地区开展经贸交流、市场考察。组织企业广泛参加深圳 APEC 中小企业技术交流暨展览会、广州中国国际中小企业博览会、香港中小企业博览会，展示贵州省中小企业在旅游商品、特色食品、名茶、白酒、新兴产业等优势领域具有自主知识产权的亮点产品和成果。高标准、大规模办好具有贵州资源禀赋的"水博会""民博会""石博会"等。

七、支持民营企业强化品牌建设

全面推进民营企业品牌建设，以增品种、提品质、创品牌为主攻方向，提高品牌核心竞争力。引导民营企业实施品牌战略，增强品牌意识，提升品牌管理能力。开展民营企业品牌培育试点、示范工作，培育一批名牌产品和知名企业。引导民营企业创建自主品牌，提高商标注册、运用、管理和保护能力。鼓励和扶持民营企业申报注册驰名商标、著名商标和原产地标志等。加强区域品牌知识产权保护，支持以品牌共享为基础，大力培育地理标志、集体商标、原产地注册、证明标志等集体品牌。①

八、进一步完善运行监测体系

当前，贵州对民营经济的监测重点在第二产业，对第一产业和第三产业民营经济的结构、规模以上企业、投资总额、在建重点项目等基本信息调度不够。下一步，要加大对第一产业、第三产业的监测力度，建立重点行业、重点企业信息数据库；扩大监测范围，开展五大战略新兴产业的统计监测工作；完善民营经济统计指标体系及月度、季度和年度分析报告制度；进一步

---

① 参见工业和信息化部 2016 年 6 月 28 日发布的《促进中小企业发展规划（2016—2020 年）》。

强化县级民营经济直报工作，扩大乡（镇）级统计直报范围，充分利用信息网络手段，拓宽省级直接获得基层企业发展信息的渠道，为指导全省民营经济又好又快发展提供数据支撑。

第五节 加快创新转型发展

苏格兰启蒙思想家大卫·休谟认为，"尽管人是由利益支配的，但利益本身以及人的所有事物，都是由观念支配的"。张维迎教授也指出，"支配世界的不是既得利益而是思想，历史的胜利是理念的胜利"。随着全球经济一体化和信息化的来临，原来主要依靠低成本劳动力取得竞争优势的时代一去不复返，原来主要依靠粗放式和资源消耗为主的发展模式已与生态文明的理念格格不入。唯有通过技术创新、管理创新、发展方式创新，才能为企业可持续发展增加动力，才能提高企业的核心竞争力。

一、加强创新驱动，增强内生动力[1]

创新，特别是技术创新，是民营经济发展的新动力。因为即使产业结构不变、各种要素不增加，如果技术取得进步，就能获得较高的生产率，从而提高产出，带来经济增长。林毅夫先生认为，因为土地和自然资源基本上是给定不变的，劳动力的增加又相对比较缓慢，如果技术不进步，即使资本积累的速度非常快，由于边际报酬递减，资本的回报也会不断下降，资本的积累性也会越来越低。因此，一国资本积累速度取决于一国技术变迁的速度。只有维持比较快速的技术变迁，才能在资本积累的同时打破资本回报不断下降的规律，维持较高资本积累的积极性。[2]

1. 推进民营企业创新发展

历史地看，创新竞争解决了民营企业由初创发展初期乃至发展过程中的

---

① 参见工业和信息化部 2016 年 6 月 28 日发布的《促进中小企业发展规划（2016—2020 年）》。

② 林毅夫：《解读中国经济》，北京大学出版社 2014 年增订版，第 28-29 页。

生存问题。当下的经济新常态，伴随着变革的不断深化，要实现企业的可持续发展甚至是引领发展的前沿，就必须进一步确立民营企业在创新中的主体地位，推进民营企业加快实现向创新竞争的跨越。① 创新的内涵，主要包括理念创新、管理创新、技术创新。理念创新重在贯彻生态文明发展思路，摒弃或减少污染型、资源型、要素型发展方式。管理创新重在健全法人治理机制，贯彻落实现代企业制度。技术创新方面，鼓励民营企业加大研发投入，加强技术改造，引进先进适用技术、工艺和设备，改造传统工艺，优化生产流程。针对细分市场，开发差异化的产品和服务，推进技术、产品、管理模式和商业模式创新。加强公共技术服务平台建设，为民营企业技术创新与管理创新提供支持与服务。

2. 推动中小企业与大企业协同创新

开展"互联网+"小微企业创业创新培育行动，实施中小企业信息化推进工程。鼓励大企业打造面向中小企业的互联网公共服务平台，向中小企业开放入口、数据信息、计算能力。②通过任务众包、生产协作、资源开放等方式，培育产业链，打造创新链，提升价值链，促进大企业带动产业链上下游中小企业协同研发、协同制造、协同发展。

3. 构建以企业为主体的创新机制

鼓励和支持中小企业，根据自身的特色和优势，聚焦在某一个细分领域，发挥它们的专业所长。③推动中小企业开展产学研用合作，鼓励中小企业与各级各类重点实验室、制造业创新中心、工程研究中心，高校、科研院所等创新资源合作。通过合作、转让、许可和投资入股等方式，推动技术成果转化和应用。鼓励中小企业与境外研究机构建立合作伙伴关系，组建产学研跨境创新协同网络。

如果没有创新发展，特别是技术创新，就不会产生新的高附加值产业，

---

① 关敬如：《民营企业：由创业竞争向创新竞争跨越》，载王忠明主编《新观察 中国民营经济发展规律探索》，中华工商联合出版社 2014 年版，第 272 页。

②③ 《努力为中小企业营造更公平发展环境——访工业和信息化部部长苗圩》，《经济日报》2018 年 11 月 5 日第 3 版。

产业升级也就无从谈起。具有高附加值的电子、生物工程、新材料、矿泉水等都是新技术发明和创新的结果。只有技术不断创新，新的高附加值的产业部门才会源源不断地出现，企业在高额利润回报的驱动下，会自发投资于这些新的高附加值的产业部门，最终影响整个产业结构的变化。①

二、壮大民营企业，推动转型升级

1. 壮大一批民营企业

推动中小企业"专精特新"发展。在 2018 年 12 月第三方机构中鼎资信评级服务有限公司开展的"贵州省最具成长潜力民营企业百强"民营企业的基础上，通过梯度培育和引导扶持，力争通过三年培育 30% 聚集主业、创新能力强、市场占有率高、专注于细分市场的专精特新"小巨人"企业；再通过两年提升，按照贵州省的经济特征及发展规划，分别在天然饮用水、茶、药、食品、酒、大数据、大生态、大旅游、大健康等行业，促进"小巨人"企业逐步壮大成长为"单项冠军"企业。② 继续做好国家中小企业发展基金设立运营工作，加大对种子期、初创期成长型民营中小企业的支持力度，培育壮大新生中小企业群体。支持一批潜力大、成长性好，积累了一定资金、技术和管理经验的中小企业，顺应消费结构变化、产业结构调整带来的发展机遇加快发展。③

2. 培育一批龙头企业

深入推进"万企融合"行动，"一企一策"推动规模以上民营工业企业加快实施转型升级，深化大数据、云计算、人工智能等新一代技术在民营经济中的创新融合。④ 以"千企引进"工程为平台，深入开展强基补链招商引

---

① 林毅夫：《解读中国经济》，北京大学出版社 2014 年增订版，第 30 页。

② 《贵州评出最具成长潜力民营企业百强　85%参与脱贫攻坚》，《贵州日报》2018 年 12 月 19 日；《努力为中小企业营造更公平发展环境——访工业和信息化部部长苗圩》，《经济日报》2018 年 11 月 5 日第 3 版。

③ 参见工业和信息化部 2016 年 6 月 28 日发布的《促进中小企业发展规划（2016—2020 年）》。

④ 参见 2018 年 12 月 1 日中共贵州省委、省人民政府印发的《关于进一步促进民营经济发展的政策措施》。

资，加快引进大数据电子信息等领域高新技术企业、农业产业化龙头企业、旅游和物流等现代服务业企业，重点开发一批具有比较优势和地方特色的产品，积极培育形成新的经济增长极。分产业推进供给侧结构性改革，推动产业成龙配套，实现转型升级优化。到 2020 年，培育营业收入达到 100 亿元以上的企业 10 家，10 亿元以上的企业 100 家。

先行先试典范——贵州遵义巴斯巴科技发展有限公司

一、公司概况

巴斯巴产业集团总部位于深圳经济特区，成立于 2010 年。母公司深圳巴斯巴是一家致力于新能源汽车核心零部件研发、生产、销售的国家高新技术企业。公司从新能源电动汽车连接器研发与生产起步，核心产品有充电连接器、充电设备、控制器等产品。公司与比亚迪、北汽、长安、中车、宝马、奔驰、大众等合作，连接器系列产品市场占有率达 60%，居国内第一。

集团旗下分公司为遵义巴斯巴、佛山巴斯巴、毕节巴斯巴、贵州云谷、前海巴斯巴网络、巴斯巴汽车电子、深圳熙斯特等 10 多家控股子公司。公司在职员工人数为 2500 人，拥有国家专利 300 余项，承担国家、省市多项新能源汽车重大科研项目。2016 年，公司实现营收 8.25 亿元，资产总额为 7.43 亿元；2017 实现产值 14.4 亿元，增加值 3.9 亿元；2018 年计划完成产值 17.2 亿元，增加值 4.7 亿元。集团经过 7 年的快速发展，由原来的新能源汽车核心零部件企业，发展成为充电设施生产、充电站、充电网络建设和运营商，新能源汽车运营和售后服务商，新能源汽车集成解决方案提供商等。

二、巴斯巴贵州项目

巴斯巴集团按照"1+2+3"的模式，现已完成深圳总部（全球运营总部）、遵义项目（西南区域总部）和佛山项目（华南区域总部）布局，正在华中、华东和华北地区选址建设区域总部和生产基地，这里主要介绍贵州项目的发展状况：

贵州新能源汽车产业园巴斯巴项目总投产8亿元，位于遵义市高新区，规划面积3960亩，分5个功能区，其中核心零部件制造园550亩，整车制造园2200亩，检测体验园800亩，上下游配套产业园300亩。2015年11月底正式投产的有巴斯巴研究中心实验室、云谷新能源汽车智能展厅等。巴斯巴牵头引进的新能源汽车上下游配套企业有很多家，大地和、梅花汽车、华颖泰科等新能源汽车核心零部件生产企业入驻投产。

（1）贵州新能源汽车产业园于2015年11月投产。集团生产制造产值的70%已经转移至遵义，2017年全年生产总值约4亿元，总税收605万元。项目建成后，集团将把母公司研发、采购、生产制造环节逐步从深圳转移至贵州，培育和拉动上下游供应链成长。

（2）贵州云谷公司到2018年初运营新能源车辆共计364辆，充电站37座，主要分布于贵州遵义、贵阳、黔南州、黔西南州、安顺、毕节，湖南湘潭，云南昆明等地。公司充电站建设18000kW，每月充电36万kW·h。2016年公司实现营业额2.3亿元。

（3）毕节、黔西南的发展情况。立足于遵义模式，集团积极向贵州省其他市、州拓展业务形态。2016年，集团在毕节设立生产基地，主要生产新能源汽车核心零部件。目前集团在黔西南设立运营公司，主要致力于充电站的基础设施，新能源汽车的销售，租赁，网约车、共享汽车的运营等。

3. 加快实施"千企改造"工程

重点抓好千个示范企业改造，省级扶持资金重点向民营企业倾斜。通过对全省规模以上工业民营企业进行全覆盖改造，加快传统产业绿色化升级改造步伐，以煤炭、电力、化工、冶金、有色、建材等传统行业绿色升级改造为重点，应用先进适用技术和现代信息技术，加快传统产业技术升级、设备更新、数字化和绿色低碳改造，提升能源资源节约集约利用效率。① 按照"一业一策"的要求，在白酒、医药、装备制造、特色食品、建材等民营经济相对集中的重点产业，分产业稳步推进。

三、降低企业成本，助推民营经济转型升级

企业转型升级，实际上是放弃原有不适应社会发展的业务，寻找新业务，或者通过新技术改造原业务，形成新业态、新产业的过程，这也是寻找新的增长点的过程。率先尝试新产业、新技术的企业，往往需要付出代价、经历阵痛，它的成本跟收益是不对称的。在这种状况之下，要抓好供给侧结构性改革降成本行动各项工作，实质性降低企业负担，② 稀释转型风险，激发转型的动力和活力。

1. 着力降低制度性交易成本

一是深入推进行政审批制度改革，进一步拓展"多证合一"，对不能整合的审批事项实行联办联批。贯彻落实国家"放管服"改革精神，按照国家要求取消评审（评估）、检测（检验）、招投标服务等收费项目。二是进一步规范中介服务。全面清理中介服务收费项目，制定中介服务事项及收费清单目录，行政机关委托中介开展的技术性服务，通过竞争方式选择中介机构，服务费用由行政机关支付并纳入财政预算。三是加快社会信用体系建设。利用好全国信用信息共享平台及企业信用信息公示系统，加强信用信息归集、共享、公开和使用。开展守信联合激励和失信联合惩戒，在行政管理、公共服务、市场交易和投融资等领域对守信企业实施优惠便利措施，对失信企业依法严格限制和约束。将注册登记、行政审批、行业主管部门做出的行政许可和行政处罚等信息归集到相应企业名下，依法予以公示。

---

① 参见贵州省人民政府网站 2018 年 4 月 20 日发布的《贵州省绿色制造三年行动计划（2018—2020 年）》。

② 习近平：《在民营企业座谈会上的讲话》，《人民日报》2018 年 11 月 1 日。

2. 进一步降低企业用地用电以及运输成本

一是降低企业用地成本。进一步降低企业用地成本，在法律法规范围内，根据实际探索工业用地先租后让、租让结合、弹性出让等制度，合理缩短工业用地出让年限。二是降低企业用能成本。完善电价形成机制，推进电力市场化交易，扩大直接交易范围，合理降低工商业用电目录电价，清理规范转供电主体加价行为。鼓励天然气大用户直供，整顿规范天然气输配企业收费行为。三是降低企业运输成本。推动取消高速公路省界收费站，试行高速公路差异化收费政策，持续对持有黔通卡通行全省高速公路的货运车辆通行费给予打折优惠。加快全省交通运输物流公共信息平台建设，降低货运车辆空载率。[①]

3. 合理降低企业税费负担

推进实质性减税，而且要简明易行好操作，增强企业获得感。[②] 一是严格落实国家和省出台的各项税收优惠和收费减免政策，贯彻政府性基金和行政事业性收费清理政策，省级实行涉企行政事业"零收费"，政府部门委托的涉企技术性中介服务收费一律由政府部门支付并纳入预算。[③]二是企业经营发生严重困难，不能按照统筹的最低职工工资标准发放职工工资，且暂时无力足额缴纳社会保险费的，经申请并提供担保、抵押，可暂缓缴纳单位应缴部分，缓缴的社保费不计收滞纳金。三是在建筑业企业在工程建设中，除依法依规设立须缴纳的投标保证金、履约保证金、工程质量保证金、农民工工资保证金外，其他保证金一律取消。对保留的保证金，推行银行保函制度，建筑业企业可以银行保函方式缴纳。四是对有特殊困难，不能按期缴纳税款且符合税法规定条件的民营企业，经省级税务机关批准可以延期 3 个月缴纳税款。对民营企业发生的符合规定的公益性捐赠支出，在一定比例内准予在计算应纳税所得额时扣除。民营企业缴纳房产税、城镇土地使用税确有困难

---

①③ 参见 2018 年 12 月 1 日中共贵州省委、省人民政府印发的《关于进一步促进民营经济发展的政策措施》。

② 习近平：《在民营企业座谈会上的讲话》，《人民日报》2018 年 11 月 1 日。

且符合税法规定条件的，可依法给予减免。[①]

四、建立现代企业制度，提高民营企业竞争力

家族管理模式的破解是一个系统的工程，家族企业应该根据企业自身的发展阶段和外部环境变化，采取适当的发展变革模式，需要在诸如企业产权制度变革、引入职业经纪人、管理方式创新等方面采取相应的措施。

1. 明细产权关系，实现产权多元化

在企业的各项制度中，产权制度是核心，家族式管理创新首先需要进行产权制度创新。此处所讲产权边界，主要是就民营企业内部而言，存在家族成员之间产权界定不清的问题，因为家族企业的特征之一就是家企合一。在创业时期，由于资产规模不大，投资资金不足，家族成员一致齐心协力对外求生存和发展，家族成员之间产权不清带来的问题不突出。但是当企业发展到较大规模，在如何"分配蛋糕"上，特别是进行股份制改革时，产权纠纷便彻底浮出水面。为了使民营企业能保持健康可持续发展，应注意解决家庭成员产权边界的清晰化问题，要把家族财产与投入企业形成的法人财产区别开来，家族成员在企业中的产权份额也要清晰界定。家族企业在明细产权关系的基础上，还要适时调整所有权结构，扩大资金来源，健全监督机制，优化经营发展方针和营销决策等。[②]

2. 逐步实行两权分离，推行职业经理人制度

家族企业的创始人兼有企业所有者和经营者的双重身份，并且企业的决策权、执行权和监督权均由创业家族内部成员所控制。两权合一和两权分离，在企业不同发展阶段各有其合理性。在创业之初，两权合一可以集中力量"办大事"，提高决策效率、降低成本。但是企业具有较大规模后，两权合一将增加决策失误风险。现代企业理论强调两权分离，主要是基于所有者

[①] 参见中共贵州省委、省政府 2016 年 7 月 29 日印发的（黔党发〔2016〕16 号）《中共贵州省委 贵州省人民政府关于进一步促进民营经济加快发展的若干意见》。参见国务院 2016 年 8 月 22 日发布的《国务院关于印发降低实体经济企业成本工作方案的通知》。

[②] 李国荣、彭建松：《民营经济概论》，北京大学出版社 2008 年版，第 156-159 页。

不具备现代经营管理知识和经验，不能科学地进行分工并借助成熟的职业经理人市场。推行职业经纪人制度是民营企业发展的大趋势，但是也不能操之过急，实行后也一定要建立起激励和约束机制。不然的话，会适得其反。例如，兰州黄河企业集团原来是以生产和销售啤酒为主的家族企业，随着企业规模的不断扩大，便开始探索职业经理人之路，第一次人才引进解决了生产技术的难题。但在后来的人才引进过程中，黄河集团差点被经理人颠覆。因此，公司在第四次董事会上又重新回到家族管理的发展模式。[①]

3. 实行管理方式创新，提高管理效率

随着产权制度的转型，民营企业必须同时进行管理方式创新，这涉及组织结构、管理规范和工作流程等方面的创新。组织结构方面，要按照既要健全又要减少层级的原则予以完善，当民营企业发展到较大规模时，应适时建立健全董事会、股东会和经理层等，形成决策、执行、监督的有效分工。在管理层次上，要避免行政化体制，减少中间层次。管理层次多，上下级沟通难度大，信息传递容易失真。一线基层直接接触市场，最容易了解顾客的需求，要建立高级管理层与基层一线的沟通机制。同时，需要根据竞争战略和经营方针，对管理规范和工作流程进行调整和动态更新，使企业从采购、研发、生产、销售、财务以及后勤保障等各个环节，都建立起合理的规范和工作流程，整体上能适应市场的竞争。[②]

4. 加强内部控制建设，提升风险防范能力

按照 2017 年财政部出台的《小企业内部控制规范（试行）》的相关规定，民营企业要高度重视建立和有效实施内部控制，权衡实施成本与预期效益，保证经营管理合法合规、资金资产安全，促进小企业健康可持续发展。民营企业应当恰当识别与控制目标相关的内外部风险，重点关注对实现内部控制目标造成重大影响的风险领域，包括但不限于：资金管理、重要资产管理、债务与担保业务管理、税费管理、成本费用管理、合同管理、重要客户

---

① 李国荣、彭建松：《民营经济概论》，北京大学出版社 2008 年版，第 160-164 页。
② 李国荣、彭建松：《民营经济概论》，北京大学出版社 2008 年版，第 164-167 页。

和供应商管理、关键岗位人员管理、信息技术管理、其他需要关注的领域。应当采用适当的风险评估方法，综合考虑风险发生的可能性、风险发生后可能造成的影响程度以及可能持续的时间，对识别的风险进行分析和排序，确定重点关注和优先控制的风险，常用的风险评估方法包括问卷调查、集体讨论、专家咨询、管理层访谈、行业标杆比较等。根据风险评估结果，将内部控制作为降低风险的主要手段，在权衡成本效益之后，采取适当的控制措施将风险控制在本企业可承受范围之内。①

第六节　进一步优化发展环境

企业创造财富，政府创造环境。环境是一个地区经济发展的"晴雨表"，更是投资者投资兴业的"试金石"。李克强总理多次强调：营商环境就是生产力。各地要既不忘"抓项目"的老本事，更要学习"造环境"的新本领，由过去追求优惠政策"洼地"，转为打造公平营商环境的"高地"。②

一、提高思想认识，构建新型政商关系

2017 年 3 月 4 日，习近平总书记在参加全国政协十二届四次会议民建、工商联界委员联组会时，发表了题为《毫不动摇坚持我国基本经济制度　推动各种所有制经济健康发展》的重要讲话，专门指出：新型政商关系，概括起来说就是"亲""清"两个字。对领导干部而言，所谓"亲"，就是要坦荡真诚同民营企业接触交往，特别是在民营企业遇到困难和问题的情况下更要积极作为、靠前服务，对非公有制经济人士多关注、多谈心、多引导，帮助其解决实际困难；所谓"清"，就是同民营企业家的关系要清白、纯洁，不能有贪心私心，不能以权谋私，不能搞权钱交易。对民营企业家而言，所

---

① 参见财政部 2017 年 6 月 29 日发布的《小企业内部控制规范（试行）》。
② 参见中华人民共和国中央人民政府网站 2017 年 6 月 29 日发布的《李克强在全国深化简政放权放管结合优化服务改革电视电话会议的讲话》。

谓"亲"，就是积极主动同各级党委和政府及部门多沟通多交流，讲真话，说实情，建诤言，满腔热情地支持地方发展；所谓"清"，就是要洁身自好、走正道，做到遵纪守法办企业、光明正大搞经营。①

1. 强化民营经济的主体地位

解放思想是大前提，提高认识是总开关。从贵州省经济发展来看，民营经济在全省国民经济结构、产业结构、就业结构、财政收入结构中的地位日益明显。没有民营经济，社会主义市场经济就不完整，全社会各方面的积极性就难以充分调动，许多矛盾和问题就难以解决，人民的物质文化生活水平就难以得到丰富和提高。因此，全省上下要大做解放思想的文章，使各行业、各部门的干部对发展民营经济的认识有一个新的提高，形成发展全省民营经济是当务之急的共识。②

2. 提高民营企业家地位

建立政府重大经济决策主动向企业家问计求策的程序性规范，政府部门研究制定涉企政策、规划、法规，要听取企业家的意见和建议。要保持涉企政策的稳定性和连续性，基于公共利益确需调整的，严格调整程序，合理设立过渡期。③ 在省委、省政府召开的民营经济发展大会上，应表彰在民营经济发展中涌现的先进典型。积极推荐表现突出的民营经济人士成为各级党代表、人大代表、政协委员、工商联执委候选人，参加劳动模范、优秀中国特色社会主义事业建设者等各类先进的评选。

3. 依法保护企业家合法权益

稳定预期，弘扬企业家精神，安全是基本保障。④ 充分发挥民营企业家的积极性，切实保护民营企业合法权益，大力促进民营经济发展，有利于发

① 习近平：《毫不动摇坚持我国基本经济制度　推动各种所有制经济健康发展》，《人民日报》2016 年 3 月 9 日第 2 版。

② 何律琴：《促进贵州民营经济发展的对策研究》，《贵州工业大学学报》（社会科学版）2008 年第 4 期。

③ 参见中华人民共和国中央人民政府网站 2017 年 9 月 25 日发布的《中共中央　国务院关于营造企业家健康成长环境弘扬优秀企业家精神更好发挥企业家作用的意见》。

④ 《习近平：在民营企业座谈会上的讲话》，《人民日报》2018 年 11 月 1 日。

展社会主义市场经济，有利于坚持和发展中国特色社会主义，有利于巩固和扩大我们党执政的群众基础。[①] 一是要依法保护企业家财产权。全面落实党中央、国务院关于完善产权保护制度依法保护产权的意见，认真解决产权保护方面的突出问题，及时甄别纠正社会反映强烈的产权纠纷申诉案件，剖析侵害产权案例，总结宣传依法有效保护产权的好做法、好经验、好案例。在立法、执法、司法、守法等各方面各环节，加快建立依法平等保护各种所有制经济产权的长效机制。二是要依法保护企业家自主经营权。企业家依法进行自主经营活动，各级政府、部门及其工作人员不得干预。建立完善涉企收费、监督检查等清单制度，清理涉企收费、摊派事项和各类达标评比活动，细化、规范行政执法条件，最大限度地减轻企业负担、减少自由裁量权。依法保障企业自主加入和退出行业协会商会的权利。研究设立全国统一的企业维权服务平台。[②]

4. 营造良好社会氛围

习近平总书记曾强调："创造更有吸引力的投资环境。投资环境，就像空气，空气清新才能吸引更多外资。"[③] 2018 年以来，国务院对我国优化营商环境工作作了具体部署，要求借鉴国际经验，抓紧建立营商环境评价机制，包括引入第三方评估。贯彻落实的过程中，要发挥统战部门和工商联、行业协会商会等主体的作用，建立健全帮扶民营企业的工作联动机制，定期组织企业家座谈和走访，帮助解决企业实际困难。对经营困难的企业，有关部门、工商联、行业协会商会等要主动及时了解困难所在、发展所需，在维护市场公平竞争的前提下积极予以帮助。支持再次创业，完善再创业政策，根据以往经营企业的纳税信用级别，在办理相关涉税事项时给予更多便捷支持。加强对创业成功和失败的案例研究，为企业家创新创业提供借鉴。[④]

---

① 谢经荣：《民营企业和民营企业家是我们自己人》，《人民日报》2018 年 12 月 28 日。

②④ 参见中华人民共和国中央人民政府网站 2017 年 9 月 25 日发布的《中共中央 国务院关于营造企业家健康成长环境弘扬优秀企业家精神更好发挥企业家作用的意见》。

③ 习近平：《开放共创繁荣 创新引领未来——在博鳌亚洲论坛 2018 年会开幕式上的主旨演讲》，《经济日报》2018 年 4 月 11 日第 1 版。

二、银企深度合作，拓宽融资渠道

生产要素是民营经济增长的前提和基础。经济学家们一般将生产要素归结为：自然资源、劳动力和资本。这几种要素中，自然资源由于受国土面积的限制可以视为不变因素，劳动力虽然通过发展人口来增加，但是由于受人口增长周期的制约，每年要增加的量也是非常有限的。变动可能性最大的就是资本。[①] 企业家用于生产经营的资本主要有两大类：自身的原始资本积累，外部加入的资本积累。外部资本进入的过程实际上就是融资的过程。要优先解决民营企业特别是中小企业融资难甚至融不到资的问题，推动银企双方特别是金融机构形成"银企命运共同体"意识和思想。[②]

1. 优化金融资源配置

贵州省自己管辖的银行要在所有县（区）设立分支机构，重点服务三农、民营经济和小微企业。贵州银行、贵阳银行、农信社及农商行要努力实现所有县（区）全覆盖，达到每个县都有3个以上银行金融机构。在黔银行要成立专门服务于中小微企业的部门，根据需求为中小微企业量身定做新的金融服务产品。政府职能部门要对银行违规放贷和执行扶持中小企业政策不到位的行为进行督查。

2. 强化融资服务

从改变观念做起，对国有企业和民营企业一视同仁、同等对待。银行在信贷政策、信贷业务和内部考核方面，不得有任何所有制歧视。[③]落实国家对民营企业差异化信贷政策，逐步扩大贵州省银行业金融机构对民营企业贷款比例。支持银行金融机构拓展征信方式和信用贷款范围，丰富信用贷款产品，扩大适用范围。[④] 拓宽民营企业融资途径，发挥民营银行、小额贷款公

① 林毅夫：《解读中国经济》，北京大学出版社2014年增订版，第27页。

②③ 《千方百计构建银企命运共同体——专访中国人民银行党委书记、中国银保监会主席郭树清》，《人民日报》，2018年11月9日第2版。

④ 参见2018年12月1日中共贵州省委、省人民政府印发的《关于进一步促进民营经济发展的政策措施》。

司、风险投资、股权和债券等融资渠道的作用。对地方政府加以引导，对符合经济结构优化升级方向、有前景的民营企业进行必要的财务救助。[①] 建立转贷应急资金管理平台，完善中小企业转贷应急机制，为部分生产经营正常、市场前景好但暂时资金周转困难的企业提供转贷，帮助办理续贷或展期。

3. 成立一批"国有控股"担保公司

破解民营企业融资难，关键要解决银行业金融机构与民营企业之间的"矛盾"问题，民营企业融资难的关键在于民营企业实力弱、信用低，违约概率大，容易形成不良贷款。这就需要第三方来稀释和缓解风险，解除银行业金融机构的顾虑。这个第三方通常情况下是具有偿还能力的"保证人"，自然人一般不会去承担这个风险，除非民营企业付出高昂的代价，而私人性质的担保公司，由于跑路情况较多，银行业金融机构很少认可。这就需要政府职能部门牵头，成立具有"国有"背景的担保公司，根据市场成本收取担保费用，为民营企业担保，才能真正缓解融资难问题。

4. 推进信用体系建设

利用"互联网+"技术，推动建立中小企业信用信息共享机制。支持利用大数据以及各类信息资源，建立包括企业纳税信用、进销存信息、诚信经营信息等中小企业信用信息平台。鼓励各类平台畅通与银行业金融机构间的信用信息渠道，便于金融机构对中小企业进行评级及授信。鼓励各类信用服务机构提供有效服务，为中小企业融资提供便利。[②]

三、促进民间投资，提振企业家信心

1. 深入推进简政放权

根据《中共贵州省委、贵州省人民政府关于深化投融资体制改革的实施意见》，建立健全负面清单、权力清单、责任清单制度，加快构建权责明确、透明高效的事中事后监管体系。根据国家出台的《政府核准和备案投资项目

---

① 《习近平：在民营企业座谈会上的讲话》，《人民日报》2018年11月1日。
② 参见工业和信息化部2016年6月28日发布的《促进中小企业发展规划（2016—2020年）》。

管理条例》和修订的《政府核准的投资项目目录》，进一步完善投资项目在线审批监管平台，推行以联审联办为核心的投资项目并联审批、联合审批制度，实现投资项目审批、核准、备案"一窗受理、并联办理、依责监管、全程监察"。

2. 放宽市场准入条件

落实公平竞争审查制度，除法律法规明令禁止的以外，不得以规范性文件、会议纪要等任何形式对民间资本设置附加条件和准入门槛。①鼓励民间资本进入电信、军工领域，推广可转民用的军用先进技术。推动移动通信转售业务正式商用，向民间资本开放宽带接入市场，逐步扩大宽带接入网业务开放试点范围。②消除基础设施和公用事业等重点领域的各类显性或隐性门槛，出台鼓励医疗、养老、教育等领域民间投资的有效举措。③落实《国家发展改革委财政部关于安排政府性资金对民间投资主体同等对待的通知》要求，大力开展扩大民间投资专项行动，确保在投资项目审批、资金补助、土地、优惠政策等方面对民营和国有一视同仁，实行同等待遇。④

3. 合理引导民间投资

及时向社会发布经济社会发展相关规划和政策措施，建立吸引民间资本投资重点领域项目库，定期发布民间投资推介项目清单，⑤畅通为民营企业提供信息服务的有效渠道。加快推进省级综合项目库、"大数据、大健康、大旅游三块长板和脱贫攻坚、基础设施、教育医疗三块短板"项目库、PPP 项目库建设，引导民间资本参与重点领域建设。建立省级项目前期工作经费"资金池"，支持民间投资项目加快开展前期工作。

---

① ⑤　参见 2018 年 12 月 1 日中共贵州省委、省人民政府印发的《关于进一步促进民营经济发展的政策措施》。

② 《努力为中小企业营造更公平发展环境——访工业和信息化部部长苗圩》，《经济日报》2018 年 11 月 5 日第 3 版。

③　参见国务院办公厅 2016 年 7 月 4 日发布的《国务院办公厅关于进一步做好民间投资有关工作的通知》。

④　参见贵州省人民政府网站 2018 年 11 月 16 日发布的《谌贻琴：开展六大专项行动全力推动民营经济大发展》。

四、强化政策落实，打通"最后一公里"

习近平总书记指出，任何一项政策出台，不管初衷多么好，都要考虑可能产生的负面影响，考虑实际执行同政策初衷的差别，考虑同其他政策是不是有叠加效应，不断提高政策水平。[①] 李克强总理也强调，"好政策不落实，等于白条"，"施政之要贵在落实，重在实干"。[②]

1. 加强政策宣传

依托政府门户网站建立跨部门涉企政策"一站式"网上发布平台，[③] 设置专业化的政府扶持政策"搜索引擎"，收集并发布政府出台的各项扶持政策，整理、规范和解释申报范围、条件、程序，并逐条入库，方便中小微企业申请政府扶持政策。利用电视、纸媒、网络、微信等媒体，发挥各类商会的作用广泛宣传政策，提高知晓率。

2. 建立投诉机制

2018 年 12 月 1 日，贵州省正式开通了服务民营企业省长直通车，其功能主要有：一是政策咨询，包括对有关支持民营企业发展的政策、措施，以及相关部门在发展民营经济中的职责职能、办事流程等的咨询。二是情况反映，主要包括：对全省民营经济发展相关政策在执行中存在问题的反映；对全省民营企业发展中面临的难点、热点问题的反映；对各级党政部门和工作人员在支持民营经济发展过程中存在的工作落实不力、作风漂浮或不作为、乱作为等问题的反映。三是建议和意见，包括对推进全省民营经济高质量发展工作的意见和建议。[④] 各市（州）、县（市、区）应比照"服务民营企业省长直通车"的做法，尽快开通"服务民营企业市长直通车""服务民营企业县长直通车"，并丰富和完善直通车的功能，建立健全民营企业投诉相关

---

① 参见《习近平：在民营企业座谈会上的讲话》，《人民日报》2018 年 11 月 1 日。

② 参见工信部总工程师张峰 2017 年 8 月 9 日在全国中小企业座谈会上的讲话：《坚定信心 扎实工作 努力推动中小企业工作再上新台阶》。

③ 参见 2018 年 12 月 1 日中共贵州省委、省人民政府印发的《关于进一步促进民营经济发展的政策措施》。

④ 参见贵州省人民政府网站 2018 年 12 月 1 日发布的《服务民营企业省长直通车》。

受理、调处、移送、监督、处置、问责和答复办理机制，明确每个环节的办理期限。针对民营企业反映和督促检查发现的突出问题，由政府主管部门或新闻媒体定期进行公开通报。

3. 引入第三方评估机制

推动各地区、各部门抓紧对已出台的各项中小企业政策落实情况开展自查梳理，结合民营企业反映突出的问题，每年选择若干专题进行调查分析，委托第三方机构全面评估政策执行情况。① 督促工作人员主动作为，重点评估配套措施、配套资金等是否到位，工作人员是否存在不受理、延时办理等"不作为"，提高执行力和落实力。

4. 加强综合协调

各地区各部门要从实际出发，加强政策协调性、细化、量化政策措施，制定相关配套举措，推动各项政策落地、落细、落实。② 充分发挥全省推动民营经济中小企业发展工作联席会议作用，坚持问题导向，强化服务意识，定期和不定期召开调度会，梳理民营企业反映的突出困难和问题，特别是关注"政策落地最后一公里难"等问题，加强综合协调，形成工作合力，为民营企业提供"专业、精准、贴身"的服务。

五、持续体制改革，大力破解"审批难"

周其仁认为，从内部看，民营企业现在面临的经济形势是，成本在变化，并且核心是体制成本的重新上升。仅仅把中国崛起归因于劳动力便宜，不准确，因为劳动力便宜并不能解释中国的崛起，让中国经济崛起的真正秘密不是原来穷，而是把原来导致穷的封闭变成开放，在开放当中允许组织创新，进行体制改革。③

---

① 《努力为中小企业营造更公平发展环境——访工业和信息化部部长苗圩》，《经济日报》2018年11月15日第3版。

② 《习近平：在民营企业座谈会上的讲话》，《人民日报》2018年11月1日。

③ 周其仁：《中国经济的唯一出路是改革》，《商界》2017年第3期。

1. 继续清理和下放省级审批事项

进一步清理、减少行政审批事项，大力推进行政审批重心下移，促进简政放权。最大限度地减少政府对微观事务的管理，及时清理、废止不符合全面深化改革要求的审批事项，市场机制能有效调节的经济活动，一律取消审批。全面推行"最多跑一次"改革，力争 2019 年实现 90% 以上的涉企审批事项"一次办成"。设立投资项目审批单一窗口，将投资项目审批事项全部纳入窗口集中办理，建议采取"一窗受理、集中审批"新模式。除按照规定必须由省级办理的核准、备案手续外，民间资本投资项目一律下放到市、县两级办理。①

2. 全力优化政府服务

全面深化"证照分离"改革，进一步扩大"多证合一"登记制度改革实施范围，推广应用无介质电子营业执照。进一步压缩企业开办时间，简化工商登记、科长、申领发票等手续办理。完善市场主体退出机制，简化注销办理程序，减少资料报送，解决民营企业"注销难"问题。②强化对行政审批实施全过程的监督管理，积极推行行政审批电子监察，推动政务服务中心建设，创新行政审批监管方式。规范投资服务，推行服务质量公开承诺制，为投资主体办事提供更多便利。大力推进联动审批、并联审批、网上审批，加快推进"互联网+政务服务"试点示范省建设。

3. 加强对基层工作人员的培训

提高业务能力，确保国家和省级下放的事项接得住、办得好。着重对承接行政审批的基层工作人员进行培训，围绕审批业务相关法规政策、业务知识、审批流程、案例分析、注意事项等内容进行详细讲解。

六、实施育人工程，大力破解"用工难"

1. 实施"雁归兴贵"行动计划

按照《"雁归兴贵"促进农民工返乡创业就业行动计划》，研究制定鼓

---

①② 参见 2018 年 12 月 1 日中共贵州省委、省人民政府印发的《关于进一步促进民营经济发展的政策措施》。

励农民工返乡就业的激励政策措施。依托大扶贫战略行动，将生态移民搬迁与园区生活配套相结合，扶贫资金与奖励企业用工相结合，通过定向安置，适当提高工资待遇，提高企业用工吸引力。

2. 注重职业技能人才培养

支持职业技工院校与民营企业开展校企合作，建立实训基地，共建重点专业，实行技能人才定向培养、联合培养。对各类职业院校和技工院校组织毕业生在当地就业达到一定比例，由当地政府给予一次性补贴；对各类公共服务机构和民办职业中介机构介绍技能型人才和职业院校、技工院校、高校毕业生到省内企业就业，按人给予创业就业补贴；企业开展岗位技能提升培训，按职工培训后取得国家职业资格证书的人数，分别给予相应补贴。[1]

3. 加大高端人才引进和培养

高校、科研院所等事业单位专业技术人员离岗创业或进入民营企业开展技术开发研究的，经原单位同意，可在 3 年内保留人事关系，与原单位其他在岗人员享有同等参加职称评聘、岗位等级晋升和社会保险等方面的权利。把民营经济人才培训纳入省培训计划。支持民营企业申报国家和省"百千万"人才工程项目，引进急需的人才。经评审认定引进的人才，按国家和省认定等次由省财政进行补贴。

4. 推进民营经济组织专业技术人员职称评审

鼓励民营企业申报技能大师工作室建设项目，对业绩贡献突出的民营企业高层次专业技术人才，允许通过"直通车"或"绿色通道"破格申报高级职称。[2] 加快职称改革步伐，在已开展的 6 个类别职称评审的基础上，尽快扩大民营经济组织各类专业技术职务申报评审范围，探索建立适应贵州民营经济发展的职称评审模式，由人社部门、相关职能部门和工商联（总商会）共同组织实施，大力推动贵州民营企业人才队伍建设，提升民营企业素质。

---

① 参见安徽省人民政府 2016 年 1 月 18 日发布的《安徽省人民政府关于促进经济持续健康较快发展的意见》。

② 参见 2018 年 12 月 1 日中共贵州省委、省人民政府印发的《关于进一步促进民营经济发展的政策措施》。

第七章 结 论

　　本书对民营经济进行了理论研究、历史分析，对比研究了广东、河北、浙江和重庆发展民营经济的做法，重点梳理了贵州民营经济的发展历程、基本现状、经验做法、存在问题，提出了发展贵州民营经济的系列措施。虽然本书的重心在于研究贵州民营经济，但在研究时始终将贵州民营经济置身于我国民营经济发展的历史长河和整体布局之中。贵州民营经济是全国民营经济的一部分，与其他地区民营经济存在不少共性，比如，中华人民共和国成立以后的历史发展阶段、存在融资难问题、采取的发展措施等。为此，本书认为，研究贵州民营经济对其他地区民营经济发展也有一定的参考作用。本书对民营经济发展形成了以下几点认识：

　　第一，民营经济发展关系到国家的兴衰成败。"以史为鉴，可以知兴替。"本书关注民营经济发展的历史进程，梳理了我国民营经济在奴隶社会、封建社会、民国时期等历史发展脉络，重点研究了中华人民共和国成立以来我国民营经济发展的几个重要阶段，较为全面地呈现了我国民营经济发展的历史轨迹，对探寻民营经济发展的规律做了有益铺垫。从历史发展来看，民营经济表现出以下特征：一是表现出顽强的生命力。即使政府对它置之不理，它也能得到自发性发展，如果政府能够出台鼓励性政策，或者提供法律制度保障，其发展速度更快。除非出现"蛮横"的政府，直接禁止它的存在和发展，才会出现衰退和萎靡，即便如此，一旦禁令解除，又会在短时间之内"复活"。二是民营经济支撑着国家繁荣富强。中国历史上出现过几个鼎盛时期，包括文景之治、贞观之治、北宋时期等，经济社会取得了全面发展，成为当时世界上的强国，民营经济都得到了蓬勃发展，民营经济既受益于开明的政治生态，又反哺于整个政治、经济和文化生活。当前，党的十九大提出，从全面建成小康社会到基本实现现代化，再到全面建成社会主义现代化强国，是新时代中国特色社会主义发展的战略安排。要完成宏伟的计划和目标，应借鉴历史上的主要做法，大力发展民营经济，促进经济社会的全面进步。

第二，可持续发展是民营经济发展的必由之路。工业文明虽然为我们带来了前所未有的物质财富，但是工业文明自诞生之日起就因其局限性和易造成生态危机而备受诟病和批判。无论是 19 世纪晚期的伦敦煤烟中毒事件，还是当前河北、天津、山东"盲目"发展带来的严重"雾霾"，都让人触目惊心，应该引起各界的关注和重视。世界各地已形成一种基本共识：生态文明是人类文明发展的新形式，是世界经济社会发展的新方向。虽然从一事一时来看，绿色生态的要求，加大了企业的生产经营成本，但从企业长远利益来看，从子孙后代利益来看，生态化发展是一条可持续发展的明智之路。建设生态文明是破解经济社会发展难题、加快经济发展方式转变的重要举措。当前，贵州民营经济已经初具规模，但是必须深刻意识到，如果继续依赖生产要素的大量投入和扩张来实现经济增长，依赖自然资源和廉价劳动力来获得市场优势，不解放思想、转变发展方式，提高经济质量，必然会面临两种不利的发展后果：一是提前受经济发展"边际效益递减"规律的影响，减速或停滞不前；二是民营经济的发展以牺牲当代人和未来子孙的生态环境为代价。

第三，要分别发挥企业和政府在民营经济发展中的不同作用。发展民营经济，要坚持"市场主导、政府服务、企业为主体"的原则，充分发挥市场在资源配置中的决定性作用，政府着力于政策供给、协调服务、宏观引导，企业要强化"主人翁"意识，充分发挥市场主体的主动性和能动性，以市场和消费者需求为导向，增强供给结构与营销策略的适应性和有效性。政府对促进民营经济增长的因素要提供全方位的服务，做好"后勤保障"；企业要充分利用和发挥各个因素的功能和作用，有效投入到生产经营中去。

发展民营经济是一个系统工程，其中，起决定作用的因素主要有：生产要素、产业结构、技术和制度。生产要素是民营经济增长的前提和基础，主要包括自然资源、劳动力和资本。生产要素中，变动可能性最大的就是资本，由于企业家自身资本积累难以与生产经营规模扩张相匹配，需要对外融资，故此，生产要素中要特别关注企业的融资渠道和融资成本。优化产业结构，实际上就是将生产要素从低附加值的产业部门转移到高附加值的产业部门，即使要素投入不增加，经济也可以实现增长。但是，优化产业结构，紧密依赖于技术创新，如果没有技术创新，就不会产生新的高附加值产业，产业升级也就无从谈起。具有高附加值的电子、生物工程、新材料、矿泉水等都是新技术发明和创新的结果。制度建设也是促进民营经济发展的有利因素之一。完善的制度能够充分调动劳动者的积极性，指明民营经济的发展方向和发展目标，有利于促进各种资源的有效利用，从而选择适当的技术，获得最大产值。

参考文献

［1］［冰岛］思拉恩·埃格特森：《经济行为与制度》，吴经邦等译，商务印书馆 2004 年版。

［2］［德］托马斯·海贝勒等：《中国与德国的环境治理——比较的视角》，冉小群等译，中央编译出版社 2012 年版。

［3］［美］阿半·V. 尼斯、詹姆斯·L. 斯威尼：《自然资源与能源经济学手册》（第 3 卷），李晓西、史培军等译，经济科学出版社 2010 年版。

［4］［美］埃里克·弗鲁博顿、［德］鲁道夫·芮切特：《新制度经济学》，姜建强、罗长远译，格致出版社、上海人民出版社 2012 年版。

［5］［美］德内拉·梅多思等：《增长的极限》，李涛、王志勇译，机械工业出版社 2013 年版。

［6］［美］赫尔曼·E. 戴利、乔舒亚·法力：《生态经济学原理和应用》，金志农、陈美球等译，中国人民大学出版社 2014 年第 2 版。

［7］［美］赫尔曼·E. 戴利：《超越增长》，诸大建等译，上海译文出版社 2001 年版。

［8］［美］康芒斯：《制度经济学》，于树生译，商务印书馆 1962 年版。

［9］［美］汤姆·蒂坦伯格、琳恩·刘易斯：《环境与自然资源经济学》，中国人民大学出版社 2012 年版。

［10］［美］小艾尔弗曼·D. 钱德勒：《看得见的手——美国企业的管理革命》，商务印书馆 1987 年版。

［11］［美］朱利安·林肯·西蒙：《没有极限的增长》，朱嘉明编译，四川人民出版社 1985 年版。

［12］［以］尤瓦尔·赫拉利：《人类简史》，林俊宏译，中信出版社2014年版。

［13］［英］安德鲁·多布森：《绿色政治思想》，郇庆治译，山东大学出版社2012年版。

［14］［英］庇古：《福利经济学》，金镝译，华夏出版社2007年版。

［15］［英］克莱夫·庞廷：《绿色世界史：环境与伟大文明的衰落》，王毅、张学广译，上海人民出版社2002年版。

［16］［英］约瑟夫·绍尔卡：《法国环境政策的形成》，韩宇等译，中国环境科学出版社2012年版。

［17］［英］朱迪·丽丝：《自然资源：分配、经济学与政策》，商务印书馆2005年版。

［18］陈家宽、李琴：《生态文明：人类历史发展的必然选择》，重庆出版集团、重庆出版社2014年版。

［19］陈银娥、高洪贵：《绿色经济的制度创新》，中国财政经济出版社2011年版。

［20］大成企业研究院：《2017年民间投资与民营经济发展重要数据分析报告》，社会科学文献出版社2018年版。

［21］单东：《民营经济论》，山西经济出版社2005年版。

［22］单忠东：《民营经济三十年思考与展望》，经济科学出版社2009年版。

［23］邓翠华、陈墀成：《中国工业化进程中的生态文明建设》，社会科学文献出版社2015年版。

［24］丁兆庆：《经济新常态下民营经济发展环境研究》，经济科学出版社2015年版。

［25］丁子江：《险道三十年——中国民营经济启示录》，南京大学出版社2010年版。

［26］董辅礽：《市场经济漫笔》，广西人民出版社1999年版。

［27］樊秋莹：《中国私营经济问题研究》，光明日报出版社2013年版。

［28］辜胜阻：《民营经济与创新战略探索》，人民出版社 2009 年版。

［29］贵州工商联：《贵州省民营经济发展报告（2010）》，贵州科学出版社 2011 年版。

［30］国务院发展研究中心课题组：《生态文明建设科学评价考核体系研究》，中国发展出版社 2014 年版。

［31］黄孟复：《中国民营经济史·大事记》，社会科学文献出版社 2009 年版。

［32］黄文夫：《民营在中国》，中国城市出版社 2003 年版。

［33］黄小晶：《民营经济竞争优势与地方政府创新》，中国财政经济出版社 2006 年版。

［34］姬鹏程、孙长学：《鄱阳湖生态经济区制度建设研究》，知识产权出版社 2010 年版。

［35］江怡：《民营经济发展体制与机制研究》，浙江大学出版社 2016 年版。

［36］靳利华：《生态文明视域下的制度路径研究》，社会科学文献出版社 2013 年版。

［37］李国荣、彭建松：《民营经济概论》，北京大学出版社 2008 年版。

［38］李维安：《中国民营经济制度创新与发展》，经济科学出版社 2009 年版。

［39］李维安等：《中国民营经济制度创新与发展》，经济科学出版社 2009 年版。

［40］李周、杜志雄、朱钢：《农业经济学》，中国社会科学出版社 2017 年版。

［41］李周、孙若梅：《中国环境问题》，河南人民出版社 2000 年版。

［42］李周、魏后凯：《中国农村发展研究报告 No.9》，社会科学文献出版社 2016 年版。

［43］李周：《中国可持续发展总纲：中国反贫困与可持续发展》（第 19 卷），科学出版社 2007 年版。

［44］李周：《中国农业改革与发展》，社会科学文献出版社 2017 年版。

［45］厉以宁：《改革开放以来的中国经济：1978—2018》，中国大百科全书出版社 2018 年版。

［46］厉以宁：《厉以宁论民营经济》，北京大学出版社 2007 年版。

［47］厉以宁：《中国经济双重转型之路》，中国人民大学出版社 2013 年版。

［48］栗战书：《文明激励与制度规范——生态可持续发展理论与实践研究》，社会科学文献出版社 2012 年版。

［49］林双林：《民营经济与中国发展》，北京大学出版社 2006 年版。

［50］林毅夫、张军、王勇、寇宗来：《产业政策：总结、反思与展望》，北京大学出版社 2018 年版。

［51］林毅夫、蔡昉、李周：《中国的奇迹：发展战略与经济改革》，上海三联书店 1994 年版。

［52］林毅夫：《解读中国经济》，北京大学出版社 2014 年增订版。

［53］刘仁伍：《浙江蓝皮书：浙江民营经济发展报告（2011）》，社会科学文献出版社 2012 年版。

［54］刘伟：《中国经济的盛世金言》，广东经济出版社 2000 年版。

［55］刘湘熔等：《我国生态文明发展战略研究》，人民出版社 2012 年版。

［56］齐晔主编：《中国低碳发展报告（2013）》，社会科学文献出版社 2013 年版。

［57］齐晔：《中国低碳发展报告（2014）》，社会科学文献出版社 2014 年版。

［58］上海市工商业联合会等：《2015 上海民营经济》，复旦大学出版社 2015 年版。

［59］上海新沪商联合会、零点研究咨询集团：《2014 中国民营经济企业发展指数》，上海社会科学院出版社 2014 年版。

［60］盛洪：《现代制度经济学（上卷）》，中国发展出版社 2009 年第 2 版。

［61］田剑英：《民营经济可持续发展的对策研究——基于对宁波的实证研究》，中国社会科学出版社 2007 年版。

［62］王乃静、夏季亭：《山东省民营经济发展报告（2012—2013）》，山东人民出版社 2014 年版。

［63］王强：《中国民营企业经济运行报告（2012）》，中国经济出版社 2013 年版。

［64］王钦敏：《中国民营经济发展报告（2012—2013）》，中华工商联合出版社 2013 年版。

［65］王钦敏：《中国民营经济发展报告（2013—2014）》，社会科学文献出版社 2014 年版。

［66］王钦敏：《中国民营经济发展报告（2014—2015）》，中华工商联合出版社 2016 年版。

［67］王钦敏：《中国民营经济发展报告（2015—2016）》，中华工商联合出版社 2017 年版。

［68］王忠明：《新观察：中国民营经济发展规律探索》，中华工商联合出版社 2014 年版。

［69］吴大华：《中国特色的循环经济发展研究》，科学出版社 2011 年版。

［70］吴敬琏：《当代中国经济改革教程》，上海远东出版社 2016 年版。

［71］吴敬琏：《中国改革三部曲》，中信出版社 2017 年版。

［72］许崇正等：《民营经济发展与制度环境》，中国经济出版社 2008 年版。

［73］薛进军、赵忠秀：《中国低碳经济发展报告（2014）》，社会科学文献出版社 2014 年版。

［74］颜帮全、李长春：《重庆民营经济发展研究》，西南交通大学出版社 2008 年版。

［75］杨静、吴大华：《贵州蓝皮书：贵州民营经济发展报告（2015）》，社会科学文献出版社 2016 年版。

［76］余逊达、张国清：《民营经济与政府管理》，浙江大学出版社 2006

年版。

［77］张剑波：《低碳经济法律制度研究》，中国政法大学出版社 2013 年版。

［78］张卫国、赵宝廷：《山东民营经济发展研究》，山东人民出版社 2016 年版。

［79］张晓山、李周：《中国农村发展道路》，经济管理出版社 2013 年版。

［80］赵凌云等：《中国特色生态文明建设道路》，中国财政经济出版社 2014 年版。

［81］赵洗尘：《循环经济文献综述》，哈尔滨工业大学出版社 2010 年版。

［82］中国工程院"生态文明建设若干战略问题研究"项目研究组：《中国生态文明建设若干战略问题研究（综合卷）》，科学出版社 2016 年版。

［83］中国科学院可持续发展战略研究组：《2010 中国可持续发展战略报告——绿色发展与创新》，科学出版社 2010 年版。

［84］中国科学院可持续发展战略研究组：《2011 中国可持续发展战略报告——实现绿色的经济转型》，科学出版社 2011 年版。

［85］中国科学院可持续发展战略研究组：《2012 中国可持续发展战略报告——全球视野下的中国可持续发展》，科学出版社 2012 年版。

［86］中国科学院可持续发展战略研究组：《2013 中国可持续发展战略报告——未来 10 年的生态文明之路》，科学出版社 2013 年版。

［87］中国科学院可持续发展战略研究组：《中国可持续发展战略报告——创新生态文明的制度体系》，科学出版社 2014 年版。

［88］周霖：《民营经济内生发展模式研究》，浙江大学出版社 2009 年版。

［89］朱守先、庄贵阳、潘家华：《低碳城市：经济学方法、应用与案例研究》，社会科学文献出版社 2012 年版。

［90］崔海亮：《生态危机的根源与应对策略》，《山西高等学校社会科学学报》2015 年第 4 期。

［91］戴子刚：《进一步创新民营经济政策的路径研究》，《商业经济》2011 年第 7 期。

［92］董妙龄：《民营经济发展环境：障碍与突破》，《北京市经济管理干部学院学报》2008 年第 1 期。

［93］冯秀恩：《论民营经济的内涵与外延》，《广东社会科学》2003 年第 3 期。

［94］高尚全、陆琪：《邓小平与社会主义市场经济》，《人民日报》2014 年 11 月 30 日第 5 版。

［95］何律琴：《促进贵州民营经济发展的对策研究》，《贵州工业大学学报（社会科学版）》2008 年第 4 期。

［96］黄复真：《民营经济需要实现三个转变》，《南京社会科学》2005 年第 S1 期。

［97］李国荣：《"民营经济"概念辨析》，《企业经济》2007 年第 1 期。

［98］刘勇：《我国民营经济发展存在的问题及对策分析》，《武汉冶金管理干部学院学报》2009 年第 1 期。

［99］刘月、曾政南：《贵州省民营经济发展状况及其出路浅析》，《商》2012 年第 5 期。

［100］马红军、朱奇云：《试论民营经济在社会主义市场经济中的地位》，《南通工学院学报（社会科学版）》2002 年第 1 期。

［101］乔瑞：《我国民营经济的地位和作用》，《中国市场》2006 年第 Z2 期。

［102］孙涉：《完善社会中介服务　促进民营经济发展》，《南京社会科学》2005 年第 S1 期。

［103］唐之享：《再论市场化》，《中南大学学报（社会科学版）》2003 年第 1 期。

［104］田贵义：《贵州民营经济发展中若干障碍探析》，《贵州社会科学》2006 年第 6 期。

［105］王天义：《发挥市场在资源配置中的决定性作用》，《学习时报》

2013 年 11 月 18 日第 4 版。

［106］王勇、贾荣：《转变政府职能　创新民营经济发展环境》，《科技情报开发与经济》2007 年第 20 期。

［107］王治平：《中国民营经济面临的机遇、挑战、问题和策略分析》，《经济研究导刊》2011 年第 1 期。

［108］吴大华：《促进循环经济发展的地方立法建议》，《柴达木开发研究》2010 年第 4 期。

［109］吴大华：《国外发展循环经济的经验与启示》，《贵州民族学院学报（哲学社会科学版）》2007 年第 3 期。

［110］吴大华：《论我国循环经济法律体系的构建》，《中国流通经济》2007 年第 8 期。

［111］吴大华：《中国特色的循环经济内涵分析》，《中国流通经济》2008 年第 9 期。

［112］吴宣恭：《清晰界定公司的产权关系》，《人民日报》2008 年 4 月 21 日第 7 版。

［113］吴志菲、厉以宁：《把脉中国民营经济》，《今日中国论坛》2007 年第 1 期。

［114］夏光：《生态文明与制度创新》，《理论视野》2013 年第 1 期。

［115］熊波、陈柳：《基于制度角度的民营经济发展环境研究》，《中央财经大学学报》2006 年第 4 期。

［116］熊元靖：《对生态文明建设制度创新的思考》，《湖北成人教育学院学报》2014 年第 6 期。

［117］徐鹏：《民营经济发展的现状和对策》，《甘肃科技》2007 年第 2 期。

［118］徐海红：《国内外生态文明研究现状述评及展望》，首届传统文化与生态文明国际研讨会暨第二十二届国际易学大会北京年会，北京，2010 年 9 月，第 98-103 页。

［119］阳小华：《民营经济内涵问题探析》，《江汉论坛》2000 年第 5 期。

［120］杨万东、杜海强、敖咏：《我国民营经济发展问题讨论综述》，《经济理论与经济管理》2007 年第 7 期。

［121］游新彩：《建立民营经济统计的若干问题》，《边疆经济与文化》2006 年第 5 期。

［122］俞海、夏光、杨小明、尚素娟：《生态文明建设：认识特征和实践基础及政策路径》，《环境与可持续发展》2013 年第 1 期。

［123］喻见：《贵州少数民族地区生态文化与生态问题论析》，《贵州社会科学》2005 年第 3 期。

［124］袁涌波：《国外生态文明建设经验》，《今日浙江》2010 年第 11 期。

［125］张洪祥：《民营经济的现状分析和对策思考——从苏南温州模式的启示》，《集团经济研究》2006 年第 29 期。

［126］张克军：《我国民营经济投资环境研究》，《当代经理人（中旬刊）》2006 年第 4 期。

［127］张庆亮：《民有经济：概念、贡献、融资困境及解决思路》，《财贸研究》2002 年第 2 期。

［128］张玉胜：《铺好生态文明建设法治化轨道》，《青海日报》2016 年12 月 28 日第 2 版。

［129］赵吉峰：《我国民营经济发展的主要问题及对策》，《山西科技》2007 年第 6 期。

［130］周其仁：《中国经济的唯一出路是改革》，《商界》2017 年第3 期。

索 引

C

产业结构（Industrial Structure）　8，51，66，72，79，83，103，105，106，114，115，153，176，177，185，210，211，228，229，233，235，245，246，262，271，273，281，292

产业增加值（Industrial Added Value）　9，10，69，70，105，154，155，176，185，197

从业人员（Employees）　2，5，7，8，12，13，42-45，47，49，52，59-62，64，73，74，86，92，99，100，106，111，113，175，183，184，201-204，227

F

发展环境（Development Environment）　1-3，5，14，16，21，26，38，63，75，77，79，89，93，98，102，114，117，120，122，123，132，160-162，165-168，177，204，262，272，273，280，285，287，294，299，300

G

个体工商户（Individual Businesses）　2-5，7，11-13，42-44，46，47，49，52，55，59-64，71，73，74，80，84，86，96，105，118，175，183，184，195，196，210

工业企业（Industrial Enterprise）　16，59，72，73，81，84，93，99，106，109，112，119，120，123，136，146，169，188，198，200，207，214，269，273

固定资产投资（Investment in Fixed Assets）　2，4，7，10，11，25，51，60，62，64，65，67，68，77，89，99，100，122，147-150，158，168，173，174，176，182，196，197，201，202，204，210，211，215，227

固体废物（Solid Waste）　144，145

国民经济总量（GNP）　82

H

环境库兹涅茨曲线（EKC）　222，223

后　记

我从本科到博士毕业，足足十年的书斋生活都是研习法学，在贵阳市南明区政法委和贵州省政府法制办的工作都与法学相关，作为一名法律人，非常认同江平老先生对法律人的描述：无论是法官、检察官、律师还是教授，他们的本职工作都是在依法办事，但无论如何都不能跳出法律条文所规定的内容和范围，法律人对法律既有虔诚一面，也有其保守、谨慎的一面，这可以叫作"守经有余，权变不足"。后来，我调到贵州省经信委，主要从事服务全省民营经济和中小企业发展的相关工作，深感到原有"守经思维"很难胜任工作任务。经与恩师吴大华研究员商量，决定申报中国社会科学院农村发展研究所与贵州社会科学院联合培养的农林经济管理博士后。

进站之后，便紧锣密鼓着手选题事宜。在贵州省经信委民营经济处、中小企业处工作期间，主要定期对贵州民营经济进行调度，对新兴产业、中小企业进行扶持，负责非公有制经济改革日常工作，先后参加起草了《中共贵州省委　贵州省人民政府关于进一步促进民营经济加快发展的若干意见》（黔党发〔2016〕16 号）、《贵州省"十三五"天然饮用水产业发展规划》、《贵州省促进天然饮用水产业加快发展的意见》（黔府办函〔2017〕72 号）等文件。目睹了贵州民营经济在推动经济转型、调整产业结构、繁荣城乡市场、扩大社会就业、改善人民生活等方面做出了重要贡献，实现了跨越式发展。作为一名见证者，有必要记录贵州民营经济发展取得的成就，分析制约其高质量发展的因素，提出实现高质量发展的意见建议。为此，将选题定为《贵州民营经济发展研究》。

感谢中国社会科学院农村发展研究所原所长李周老师，他不但将我这样一个"门外汉"收于门下，还给予了我莫大的支持与鼓励。李周老师虽然远在北京，但是出站报告写作的过程中，从选题到报告基本框架、一些基本概念的界定、中华人民共和国成立以来民营经济的发展史等，都得到了他的悉心指导。感谢老领导贵州省工商联副主席、省总商会副会长（原贵州省经信委常务副主任）杨静、贵州省工信厅副厅长敖鸿在工作期间给予的关心和帮助，出站报告中许多思路得益于他们平时工作中的指导意见。此外还要感谢广东、山东、河北、浙江、重庆以及贵州各市（州）民营经济主管部门，提供了当地近年来发展民营经济的做法和经验的宝贵资料。

答辩过程中，中国社会科学院农村发展研究所所长魏后凯研究员、贵州省委讲师团原团长谢一研究员、贵州省人民政府发展研究中心主任陈朝伦，以及民建贵州省委副主委、贵州省人大经济委员会委员、贵州省社会科学院刘庆和研究员等给予了指正，为本报告的进一步完善提出了许多意见，在此表示衷心的感谢。本书基本保持了 2018 年博士后出站报告的原貌，出站报告能顺利出版，得益于贵州省社会科学院的资助，也得益于经济管理出版社宋娜、亢文琴、王倩等编辑的修改意见和辛苦付出。

罗一航

2021 年 9 月 10 日